国家社科基金项目"两汉封国'诸子'与齐鲁文化的主流化研究"（17CZS008）阶段性成果

济南市哲学社会科学重点项目"汉代列侯与齐鲁文化的流变"（JNSK20B17）阶段性成果

山东省高等学校青创人才引育计划：山东师范大学"中外关系史创新团队"阶段性成果

教育部人文社会科学重点研究基地山东师范大学齐鲁文化研究院、齐鲁文化传承与山东文化强省建设协同创新中心资助项目

九州文库

西汉列侯

秦铁柱 著

九州出版社
JIUZHOUPRESS

图书在版编目（CIP）数据

西汉列侯／秦铁柱著. －－北京：九州出版社，
2021.12

ISBN 978 － 7 － 5225 － 0766 － 8

Ⅰ. ①西… Ⅱ. ①秦… Ⅲ. ①官制—研究—中国—西
汉时代 Ⅳ. ①D691.42

中国版本图书馆 CIP 数据核字（2021）第 258822 号

西汉列侯

作　　者	秦铁柱　著
责任编辑	黄瑞丽
出版发行	九州出版社
地　　址	北京市西城区阜外大街甲 35 号（100037）
发行电话	（010）68992190/3/5/6
网　　址	www.jiuzhoupress.com
印　　刷	唐山才智印刷有限公司
开　　本	710 毫米×1000 毫米　16 开
印　　张	16
字　　数	229 千字
版　　次	2022 年 2 月第 1 版
印　　次	2022 年 2 月第 1 次印刷
书　　号	ISBN 978 － 7 － 5225 － 0766 － 8
定　　价	95.00 元

《西汉列侯》序

晋　文

　　秦汉是中国两千多年封建社会的奠基时代。对秦汉时期的历史地位，近人夏曾佑在《中国古代史》中总结说，"中国之教，得孔子而后立"。"中国之政，得秦皇而后行"。"中国之境，得汉武而后定"。而儒学能成为历代王朝的主流思想，甚或被称为"儒教"，恰恰是从汉武帝"罢黜百家，表彰六经"开始的。仅就政治制度而言，基于地主土地所有制这一经济基础之上的上层建筑，亦即专制主义中央集权制度，如皇帝制度、官僚制度、郡县制度等，的确是在秦汉时期形成并进一步发展的。此外，以汉族为主体的统一的多民族国家的形成，大规模农民战争的爆发，丝绸之路与中外关系的沟通，文字、货币、度量衡、法令的一统等，也都由秦汉而开其端绪。值得注意的是，在这一重要的历史时期，列侯群体曾留下浓墨重彩的一笔。

　　清人赵翼在《廿二史札记》中以"汉初布衣将相之局"来概括汉初的政治结构。他说："汉初诸臣，惟张良出身最贵，韩相之子也。其次则张苍，秦御史；叔孙通，秦待诏博士。次则萧何，沛主吏掾；曹参，狱掾；任敖，狱吏；周苛，泗水卒史；傅宽，魏骑将；申屠嘉，材官。其余陈平、王陵、陆贾、郦商、郦食其、夏侯婴等，皆白徒。樊哙则屠狗者，周勃则织薄曲、吹箫给丧事者，灌婴则贩缯者，娄敬则挽车

1

者。一时人才皆出其中，致身将相，前此所未有也。"在这一架构下，汉初的列侯群体应运而生。《后汉书·百官志》载："列侯，所食县为侯国。本注曰：承秦爵二十等，为彻侯，金印紫绶，以赏有功。功大者食县，小者食乡、亭，得臣其所食吏民。后避武讳，为列侯。"关于列侯的起源，可以追溯到西周的五等爵制，直接来源乃秦的二十等爵制。至汉时，列侯制度渐趋完备，大致分为功臣侯、王子侯、外戚侯、恩泽侯、归义侯、丞相侯和宦者侯等，抑或兼而有之。汉代列侯在社会结构中占据极为显赫的地位，他们因功、因亲、因恩泽而封，多者食万户，少者食百户，成为大一统王朝的中坚力量，在两汉时期的经济、政治、社会、军事、思想文化、民族关系等方面产生了深远影响。

　　近年来，关于秦汉列侯的研究有不少新的成果，但总体而言，对秦汉列侯的个体研究仍然偏少。秦铁柱副教授的《西汉列侯》从数百有影响的列侯中选择了 37 位具有代表性的人物，包括功臣侯、丞相侯、外戚侯、恩泽侯等列侯类型，在纵横两个方面都做到了大范围的贯通。从纵的方面来说，按照时间顺序对列侯展开论述，呈现了西汉王朝的权力重心由功臣侯到外戚侯、恩泽侯的转移历程；从横的方面来说，则重在论述列侯与汉高祖五年诏、白马之盟、汉匈和亲、列侯之国、削藩策、七国之乱、罢黜百家、讨伐匈奴、颁行推恩令、币制改革、抑摧豪强、盐铁会议、今古文之争、王莽改制等历史事件的关联，以揭示西汉列侯的全貌，凸显了面的展开与点的深入。总的来看，该书结合西汉的时代特点，剖析诸多列侯的人生轨迹，展现他们的喜怒哀乐，评判他们的道德理想、行为准则和价值观念，力求还原真实的历史情景，让鲜活的历史人物重新站立在读者面前，并对他们尽可能做出全面、准确的历史定位。尽管书中的有些论述还可以进一步完善，有些看法亦可能存在争议，但其锐意进取的求真和创新精神却应当充分肯定。

　　作者曾受业于著名历史学家安作璋先生，后在南开大学刘敏教授指导下攻读博士学位。无论于公还是于私，我都乐见《西汉列侯》的出版，希望铁柱能秉承安先生和诸多前贤的治学精神，继续努力，在秦汉史研究的沃土里辛勤耕耘，取得更丰硕的成果。

是为序。

二〇二〇年九月十九日

（此文作者系南京师范大学历史系教授、博士生导师）

目　录
CONTENTS

酂侯萧何

萧何（？—前 193），沛县（今江苏沛县）人，是汉初定鼎天下的"三杰"之一，是中国古代贤相的代表。萧何没有显赫的家世，根据秦代的选官规定，"家贫无行，不得推择为吏"，[①] 他能够被推举为县吏，应该是出身于中小地主家庭。萧何"以文毋害为沛主吏掾"。[②]（关于"文毋害"的含义，服虔曰："为人解通，无嫉害也。"应劭曰："虽为文吏，而不刻害也。"苏林曰："无害，若言无比也。一曰，害，胜也，无能胜害之者。"晋灼曰："《酷吏传》赵禹为丞相亚夫吏，府中皆称其廉，然亚夫不任，曰：'极知禹无害，然文深，不可以居大府。'苏说是也。"师古曰："害，伤也，无人能伤害之者。苏、晋两说皆得其意，服、应非也。"[③] 著者认为，将"文毋害"解释为"无比"较为妥当。故《汉书音义》云："无害者如言'无比'，陈留间语也。"[④]）萧何利用职务之便，广泛结交沛县的官员豪杰，具有很高的威望。萧何与刘邦是贫贱之交，两人结下了深厚的情谊。刘邦常常率性而为，不拘小节，全赖萧何从中斡旋，加以保护，方能平安无事。刘邦曾经以小吏的身份到咸阳去服徭役，其他官吏们出钱三百以作路费，只有萧何送给他五百钱，说明两人在丰沛起义前关系

---

① 班固. 汉书·卷34·韩信传 [M]. 北京：中华书局，1962：1861.
② 班固. 汉书·卷39·萧何传 [M]. 北京：中华书局，1962：2005.
③ 班固. 汉书·卷39·萧何传 [M]. 北京：中华书局，1962：2005.
④ 司马迁. 史记·卷53·萧相国世家 [M]. 北京：中华书局，1959：2013.

已非同一般了。秦中央派驻泗水郡的御史，"明何素有方略也"，① 任命他为泗水卒史，被考核为第一，御史想要征召他到咸阳。大概萧何这时预感到秦皇朝即将到来的危机，坚定地请辞，最终未能成行，继续留在沛县做小吏。

刘邦与吕后的婚姻，萧何也有功劳："单父人吕公，善沛令，辟仇，从之客，因家焉。沛中豪杰吏闻令有重客，皆往贺。萧何为主吏，主进，令诸大夫曰：'进不满千钱，坐之堂下。'高祖为亭长，素易诸吏，乃绐为谒曰：'贺钱万。'实不持一钱。谒入，吕公大惊，起，迎之门。"② 正是由于萧何的配合，刘邦才能登堂上座，得到吕公的赏识，进而将女儿许配给他为妻。

秦二世元年（前209年）七月，陈胜、吴广在大泽乡首举义旗，在此之前，刘邦率领了数百人隐藏于芒砀山中，与萧何暗通消息。大泽乡起义之后，萧何、曹参劝说秦沛令举兵反秦，并建议他召回刘邦加以任用。后来刘邦到达城门时，沛令关闭城门，并密谋杀死萧何、曹参，在危急时刻，萧何、曹参逃到城外，与刘邦一起攻克沛县。刘邦称沛公，萧何担任沛丞，跟随刘邦南征北战，成为最有力的辅佐。

前206年十月，刘邦率领大军进入咸阳，将士们争相进入秦府库抢夺金银丝绸，而萧何以独特的战略眼光，开始考虑汉帝国的统一大业与国家治理了，率先收集秦丞相府、御史府中的律令、图书、文集，使得刘邦得知天下的要塞、户口的多少、百姓的疾苦，这完全是萧何的功劳。萧何的这一举动显示出汉帝国未来丞相的视野与气度。

当初，楚怀王与诸侯们相互约定，"先入定关中者王之"，③ 谁先入关灭秦谁就可以在秦地称王。刘邦已经平定秦地，理应按约封王。项羽取得巨鹿之战的胜利后，攻入关中，想要攻打刘邦，刘邦亲至鸿门致歉，局势

① 班固. 汉书·卷39·萧何传［M］. 北京：中华书局，1962：2005.
② 班固. 汉书·卷1上·高祖本纪［M］. 北京：中华书局，1962：3.
③ 班固. 汉书·卷1上·高祖本纪［M］. 北京：中华书局，1962：16.

才得以缓解。项羽撕毁约定，自己封王，宰割天下，举行了著名的"戏下封王"。

二月，羽自立为西楚霸王，王梁、楚地九郡，都彭城。背约，更立沛公为汉王，王巴、蜀、汉中四十一县，都南郑。三分关中，立秦三将：章邯为雍王，都废丘；司马欣为塞王，都栎阳；董翳为翟王，都高奴。楚将瑕丘申阳为河南王，都洛阳。赵将司马卬为殷王，都朝歌。当阳君英布为九江王，都六。怀王柱国共敖为临江王，都江陵。番君吴芮为衡山王，都邾。故齐王建孙田安为济北王。徙魏王豹为西魏王，都平阳。徙燕王韩广为辽东王。燕将臧荼为燕王，都蓟。徙齐王田市为胶东王。齐将田都为齐王，都临菑。徙赵王歇为代王。赵相张耳为常山王。①

项羽立刘邦为汉王，并且将关中地区一分为三，封秦降将章邯、董翳、司马欣来抗拒刘邦。由于项羽的背约，刘邦大怒，想要与诸将商量攻击项羽。周勃、灌婴、樊哙都劝他进攻，但萧何劝谏道："虽王汉中之恶，不犹愈于死乎？……今众弗如，百战百败，不死何为？《周书》曰：'天予不取，反受其咎。'语曰'天汉'，其称甚美。夫能诎于一人下，而信于万乘之上者，汤武是也。臣愿大王王汉中，养其民以致贤人，收用巴蜀，还定三秦，天下可图也。"② 萧何对当时形势的精辟分析，显示了他深邃的战略眼光。如果刘邦为一时之气，与项羽对抗，后果十分严重，唯一正确的策略便是就国汉中，整军备战。刘邦听从了萧何的建议，率领三万兵马就国汉中，任命萧何为丞相，负责处理汉王国的主要行政事务。

刘邦部下不缺少悍将，但缺乏帅才。萧何慧眼识英，屡次向刘邦荐举了韩信。刘邦犹豫不决，韩信不辞而别，萧何顾不上向刘邦禀奏，星夜追回韩信。萧何回来后，刘邦责骂萧何："诸将亡者以十数，公无所追；追

① 班固．汉书·卷1上·高祖本纪［M］．北京：中华书局，1962：28．
② 班固．汉书·卷39·萧何传［M］．北京：中华书局，1962：2006—2007．

信，诈也。"① 萧何曰："诸将易得耳。至如信者，国士无双。王必欲长王汉中，无所事信；必欲争天下，非信，无所与计事者。顾王策安所决耳。"② 最终说服刘邦任命韩信为大将军，不久，韩信以出色的军事才能指挥汉军"暗度陈仓""还定三秦"。萧何月下追韩信，成为千古佳话。后来楚汉战争的历史进程表明，萧何对韩信的举荐对刘邦的胜利起到了至关重要的作用。

　　在长达四年的楚汉战争中，萧何虽然没有亲自上前线冲锋陷阵、斩将搴旗，但他坐镇关中巴蜀，为刘邦取得这场战争的胜利立下了不可磨灭的功绩。汉二年（前205年），汉王刘邦与诸侯联合攻击项羽，萧何守卫关中，侍候太子，治理栎阳，制作法令约束，在栎阳设立宗庙、社稷、宫室、县邑，使得关中巴蜀的社会生产与生活走向了正常的轨道。刘邦对萧何特别信任，并且尊重其意见，凡是军国大事，萧何上奏，刘邦一律批准；来不及上奏，萧何事后补报，刘邦也会认可。萧何统计关中巴蜀的户口，转运粮饷供给前线军队，为刘邦建立了一个稳固的战略后方。刘邦数次失去军队逃亡，萧何经常征发关中的士兵进行补充，刘邦得以重新振作。

　　汉五年（前202年），项羽被杀，刘邦即皇帝位，论功行赏，但是群臣争功，一年过去了还是没有结果。刘邦为了打破这种议而不决的局面，先封萧何为酂侯，食邑八千户。刘邦的这一决定在功臣集团中引起了轩然大波：

　　功臣皆曰："臣等身被坚执兵，多者百余战，少者数十合，攻城略地，大小各有差。今萧何未有汗马之劳，徒持文墨议论，不战，顾居臣等上，何也？"上曰："诸君知猎乎？"曰："知之。""知猎狗乎？"曰："知之。"上曰："夫猎，追杀兽者狗也，而发纵指示兽处者人也。今诸君徒能走得

---

　　① 司马迁. 史记·卷92·淮阴侯列传［M］. 北京：中华书局，1959：2611.
　　② 司马迁. 史记·卷92·淮阴侯列传［M］. 北京：中华书局，1959：2611.

兽耳，功狗也；至如萧何，发纵指示，功人也。且诸君独以身从我，多者三两人；萧何举宗数十人皆随我，功不可忘也！"群臣后皆莫敢言。①

将领们的质问显示出了其"重质少文"的坦率个性，透露出了思维的片面性与政治上的短视。刘邦毫不留情地将这些将领们奚落了一番，将他们比作猎狗，将萧何比作指示猎狗的猎人，以突出萧何的功勋，将领们面面相觑，不敢再言。在刘邦的坚持下，功臣们虽然都受封列侯，但在位次上又产生了分歧："皆曰：'平阳侯曹参身被七十创，攻城略地，功最多，宜第一。'"② 上一次刘邦已经是违背了功臣们的意思，所以在排列位次上不便直接驳斥群臣。此时谒者关内侯鄂千秋顺承刘邦的圣意，上奏道：

群臣议皆误。夫曹参虽有野战略地之功，此特一时之事。夫上与楚相距五岁，失军亡众，跳身遁者数矣，然萧何常从关中遣军补其处。非上所诏令召，而数万众会上乏绝者数矣。夫汉与楚相守荥阳数年，军无见粮，萧何转漕关中，给食不乏。陛下虽数亡山东，萧何常全关中待陛下，此万世功也。今虽无曹参等百数，何缺于汉？汉得之不必待以全。奈何欲以一旦之功加万世之功哉！萧何当第一，曹参次之。③

鄂千秋的上奏正中刘邦的心意，刘邦马上发布命令，定萧何位次第一，并"赐带剑履上殿，入朝不趋"④ 的殊荣。后来又益封萧何二千户，"以尝繇咸阳时何送我独赢钱二也"。⑤

刘邦进入关中之后，与秦民约法三章，久而久之，三章之法难以适应治国的需要。于是萧何依据《秦律》，顺应当时的局势，制定九章之律，"汉兴，高祖初入关，约法三章曰：'杀人者死，伤人及盗抵罪。'蠲削烦

① 班固. 汉书·卷39·萧何传 [M]. 北京：中华书局，1962：2008.
② 班固. 汉书·卷39·萧何传 [M]. 北京：中华书局，1962：2009.
③ 班固. 汉书·卷39·萧何传 [M]. 北京：中华书局，1962：2009.
④ 班固. 汉书·卷39·萧何传 [M]. 北京：中华书局，1962：2009.
⑤ 班固. 汉书·卷39·萧何传 [M]. 北京：中华书局，1962：2009.

苛，兆民大说。其后四夷未附，兵革未息，三章之法不足以御奸，于是相国萧何捃摭秦法，取其宜于时者，作律九章"。① 在秦《盗》《贼》《囚》《捕》《杂》《具》的基础上，增加了《户》《兴》《厩》三律，为汉朝休养生息政策的推行提供了法律保障。

在为汉朝进行制度设计的同时，萧何针对汉初严峻的经济形势，力促国家政策的转变，由战时政策转为休养生息，"将商鞅之后一直处于战争状态的国家专政机器改造为适应和平时期需要的国家行政机构"。② 刘邦于汉五年（前202年），颁布了诏书："诸侯子在关中者，复之十二岁，其归者半之。民前或相聚保山泽，不书名数，今天下已定，令各归其县，复故爵田宅，吏以文法教训辨告，勿笞辱。民以饥饿自卖为人奴婢者，皆免为庶人。军吏卒会赦，其亡罪而亡爵及不满大夫者，皆赐爵为大夫。故大夫以上赐爵各一级，其七大夫以上，皆令食邑；非七大夫以下，皆复其身及户，勿事。"又曰："七大夫、公乘以上，皆高爵也。诸侯子及从军归者，甚多高爵。吾数诏吏先与田宅，及所当求于吏者，亟与。爵或人君，上所尊礼，久立吏前，曾不为决，甚亡谓也。异日秦民爵公大夫以上，令丞与亢礼。今吾于爵非轻也，吏独安取此！且法以有功劳行田宅，今小吏未尝从军者多满，而有功者顾不得，背公立私，守尉长吏教训甚不善。其令诸吏善遇高爵，称吾意。且廉问，有不如吾诏者，以重论之。"③

皇权与相权的矛盾贯穿于整个封建社会，即使是在专制皇权尚未完全确立的汉初。萧何一生战战兢兢，如履薄冰，生怕触动皇权与相权之间的矛盾。汉三年（前204年），刘邦与项羽在京、索之间对峙，刘邦数次派遣使节慰劳萧何。鲍生告诉萧何："今王暴衣露盖，数劳苦君者，有疑君心。为君计，莫若遣君子孙昆弟能胜兵者悉诣军所，上益信君。"④ 于是萧何听从了他的计策，刘邦非常高兴。不过，从当时的局势来看，刘邦不见

① 班固.汉书·卷23·刑法志［M］.北京：中华书局，1962：1096.
② 蒋非非.汉初萧曹相位之争［J］.北京师范大学学报，2003，（5）：95.
③ 班固.汉书·卷1下·高祖本纪［M］.北京：中华书局，1962：54—55.
④ 班固.汉书·卷39·萧何传［M］.北京：中华书局，1962：2007—2008.

得不信任萧何，但萧何控驭关中，理应小心谨慎，萧何的表现进一步加深了刘邦对他的信任。后来阳夏侯陈豨谋反，刘邦亲自领兵平叛。韩信意图在长安起兵，吕后用萧何之计诛杀韩信，刘邦在邯郸听说韩信被杀，派使者到长安拜萧何为相国，益封五千户，并为萧何增加了五百人的护卫。群臣都到萧何府中道贺，而故秦东陵侯召平却说："祸自此始矣。上暴露于外，而君守于内，非被矢石之难，而益君封置卫者，以今者淮阴新反于中，有疑君心。夫置卫卫君，非以宠君。愿君让封勿受，悉以家私财佐军。"① 萧何依计而行，刘邦大喜。

汉十一年（前200年）七月，淮南王英布起兵，刘邦御驾亲征，数次派遣使者回长安观察萧何动向，使者回去禀报道："为上在军，拊循勉百姓，悉所有佐军，如陈豨时。"② 萧何的一位宾客却说："君灭族不久矣。夫君位为相国，功第一，不可复加。然君初入关，本得百姓心，十余年矣。皆附君，尚复孳孳得民和。上所谓数问君，畏君倾动关中。今君胡不多买田地，贱贳贷以自污？上心必安。"③ 萧何宾客的看法是有道理的，刘邦已到壮士暮年，萧何功高震主，若继续收揽民心，势必引起刘邦猜忌，于是萧何采纳了宾客的建议，强买田地，使刘邦误认为自己只不过是一个只谋私利的人，没有政治野心。等到刘邦回到长安后，大量的百姓遮道喊冤，有数千人告发萧何强买大量民田。刘邦笑曰："今相国乃利民！"④ 并下令萧何亲自向百姓道歉。萧何此举，犹如秦将王翦连续六次请赐美田良宅。虽然萧何一再设计自保，最终还是因为刘邦的猜忌而身陷囹圄。汉十二年（前199年），萧何看到关中地区人多地狭，向刘邦求得上林苑中的空地交给百姓耕种，本来这是萧何的一项善举，既对百姓有利，又缓和了阶级矛盾，结果刘邦大怒，曰："吾闻李斯相秦皇帝，有善归主，有恶自

---

① 班固. 汉书·卷39·萧何传［M］. 北京：中华书局，1962：2010.
② 班固. 汉书·卷39·萧何传［M］. 北京：中华书局，1962：2010.
③ 班固. 汉书·卷39·萧何传［M］. 北京：中华书局，1962：2010.
④ 班固. 汉书·卷39·萧何传［M］. 北京：中华书局，1962：2011.

予。今相国多受贾竖金，为请吾苑，以自媚于民。故系治也。"① 下令将萧何交付廷尉。萧何所奏请的虽然不是军国大事，却有与刘邦争夺民心之嫌。王卫尉挺身而出，据理力争，强调萧何公忠体国，不谋私利："夫职事苟有便于民而请之，真宰相事也。陛下奈何乃疑相国受贾人钱乎！且陛下距楚数岁，陈豨、黥布反时，陛下自将往，当是时相国守关中，摇足则关西非陛下有也。相国不以此时为利，乃利贾人之金乎？且秦以不闻其过亡天下，夫李斯之分过，又何足法哉！陛下何疑宰相之浅也！"② 刘邦逐渐平静下来，下令释放萧何，并自我嘲讽道："相国休矣！相国为民请吾苑不许，我不过为桀纣主，而相国为贤相。吾故系相国，欲令百姓闻吾过。"③ 这是刘邦、萧何君臣之间唯一一次不愉快的经历。

萧何为相多年，权倾天下，食禄万石，完全有条件为后世留下大量财产，但他生活简朴，其所置田宅，多在穷乡僻壤："何买田宅必居穷辟处，为家不治垣屋。曰：'令后世贤，师吾俭；不贤，毋为势家所夺。'"④

高祖刘邦死后，萧何继续侍奉惠帝。后来，萧何病重，惠帝亲自看望萧何。萧何在病重之际，以汉皇朝的国家利益为重，抛弃私人恩怨，推荐平阳侯曹参继任丞相，彰显了优秀政治家以大局为重的气度与风范："何病，上亲自临视何疾，因问曰：'君即百岁后，谁可代君？'对曰：'知臣莫若主。'帝曰：'曹参何如？'何顿首曰：'帝得之矣。何死不恨矣！'"⑤

孝惠二年（前193年），萧何病逝，惠帝赐谥号为文终侯。他的儿子萧禄继承了爵位，萧禄无子，死后国除。吕高后于是封萧何夫人同为酂侯，来配合自己的称制行为。又封萧何的小儿子为筑阳侯。文帝即位后，取消了萧何妻子的爵位，又封萧延为酂侯。萧延死后，其子萧遗嗣侯，死后，无子国除。文帝又封萧遗的弟弟萧则嗣侯，有罪被免。景帝二年（前

① 班固. 汉书·卷39·萧何传 [M]. 北京：中华书局，1962：2011.
② 班固. 汉书·卷39·萧何传 [M]. 北京：中华书局，1962：2011.
③ 班固. 汉书·卷39·萧何传 [M]. 北京：中华书局，1962：2011.
④ 班固. 汉书·卷39·萧何传 [M]. 北京：中华书局，1962：2012.
⑤ 班固. 汉书·卷39·萧何传 [M]. 北京：中华书局，1962：2012.

155 年），景帝下诏御史："故相国萧何，高皇帝大功臣，所与为天下也。今其祀绝，朕甚怜之。其以武阳县户二千封何孙嘉为列侯。"① 萧嘉死后，其子萧胜嗣侯，后有罪被免。武帝于元狩年间下诏："以酂户二千四百封何曾孙庆为酂侯，布告天下，令明知朕报萧相国德也。"② 萧庆——萧则的儿子，死后，其子萧寿成嗣侯，"坐为太常牺牲瘦免"。③ 宣帝时，诏丞相、御史寻求萧何的后代，并以二千户封萧建世为酂侯。爵位传子至孙萧获，"坐使奴杀人减死论"④。成帝时，"成帝封萧何玄孙之子萧喜为酂侯"⑤。新莽末年封国灭亡。至东汉，章帝绍封萧熊为酂侯，而后传国至东汉末年。

萧何在汉朝建立与巩固的过程中立下了不朽的功勋，自丰沛起义开始，他对刘邦是绝对忠诚的；在反秦战争中，他跟随刘邦，赞襄帷幄；在楚汉战争中，他镇抚关中。他的忠诚赢得了刘邦的绝对信任。萧何深谙君臣之道，战战兢兢，小心翼翼，为躲避刘邦猜忌，他数次采纳部下的意见，甚至做出了虚伪之行。萧何还有过人的才干，深邃的政治目光与战略眼光，他劝说刘邦就国汉中，回师三秦，在楚汉战争中，将巴、蜀、汉中、关中连成一体，制定法规，治理吏民，征集兵源，供给军需，为战胜项羽提供了保障。萧何谨慎谦虚，奉行俭约，不求私利。萧何从汉朝的长治久安出发，气度恢宏，举荐曹参为相，使西汉社会经济发展保持了强劲的势头。当然，酂侯萧何的一生，既有积极的一面，也有"阴暗"的一面，他为取悦刘邦，在汉初严峻的经济形势下，力主大修未央宫，以重天子之威。"萧丞相营作未央宫，立东阙、北阙、前殿、武库、太仓。高祖还，见宫阙壮甚，怒，谓萧何曰：'天下匈匈苦战数岁，成败未可知，是何治宫室过度也？'萧何曰：'天下方未定，故可因遂就宫室。且夫天子以

① 班固. 汉书·卷39·萧何传 [M]. 北京：中华书局，1962：2012.
② 班固. 汉书·卷39·萧何传 [M]. 北京：中华书局，1962：2013.
③ 班固. 汉书·卷39·萧何传 [M]. 北京：中华书局，1962：2013.
④ 班固. 汉书·卷39·萧何传 [M]. 北京：中华书局，1962：2013.
⑤ 班固. 汉书·卷39·萧何传 [M]. 北京：中华书局，1962：2013.

四海为家，非壮丽无以重威，且无令后世有以加也。'高祖乃说"。①

　　鄜侯萧何作为一代名相，呕心沥血，殚精竭虑，万古流芳。司马迁评价道："萧相国何于秦时为刀笔吏，录录未有奇节。及汉兴，依日月之末光，何谨守管籥，因民之疾秦法，顺流与之更始。淮阴、黥布等皆以诛灭，而何之勋烂焉。位冠群臣，声施后世，与闳夭、散宜生等争烈矣。"②

---

①　司马迁. 史记·卷8·高祖本纪［M］. 北京：中华书局，1959：385—386.
②　司马迁. 史记·卷53·萧相国世家［M］. 北京：中华书局，1959：2020.

平阳侯曹参

　　平阳侯曹参（？—前190），沛县（今江苏沛县）人。秦时担任县狱掾，在县里为"豪吏"，亦即众吏之长也。是刘邦丰沛集团的核心人物之一。在丰沛起义之后，曹参担任中涓。在反秦起义的初期，曹参立即在军事上崭露头角，击破胡陵、方与二城，大败秦监郡御史公的军队。东下薛城，击败泗水郡守的军队。又回攻胡陵，守卫方与。后方与全城降魏，曹参率军攻击。丰邑降魏，曹参又出兵平定。曹参因军功被赐爵七大夫。又向北出击，在砀郡以西击败秦将司马欣，取得狐父、祁善置。又出击下邑，在虞，出击秦将章邯。攻击辕戚、亢父，率先登上城墙。爵位被迁为五大夫。北救东阿，击败章邯军队，攻入敌人的营垒，追敌至濮阳。攻击定陶，攻取临济。率军救援雍丘，击败秦三川守李由，斩杀李由，俘虏秦侯一人。章邯击杀项梁，刘邦与项羽引军东归。楚怀王任命刘邦为砀郡长，统率砀郡的兵马。刘邦封曹参为执帛，号为建成君。后封为戚公。其后又率军跟从刘邦攻击东郡尉的军队，在成武南将其击败。在成阳南、杠里击败秦将王离的军队。率军到开封，击败秦将赵贲的军队，将赵贲围困在开封城中。向西在曲遇击破秦将杨熊的军队，俘虏秦司马及御史各一人。刘邦升其爵位为执珪。又向西攻击阳武，攻下辕辕、缑氏，封锁黄河渡口。在尸北，再次击败赵贲的军队。又南攻犨，在阳城郭东与南阳守齮作战，攻入其营垒，攻下宛城，俘虏齮，平定南阳郡。又从刘邦西攻武关、峣关。率领前锋在蓝田南击败秦军残余主力，又夜袭其北军，继而攻至咸阳。

项羽封刘邦为汉王后，刘邦封曹参为建成侯。曹参追随刘邦进入汉中，被升为将军。跟从刘邦还定三秦，攻取下辨、故道、雍、斄四城。在好畤南击败章平的军队，继而包围好畤，攻取壤乡。在壤东及高栎击破三秦联军。又率军围困章平于好畤城内，章平从好畤突围而走。接着又击败赵贲、内史保的军队。向东攻取咸阳，更名为新城。曹参率领军队守卫景陵，三秦王乘机派章平等攻击曹参，被曹参击败。曹参因功，被赐予食邑宁秦。又率军将章邯围困于废丘；以中尉的身份追随刘邦东出临晋关。到达河内，攻下修武，率军渡过围津，在定陶击破龙且、项佗的军队。向东攻取砀、萧、彭城。彭城之战后，曹参以中尉的身份围攻雍丘。王武在外黄反叛，程处在燕反叛，刘邦派曹参平叛，全部被平定。柱天侯在衍氏反叛，曹参又奉命攻取衍氏。曹参在昆阳击败羽婴，又追击至叶城。又回师攻击武强，攻击至荥阳。汉二年（前205年），刘邦任命曹参为代理左丞相，率军屯卫关中。魏王豹反叛，以假丞相的身份与大将军韩信大破魏将孙遬。乘机进攻安邑，俘虏魏将王襄。在曲阳击败魏王豹，率军追至东垣，俘获魏王豹。攻取平阳，俘获魏王豹的母亲、妻子，平定魏国五十二县。因平定魏国之功，刘邦赐其食邑平阳。接着跟从韩信在邬东出击赵相国夏说的军队，斩杀夏说。韩信又与故常山王张耳引兵出井陉口，击败成安君陈余，而令曹参将赵别将戚公围困于邬城中，断绝陈余的援兵。戚公突围，曹参将其斩杀，后率兵回归刘邦。韩信击破赵国，担任相国，又东击齐国。曹参以左丞相的身份归属其帐下。曹参在历下攻破齐国的驻军后，攻取临淄。回师平定齐国的济北郡，攻下了著、漯阴、平原、鬲、卢等城。又追随韩信在上假密击败龙且的援军，斩杀龙且，俘虏其亚将周兰。平定齐国的诸郡县，得七十县。俘获齐王田广的丞相田光，代理丞相许章，以及将军田既。韩信被立为齐王后，率军到达陈县，与汉王共同合围项羽，而曹参留在齐地平定旧齐国的残余势力。在刘邦麾下几十个战将之中，除了韩信、彭越、英布等独当一面的异姓诸侯王外，他的军功最多，以至于后来在讨论列侯位次时，所有的将领都推举他为第一。尽管在刘邦的干预下，屈居第二，但他在功臣中的地位，是别人难以企及的。

刘邦即皇帝位后，他绝不能容忍"战必胜，攻必取"的韩信拥有富庶的齐国，便将韩信徙封为楚王。刘邦封长子刘肥为齐王，"王七十余城，民能齐言者皆属齐"。① 任命曹参为相国，实际上将治理齐国的重任交给了曹参。高祖六年（前201年），刘邦与诸侯剖符定封，正式封曹参为列侯，食平阳一万六百三十户，世世传爵。

汉帝国建立之后，平阳侯曹参依然为维护帝国的统一做出重要的贡献。不论汉朝遇到什么危难，曹参都是招之即来，对刘邦表现出无限的忠诚。赵相阳夏侯陈豨叛乱，曹参以齐相国的身份领兵助刘邦平叛，击败陈豨大将张春。淮南王英布叛乱，曹参跟随齐王刘肥率领十二万兵马，与刘邦合击黥布主力，向南攻至蕲县，回师平定竹邑、相、萧、留四城。

有学者认为："很少有人把黄老思想与黄老政治从齐国一隅推向全国的关键人物曹参视为一流政治家，更多的人将他看作刘邦那个布衣将相群中的一介武夫。其实，曹参不仅是一位智勇兼备的统帅，更是一位大智若愚的大政治家。他在汉初政坛上的地位和作用是别人无法替代的。"② 平阳侯曹参不仅善于马上征战，在日后的治国实践中，形成了自己独特的治国之道。齐国七十余城，如何治理这一个庞大的王国，这是曹参以前所没有遇见过的新问题。曹参于是召集齐国境内的各家各派的长老诸生，"问所以安集百姓。而齐故诸儒以百数，言人人殊，参未知所定。闻胶西有盖公，善治黄老言，使人厚币请之。既见盖公，盖公为言治道贵清静而民自定，推此类具言之。参于是避正堂，舍盖公焉。其治要用黄老术，故相齐九年，齐国安集，大称贤相"。③ 黄老家的重要代表胶西盖公提出的清静无为、与民休息思想，既能满足齐国战后恢复发展残破的社会经济的现实需求，又能为"重质少文"的平阳侯曹参所接受，于是曹参将黄老思想确定

① 司马迁. 史记·卷8·高祖本纪［M］. 北京：中华书局，1959：384.
② 孟祥才. 曹参治齐与汉初统治思想与统治政策的选择［J］. 管子学刊，1998（4）：71.
③ 班固. 汉书·卷39·曹参传［M］. 北京：中华书局，1962：2018.

为治齐的指导思想，齐国成为推行黄老之治的最早试验场。曹参顺应了百姓的意愿，在齐国推行薄赋、轻徭、省刑、节俭的政策，不过多干预百姓的生活与生产，百姓安居乐业，黄老之术在齐国结出了丰硕的成果。

萧何死后，无论是名望、资历、政绩、功勋，曹参都成为汉丞相的不二人选。曹参听说萧何死后，马上命人准备行装，入长安为相。"居无何，使者果召参。参去，属其后相曰：'以齐狱市为寄，慎勿扰也。'后相曰：'治无大于此者乎？'参曰：'不然。夫狱市者，所以并容也，今君扰之，奸人安所容乎？吾是以先之。'"① 去职之前，依然嘱托新任齐相傅宽，要珍惜他九年来以黄老治齐的繁荣局面，"以齐狱市为寄"，重视狱讼以及市集，二者关系齐国的治乱，切勿扰乱二者秩序。（孟康曰："夫狱市者，兼受善恶，若穷极，奸人无所容窜，久且为乱。秦人极刑而天下畔，孝武峻法而狱繁，此其效也。"②）为政以宽而勿以严。

曹参由齐相成为汉相之后，将黄老无为思想由齐国推广到汉帝国的全境，并身体力行。他还遵照萧何所制定的各项规章制度，最大限度地保持汉皇朝政策的连续性与稳定性，在稳定中求发展，以发展促稳定。在用人上，只任命"谨厚长者"，使他们奉公尽职而已，形成了一种长者政治模式。曹参本人终日饮醇酒，丞相府中终日无事，对于犯错的属吏，曹参也不加以深究，还经常掩饰他们的过错。"参代何为相国，举事无所变更，壹遵何之约束。择郡国吏长大，讷于文辞，谨厚长者，即召除为丞相史。吏言文刻深，欲务声名，辄斥去之。日夜饮酒。卿大夫以下吏及宾客见参不事事，来者皆欲有言。至者，参辄饮以醇酒，度之欲有言，复饮酒，醉而后去，终莫得开说，以为常。相舍后园近吏舍，吏舍日饮歌呼。从吏患之，无如何，乃请参游后园。闻吏醉歌呼，从吏幸相国召按之。乃反取酒张坐饮，大歌呼与相和"。③

① 班固. 汉书·卷39·曹参传 [M]. 北京：中华书局，1962：2018.
② 班固. 汉书·卷39·曹参传 [M]. 北京：中华书局，1962：2019.
③ 班固. 汉书·卷39·曹参传 [M]. 北京：中华书局，1962：2019.

　　曹参的儿子曹窋担任中大夫，惠帝困惑于曹参的"无为"，逍遥自在，终日饮酒，认为他是轻视自己年少，派曹窋试探其父。"女归，试私从容问乃父曰：'高帝新弃群臣，帝富于春秋，君为相国，日饮，无所请事，何以忧天下？'然无言吾告女也。"① 曹窋休假回家，便按惠帝之意试探之。曹参大怒，笞打曹窋二百，曰："趣入侍，天下事非乃所当言也。"②上朝的时候，君臣之间展开了一段有趣的对话：

　　参免冠谢曰："陛下自察圣武孰与高皇帝？"上曰："朕乃安敢望先帝！"参曰："陛下观参孰与萧何贤？"上曰："君似不及也。"参曰："陛下言之是也。且高皇帝与萧何定天下，法令既明具，陛下垂拱，参等守职，遵而勿失，不亦可乎？"惠帝曰："善。君休矣！"③

　　从表面看，曹参是以极为消极的态度治理国家，但这恰是对秦"有为而治"政策的反省，但是他的"无为"并不是放弃政府职能，而是在既定的制度与政策下，给百姓提供发展生产的宽松环境，满足百姓亟待休养生息的需求。曹参担任相国三年，死后，惠帝谥其为懿侯。曹参将黄老无为思想提升为治国思想，推行休养生息，百姓深得其利。时谚这样歌颂他："萧何为法，讲若画一；曹参代之，守而勿失。载其清靖，民以宁壹。"④

　　由曹参开其端绪，在统治阶层中形成了一个强大的黄老集团，包括陈平、王陵、张良、陆贾，文帝、窦太后、景帝，他们以黄老治国，缔造出了文景盛世，但是黄老思想统治地位的确立，曹参功不可没。他谋略不如张良，战功不如韩信，治国不如萧何，但他善于选择统治思想，顺应历史潮流，符合百姓愿望，使西汉步入休养生息的轨道，完成了承前启后的历史使命，为"文景之治"的出现创造了条件。司马迁中肯地评价他："曹相国参攻城野战之功所以能多若此者，以与淮阴侯俱。及信已灭，而列侯

① 班固. 汉书·卷39·曹参传［M］. 北京：中华书局，1962：2020.
② 班固. 汉书·卷39·曹参传［M］. 北京：中华书局，1962：2020.
③ 班固. 汉书·卷39·曹参传［M］. 北京：中华书局，1962：2020.
④ 班固. 汉书·卷39·曹参传［M］. 北京：中华书局，1962：2021.

成功，唯独参擅其名。参为汉相国，清静极言合道。然百姓离秦之酷后，参与休息无为，故天下俱称其美矣。"① 汉朝历代皇帝都没有忘却曹参的功勋，都对平阳侯国进行绍封，其封国一直存续到曹魏末年。

曹参死后，其子曹窋嗣侯。高后时，曹窋官至御史大夫。传国至其曾孙曹襄。武帝时曹襄担任后将军，率军出漠北击匈奴。子曹宗嗣侯，有罪，完为城旦。哀帝以二千户绍封曹参玄孙之孙曹本始为平阳侯。王莽篡位之后，对西汉的列侯予以集体剥夺，一百八十一个侯国被废除，平阳侯亦在其列。曹本始之子曹宏，率先举兵投靠刘秀，刘秀绍封其为平阳侯，并传其子曹旷，后因无后或因犯罪而国除。"容城侯曹湛以高祖功臣参后侯。建初二年封。"② 永元三年（91 年），容城侯国已经无后国除，和帝下诏使大鸿胪寻求近亲作为后嗣，"高祖功臣，萧、曹为首，有传世不绝之义，曹相国后容城侯无嗣。朕望长陵东门，见二臣之垅，循其远节，每有感焉。忠义获宠，古今所同。可遣使者以中牢祠，大鸿胪求近亲宜为嗣者，须景风绍封，以章厥功"。③

---

① 司马迁. 史记·卷54·曹相国世家［M］. 北京：中华书局，1959：2031.

② 熊方等. 后汉书三国志补表三十种［M］. 北京：中华书局，1984：342.

③ 范晔. 后汉书·卷4·孝和帝纪［M］. 北京：中华书局，1965：172.

留侯张良

留侯张良（？—前186），字子房，其先祖是战国韩国人。其祖父张开地，做过韩昭侯、韩宣惠王、韩襄哀王的相。其父张平，做过韩釐王、韩悼惠王的相，张平于悼惠王二十三年去世。前230年，秦灭韩，当时张良年少，尚未能出仕，沦为秦皇朝的黔首。韩国虽然灭亡了，但张良依然拥有巨额财富，有家僮三百人，张良始终未能忘却灭国之耻，他拿出所有的财富寻求刺客刺杀秦始皇，为韩国报仇，上演了一幕可歌可泣的博浪沙刺秦皇的悲壮史剧。张良曾经到淮阳学习礼，东见仓海君，求得一个大力士，制作了一百二十斤重的铁椎。秦始皇东游至博浪沙时，张良与刺客暗中袭击秦始皇，误中了秦始皇的副车。秦始皇大怒，大搜天下。张良只得变姓名，逃亡到下邳。此时，张良还是六国旧贵族利益的代表。

张良曾经在下邳的一座桥上悠闲地散步，有一位穿着粗布衣服的老者，与张良相遇，并故意将鞋子踢到了桥下水里。回头以命令的口气跟张良说："孺子，下取履！"张良大惊，想要殴打他。因为他是老人，才强忍着怒气到水中取鞋，接着跪下还给他。老者用脚接受了鞋，笑着离去。老者走了一里后又回来了，说："孺子可教矣。后五日平明，与我期此。"五日后，天刚亮的时候，张良前往，老人已在，大怒："与老人期，后，何也？去，后五日蚤会。"张良五天后再次前往，老父又在，大怒："后，何也？去，后五日复蚤来。"张良五日后半夜前往，过了一会，老人来了，"出一编书，曰：'读是则为王者师。后十年兴。十三年，孺子见我，济北谷城山下黄石即我已。'遂去不见。旦日视其书，乃《太公兵法》。良因异之，常习读诵"。① 此段故事应为汉初时人为了神化张良所编造，司马迁与班固便将其写进史书之中。《太公兵法》相传为姜太公所作，张良得此书后，勤奋攻读，韬略智谋大有长进，具备了"运筹帷幄之中，决胜千里之外"的军事能力。张良在下邳隐居十年，其间广交英雄豪杰，酝酿反秦起义。楚国贵族项伯因杀人被张良藏匿起来，二人因此结下了深厚的友谊。

前209年，陈胜吴广起义之后，张良聚集了百余名少年举行起义。景驹在留自立为楚假王。张良想要投奔他，在路上遇到刘邦。刘邦率领数千人攻打下邳，于是便归属于刘邦。刘邦拜张良为厩将。张良经常给刘邦讲授《太公兵法》，刘邦经常在战争中灵活使用他的计策。"张良与汉高祖刘邦的关系，在中国历史上所有开国的君臣中是最为融洽的，也是独一无二的。因为刘邦反秦之初寡于谋略，发展不利，自遇张良之后，才有所改观"。②

刘邦到薛，见到项梁，与诸将共立楚怀王。张良乘机劝说项梁恢复韩国，"君已立楚后，韩诸公子横阳君成贤，可立为王，益树党"。③ 项梁派张良求得韩成，立其为韩王。任命张良为韩国司徒，与韩王成率领千余兵马进入韩国故地，攻下数城，但秦兵又重新夺回，于是张良与韩王成率兵在颍川郡往来游击。

刘邦率军向西灭秦，进至轘辕，张良引兵配合刘邦击败秦将杨熊的军队，攻下故韩国境内的十几座城市。刘邦命令韩王成镇守阳翟，与张良率军南下，进攻宛城，但秦南阳郡守顽强抵抗，刘邦灭秦心切，企图绕过宛城，灵活前进，直接进攻关中的南大门——武关。张良劝谏道："沛公虽欲急入关，秦兵尚众，距险。今不下宛，宛从后击，强秦在前，此危道

① 班固. 汉书·卷40·张良传［M］. 北京：中华书局，1962：2024.
② 张大可，徐日辉. 张良萧何韩信评传［M］. 武汉：华中科技大学出版社，2018：207.
③ 班固. 汉书·卷40·张良传［M］. 北京：中华书局，1962：2025.

也。"① 刘邦采纳他的意见，回师突袭，终于逼降了据守宛城的南阳郡守，然后进入武关。刘邦进入关中后想以二万人直接攻击峣关，扫清进入咸阳的最后一道屏障。张良献计，"秦兵尚强，未可轻。臣闻其将屠者子，贾竖易动以利。愿沛公且留壁，使人先行，为五万人具食，益张旗帜诸山上，为疑兵，令郦食其持重宝啖秦将"。② 秦守将果然想联合刘邦奇袭咸阳，刘邦想要答应秦将，张良认为："此独其将欲叛，士卒恐不从。不从必危，不如因其解击之。"③ 刘邦于是趁秦将松懈，率兵大破秦峣关守军，追敌至蓝田，再次击败秦军。刘邦率军到达咸阳，秦王子婴投降。刘邦进入咸阳，宫室中有大量的帷帐、狗马、重宝、妇女，刘邦想要留居在秦宫之中。樊哙苦苦劝谏，刘邦不听。张良曰："夫秦为无道，故沛公得至此。为天下除残去贼，宜缟素为资。今始入秦，即安其乐，此所谓'助桀为虐'。且'忠言逆耳利于行，良药苦口利于病'，愿沛公听樊哙言。"④ "缟素"，晋灼曰："资，质也。欲令沛公反秦奢泰，服俭素以为资。"⑤ 在张良苦口婆心地劝说之下，刘邦终于忍住了自己对于宫室、珍宝、美女的欲望，回军霸上，与百姓约法三章，并采取了一系列安定民心，稳定社会秩序的措施，赢得了关中的民心，"唯恐沛公不为秦王"。⑥

项羽到达鸿门之后，想要攻击刘邦，因为张良的藏匿之恩，项伯深夜骑至张良处，想要与他共同逃亡。张良诚信重义，对项伯道："臣为韩王送沛公，今事有急，亡去不义。"⑦ 便将此事告诉了刘邦，刘邦听后大惊，在张良的引荐下，刘邦接见了项伯，大摆酒宴，礼敬备至，并约为儿女亲家，并向项伯申明不敢背弃项王。张良后来又跟随刘邦亲至鸿门向项羽道歉，上演了历史上著名的"鸿门宴"。在鸿门宴中，舞阳侯樊哙的表现极

---

① 班固．汉书·卷 1 上·高帝纪［M］．北京：中华书局，1962：19.
② 班固．汉书·卷 40·张良传［M］．北京：中华书局，1962：2026.
③ 班固．汉书·卷 40·张良传［M］．北京：中华书局，1962：2026.
④ 班固．汉书·卷 40·张良传［M］．北京：中华书局，1962：2027.
⑤ 班固．汉书·卷 40·张良传［M］．北京：中华书局，1962：2027.
⑥ 班固．汉书·卷 1 上·高帝纪［M］．北京：中华书局，1962：23.
⑦ 班固．汉书·卷 40·张良传［M］．北京：中华书局，1962：2027.

为突出，但是张良的角色亦不可或缺。在鸿门宴中最危急的时刻，项庄舞剑之时，"于是张良至军门，见樊哙"。① 在刘邦借口"如厕"返回霸上时，张良不顾个人安危，留下来向项羽、范增致歉，并赠送礼物，应对自如，不卑不亢，极富胆识。《史记》载："沛公已去，间至军中，张良入谢，曰：'沛公不胜杯杓，不能辞。谨使臣良奉白璧一双，再拜献大王足下；玉斗一双，再拜奉大将军足下。'项王曰：'沛公安在？'良曰：'闻大王有意督过之，脱身独去，已至军矣。'项王则受璧，置之坐上。亚父受玉斗，置之地，拔剑撞而破之，曰：'唉！竖子不足与谋。夺项王天下者，必沛公也，吾属今为之虏矣。'沛公至军，立诛杀曹无伤。"②

项羽立刘邦为汉王，王巴蜀之地，赏赐张良黄金百镒，珍珠二斗，张良将这些赏赐献给项伯。刘邦也令张良厚赠项伯，使项伯为他请求险要富庶的汉中地区。项羽最终允许，"张良为刘邦请得汉中，使汉王的辖地与'距塞汉王'的三秦王，既'近在咫尺'，又'遥不可及'。'近在咫尺'指其土地毗连，随时可以进击；'遥不可及'指其间有秦岭阻隔，刘邦的一切东进准备均可秘密进行"。③ 刘邦就国汉中，张良送至褒中，刘邦派遣张良回归韩地。张良劝说刘邦烧掉汉中通往关中的栈道，向项羽展示自己没有归还关中的意图。张良回到韩地，项羽因张良曾经追随刘邦的缘故，不派遣韩王成回到韩国，将他带到彭城杀死。当时刘邦攻入关中，张良为掩护刘邦，写信给项羽："汉王失职，欲得关中，如约即止，不敢复东。"④ 又将齐国的谋反文书交给项羽，曰："齐与赵欲并灭楚。"⑤ 项羽于是全力击齐。

张良眼看恢复韩国已无任何希望，于是从小路回到汉中，其政治目标

①　司马迁. 史记·卷7·项羽本纪［M］. 北京：中华书局，1959：313.
②　司马迁. 史记·卷7·项羽本纪［M］. 北京：中华书局，1959：314.
③　孙启祥. 论张良"请汉中地"的政治军事意义［J］. 成都大学学报，2018（2）：55.
④　班固. 汉书·卷40·张良传［M］. 北京：中华书局，1962：2028.
⑤　班固. 汉书·卷40·张良传［M］. 北京：中华书局，1962：2028.

从灭秦复仇转变为灭楚复仇。刘邦封张良为成信侯，跟从刘邦向东出击楚国。彭城之战，刘邦先胜后败。到达下邑的时候，刘邦下马靠着马鞍问张良："吾欲捐关以东等弃之，谁可与共功者？"① 张良认为若分土而封九江王英布、大将彭越、大将军韩信，楚国必破，"九江王布，楚枭将，与项王有隙，彭越与齐王田荣反梁地，此两人可急使。而汉王之将独韩信可属大事，当一面。即欲捐之，捐之此三人，楚可破也"。② 刘邦听从张良之言，派随何游说九江王英布，又派人联合彭越，授韩信以征伐全权，灭魏，攻赵，举燕，伐齐。正如张良所言，灭楚，统一天下者，必此三人，足见张良颇具识人之明与战略眼光。张良多病，未能单独领兵，经常作为谋臣跟随刘邦。

汉三年（前204年），项羽与刘邦在荥阳对峙，刘邦恐惧，与谋士郦食其商量弱楚之计。郦食其提出封六国后裔为王，形成四面包围楚国的态势，曰："昔汤伐桀，封其后杞；武王诛纣，封其后宋。今秦无道，伐灭六国，无立锥之地。陛下诚复立六国后，此皆争戴陛下德义，愿为臣妾。德义已行，南面称伯，楚必敛衽而朝。"③ 刘邦马上命人刻印，命郦食其佩戴前往关东六国。郦食其还未出行，张良从外归来拜谒刘邦。刘邦正在吃饭，便将郦食其的计策详细地告知了张良，并征询张良的意见，张良惊叹："谁为陛下画此计者？陛下事去矣。"④ 张良认为封六国后裔为王有"八不可"：

臣请借前箸以筹之。昔汤武伐桀纣封其后者，度能制其死命也。今陛下能制项籍死命乎？其不可一矣。武王入殷，表商容闾，式箕子门，封比干墓，今陛下能乎？其不可二矣。发钜桥之粟，散鹿台之财，以赐贫穷，今陛下能乎？其不可三矣。殷事以毕，偃革为轩，倒载干戈，示不复用，

---

① 班固. 汉书·卷40·张良传［M］. 北京：中华书局，1962：2028.
② 班固. 汉书·卷40·张良传［M］. 北京：中华书局，1962：2028.
③ 班固. 汉书·卷40·张良传［M］. 北京：中华书局，1962：2029.
④ 班固. 汉书·卷40·张良传［M］. 北京：中华书局，1962：2029.

今陛下能乎？其不可四矣。休马华山之阳，示无所为，今陛下能乎？其不可五矣。息牛桃林之野，天下不复输积，今陛下能乎？其不可六矣。且夫天下游士，离亲戚，弃坟墓，去故旧，从陛下者，但日夜望咫尺之地。今乃立六国后，唯无复立者，游士各归事其主，从亲戚，反故旧，陛下谁与取天下乎？其不可七矣。且楚唯毋强，六国复桡而从之，陛下焉得而臣之？其不可八矣。诚用此谋，陛下事去矣。①

张良向刘邦从八个方面深刻分析了当时的形势，完全不适合推行分封制度，若复立六国之后，不仅不能灭楚，更是为汉树敌，而且天下大量的文臣武将必然会抛弃汉而回到故国，天下由双元格局变为多元格局。刘邦听后马上"辍食吐哺"，大骂郦食其曰："竖儒，几败乃公事！"②下令销毁了已经刻好的王印。

韩信灭齐之后，野心膨胀，不再满足于相国的官位，派使节到荥阳求得"假齐王"的封号，"齐夸诈多变，反覆之国，南边楚，不为假王以填之，其势不定。今权轻，不足以安之，臣请自立为假王"。③当时，项羽正将刘邦围困在荥阳城内，刘邦看到韩信书信后大骂："吾困于此，旦暮望而来佐我，乃欲自立为王！"④张良、陈平伏在刘邦身后，踩了一下刘邦的脚，乘机贴近刘邦耳朵说："汉方不利，宁能禁信之自王乎？不如因立，善遇之，使自为守。不然，变生。"⑤刘邦大悟，话风一转，"大丈夫定诸侯，即为真王耳，何以假为！"⑥派遣张良到齐国立韩信为齐王，征发其兵击楚。正是因为张良、陈平的劝谏，立韩信为齐王，才避免了汉军内部的分裂，使得韩信坚定地站在了刘邦一边，从北面完成了对楚国的包围，使得项羽终不能全力攻汉。

---

①　班固．汉书·卷40·张良传［M］．北京：中华书局，1962：2029—2030.
②　班固．汉书·卷40·张良传［M］．北京：中华书局，1962：2030.
③　班固．汉书·卷34·韩信传［M］．北京：中华书局，1962：1873.
④　班固．汉书·卷34·韩信传［M］．北京：中华书局，1962：1874.
⑤　班固．汉书·卷34·韩信传［M］．北京：中华书局，1962：1874.
⑥　班固．汉书·卷34·韩信传［M］．北京：中华书局，1962：1874.

汉五年（前202年）十月，刘邦率军追击项羽，与齐王韩信、魏相彭越约定合击项羽。刘邦到达固陵后，韩信、彭越的军队并未出现。项羽抓住空隙，反击汉军。刘邦只得进入营壁之中，深挖壕沟抗拒楚军。张良早已看清韩信、彭越的目的，提出将淮北之地封给齐王韩信，将魏国之地封予彭越。"楚兵且破，未有分地，其不至固宜。君王能与共天下，可立致也。齐王信之立，非君王意，信亦不自坚。彭越本定梁地，始君王以魏豹故，拜越为相国。今豹死，越亦望王，而君王不早定。今能取睢阳以北至谷城皆以王彭越，从陈以东傅海与齐王信，信家在楚，其意欲复得故邑。能出捐此地以许两人，使各自为战，则楚易败也"。① 于是刘邦听其计，派使节到韩信、彭越处。韩信、彭越得到封地之后均率大军前来灭楚。张良的审时度势使得刘邦最终形成了对项羽的合围，取得了灭楚的最后一战——垓下之战的胜利。

汉六年（前201年），刘邦以军功大封功臣，而张良没有任何军功，刘邦公允地评价了张良的功劳，并允诺其在齐地选择三万户作为自己的食邑，"运筹策帷幄中，决胜千里外，子房功也。自择齐三万户"。② 张良推辞三万户之封，只愿封于留，"始臣起下邳，与上会留，此天以臣授陛下。陛下用臣计，幸而时中，臣愿封留足矣，不敢当三万户"。③ 于是刘邦封张良为留侯，与萧何等同时而封。

刘邦首次封授功臣二十多人，而剩下的功臣却日夜争功导致封侯久拖不决，刘邦与群臣之间的关系空前紧张起来，而张良率先感觉到了这种紧张的氛围。刘邦此时居住于洛阳南宫，从复道上望见功臣们三五成群地相对而语。

上曰："此何语？"良曰："陛下不知乎？此谋反耳。"上曰："天下属安定，何故而反？"良曰："陛下起布衣，与此属取天下，今陛下已为天

① 班固. 汉书·卷1下·高帝纪［M］. 北京：中华书局，1962：49.
② 班固. 汉书·卷40·张良传［M］. 北京：中华书局，1962：2031.
③ 班固. 汉书·卷40·张良传［M］. 北京：中华书局，1962：2031.

子，而所封皆萧、曹故人所亲爱，而所诛者皆平生仇怨。今军吏计功，天下不足以遍封，此属畏陛下不能尽封，又恐见疑过失及诛，故相聚而谋反耳。"上乃忧曰："为将奈何？"良曰："上平生所憎，群臣所共知，谁最甚者？"上曰："雍齿与我有故怨，数窘辱我，我欲杀之，为功多，不忍。"良曰："今急先封雍齿，以示群臣，群臣见雍齿先封，则人人自坚矣。"于是上置酒，封雍齿为什方侯，而急趣丞相御史定功行封。群臣罢酒，皆喜曰："雍齿且侯，我属无患矣。"①

　　张良向刘邦献计，先封自己最恨但功多的雍齿为侯，其他将领们自然心安。

　　汉帝国建立后，都城的选址成为首要的问题。刘邦身边的功臣们都是关东人，其食邑都在关东，他们均劝说刘邦定都洛阳。"洛阳东有成皋，西有殽黾，背河乡洛，其固亦足恃"。② 张良以敏锐的战略眼光，指出洛阳地域狭小，四面受敌，不适合作为都城。而关中地区沃野千里，地形险要，天府之国。"洛阳虽有此固，其中小，不过数百里，田地薄，四面受敌，此非用武之国。夫关中左殽函，右陇蜀，沃野千里，南有巴蜀之饶，北有胡苑之利，阻三面而固守，独以一面东制诸侯。诸侯安定，河、渭漕挽天下，西给京师；诸侯有变，顺流而下，足以委输。此所谓金城千里，天府之国。刘敬说是也"。③ 最终坚定了刘邦定都关中的决心，"于是上即日驾，西都关中"。④

　　张良随从刘邦进入关中后，深谙权谋进退之术，柔弱处下，以退为进，不贪求名利，加之身体多疾病，行辟谷导引之术，闭门不出，远离汉初政坛的是是非非，并未卷入任何政治斗争的漩涡。他谦虚退让，洁身自好，所以刘邦对他"独以礼始终"。

---

① 班固．汉书·卷40·张良传 [M]．北京：中华书局，1962：2031—2032.
② 班固．汉书·卷40·张良传 [M]．北京：中华书局，1962：2032.
③ 班固．汉书·卷40·张良传 [M]．北京：中华书局，1962：2032—2033.
④ 班固．汉书·卷40·张良传 [M]．北京：中华书局，1962：2033.

刘邦想要废黜太子刘盈，立戚夫人所生的儿子赵如意为太子。群臣多谏争，却未能使刘邦改变主意。吕后恐惧，有人告诉吕后："留侯善画计，上信用之。"① 吕后派自己的哥哥建成侯吕泽问计于张良，张良本不想干预刘邦家事，推托道："始上数在急困之中，幸用臣策；今天下安定，以爱欲易太子，骨肉之间，虽臣等百人何益！"② 吕泽强行求计，张良不得已献计："顾上有所不能致者四人。四人年老矣，皆以上嫚娒士，故逃匿山中，义不为汉臣。然上高此四人。今公诚能毋爱金玉璧帛，令太子为书，卑辞安车，因使辨士固请，宜来。来，以为客，时从入朝，令上见之，则一助也。"③ 建议太子礼聘商山四皓园公、绮里季、夏黄公、甪里先生为客，向刘邦展示太子的声誉与威望，"于是吕后令吕泽使人奉太子书，卑辞厚礼，迎此四人。四人至，客建成侯所"。④

汉十一年（前196年），淮南王英布反叛，刘邦亲自率军东进，留守长安的群臣到霸上为刘邦送行。张良生病，勉强送至曲邮，为刘邦献计："臣宜从，疾甚。楚人剽疾，愿上慎毋与楚争锋。"⑤ 刘邦任命张良为太子少傅，这是张良在汉帝国建立后所担任的唯一官职。

汉十二年（前195年），刘邦消灭英布之后，病情越来越严重，更想变易太子。张良苦谏，刘邦不听，张良因病不再过问政事。等到举行酒宴的时候，太子刘盈侍宴，刘邦看到太子身后有四位老者，都是八十多岁，须发皆白，仪表壮美。刘邦问及四人，四人依次回答。"上乃惊曰：'吾求公，避逃我，今公何自从吾儿游乎？'四人回答：'陛下轻士善骂，臣等义不辱，故恐而亡匿。今闻太子仁孝，恭敬爱士，天下莫不延颈愿为太子死者，故臣等来。'"⑥ 四人为刘邦敬酒贺寿之后，离去，刘邦目送他们，告

① 班固.汉书·卷40·张良传［M］.北京：中华书局，1962：2033.
② 班固.汉书·卷40·张良传［M］.北京：中华书局，1962：2033.
③ 班固.汉书·卷40·张良传［M］.北京：中华书局，1962：2033—2034.
④ 班固.汉书·卷40·张良传［M］.北京：中华书局，1962：2034.
⑤ 班固.汉书·卷40·张良传［M］.北京：中华书局，1962：2035.
⑥ 班固.汉书·卷40·张良传［M］.北京：中华书局，1962：2035—2036.

诉戚夫人："我欲易之,彼四人为之辅,羽翼已成,难动矣。吕氏真乃主矣。"① 在张良的谋划之下,刘盈的太子之位终得保存。

张良自陈："家世相韩,及韩灭,不爱万金之资,为韩报仇强秦,天下震动。今以三寸舌为帝者师,封万户,位列侯,此布衣之极,于良足矣。愿弃人间事,欲从赤松子游耳。"② 便不再过问政治,一心学道,淡泊名利。刘邦死后,吕后感念于张良的恩德,劝他勉强进食,曰:"人生一世间,如白驹之过隙,何自苦如此!"③ 张良不得已,勉强进食。六年之后,张良去世,谥号为文成侯。其子张不疑嗣侯,"孝文三年坐不敬,国除"。④

尽管张良自称是"布衣",但他毕竟出身于韩国贵族,在汉初的"布衣将相"中颇具清流风采。张良作为刘邦身边重要的谋士,或在战术上运筹其谋,或在战略上向刘邦提出建议,无不彰显出足智多谋以及对刘邦的绝对忠诚,为汉帝国的建立与巩固做出了不可磨灭的贡献。受道家思想的影响,在汉帝国建立后,他淡泊名利,急流勇退,终得寿终。张良以自己的清流风采成了封建社会帝师的代表,其卓越功绩与人格魅力使其得以名垂竹帛,流芳千古。

①　班固.汉书·卷40·张良传 [M].北京:中华书局,1962:2036.
②　班固.汉书·卷40·张良传 [M].北京:中华书局,1962:2037.
③　班固.汉书·卷40·张良传 [M].北京:中华书局,1962:2037.
④　班固.汉书·卷40·张良传 [M].北京:中华书局,1962:2038.

曲逆侯陈平

陈平（？—前178），阳武户牖（今河南原阳）人。幼时家贫，喜欢读书，学黄帝、老子之术。家中有三十亩田，与他的哥哥陈伯共同居住。兄弟感情深厚，陈伯通过在田中耕作，供给陈平游学四方。陈平是位身材高大的美男子，有人问陈平："贫何食而肥若是？"① 他的嫂子怨恨陈平不从事耕作，曰："亦食糠覈耳。有叔如此，不如无有！"② 陈伯听到这句话，便抛弃了他的妻子。

陈平到了娶妻的年龄，富人们都不想把女儿嫁给他，陈平也不愿意娶穷人家的女儿。户牖乡有个富人叫张负，他的孙女五次嫁人，每次嫁过去不久，她的丈夫就死去了，人们都不敢娶，但陈平想要娶她。乡邑里有大丧事，陈平因为家贫，去帮忙料理丧事，早去晚归以贴补家用。张负在丧家见到了陈平，并跟随陈平到他的家。陈平家住在城墙边上的偏僻巷子里，以破席为门，但门外却有很多贵人的车辙。张负回家后，告诉他的儿子张仲："吾欲以女孙予陈平。"③ 张仲曰："平贫不事事，一县中尽笑其所为，独奈何予之女？"④ 张负曰："固有美好如陈平而长贫贱者乎？"⑤ 最

———————————

① 班固．汉书・卷40・陈平传［M］．北京：中华书局，1962：2038.
② 班固．汉书・卷40・陈平传［M］．北京：中华书局，1962：2038.
③ 班固．汉书・卷40・陈平传［M］．北京：中华书局，1962：2038.
④ 班固．汉书・卷40・陈平传［M］．北京：中华书局，1962：2038.
⑤ 班固．汉书・卷40・陈平传［M］．北京：中华书局，1962：2038.

终将孙女嫁给了陈平。陈平家贫，拿不出聘礼，于是张负借钱给他作聘礼和酒宴钱。张负告诫孙女："毋以贫故，事人不谨。事兄伯如事乃父，事嫂如事乃母。"① 陈平娶了张氏女之后，钱财日益富饶，广交四方豪杰。

里社祭祀中，陈平担任宰，能够做到公平地分割胙肉。里中父老都说："善，陈孺子之为宰！"陈平曰："嗟乎，使平得宰天下，亦如此肉矣！"② 展示出了自己不凡的政治理想。

陈胜起兵后，派周市攻略魏地，立魏咎为魏王，在临济与秦军作战。陈平辞别哥哥陈伯，跟随一帮少年去投奔魏王咎，担任魏国太仆。陈平劝谏魏王，魏王不听。魏王身边的人诋毁陈平，他不得已逃亡而去。

项羽攻至黄河边上，陈平前往效力，跟随项羽入关破秦，因军功，赐爵卿。刘邦攻入关中，向东进兵。殷王司马卬背弃项羽，项羽封陈平为信武君，率领在楚国的魏王宾客前往讨伐，殷王投降，陈平回到彭城。因平殷之功，项羽派项悍拜陈平为都尉，赐二十镒黄金。不久，刘邦攻下殷国。项羽迁怒于平定殷国的将领。陈平惧怕被杀，封藏项羽赏赐的黄金与官印，派人归还项羽，独自拿着剑从小道逃亡。在过河的时候，船夫见其高大魁梧，没有同伴，怀疑他是逃亡的将领，腰里应当藏有珍宝玉器，想要杀掉陈平。陈平恐惧，于是脱衣帮助船夫撑船。船夫知他没有任何钱财，于是放弃了杀掉陈平的想法。

陈平于是逃到修武，通过魏无知的引荐见到了刘邦。陈平等十人同时进见刘邦，刘邦赐予他们食物。刘邦曰："罢，就舍矣。"陈平曰："臣为事来，所言不可以过今日。"③ 于是刘邦与他交谈，当天任命他为都尉，典护诸军。将领们大惊，曰："大王一日得楚之亡卒，未知高下，而即与共载，使监护长者！"④ 刘邦听说之后，更加信任陈平，于是与之东征彭城。被项羽击败后，率军而还，一路上收集散兵游勇。到达荥阳后，刘邦任命

---

① 班固. 汉书·卷40·陈平传 [M]. 北京：中华书局，1962：2038—2039.
② 班固. 汉书·卷40·陈平传 [M]. 北京：中华书局，1962：2039.
③ 班固. 汉书·卷40·陈平传 [M]. 北京：中华书局，1962：2040.
④ 班固. 汉书·卷40·陈平传 [M]. 北京：中华书局，1962：2040.

陈平为亚将，隶属于韩王信，驻军于广武。

周勃、灌婴等向刘邦诋毁陈平："平虽美丈夫，如冠玉耳，其中未必有也。闻平居家时盗其嫂；事魏王不容，亡而归楚；归楚不中，又亡归汉。今大王尊官之，令护军。臣闻平使诸将，金多者得善处，金少者得恶处。平，反覆乱臣也，愿王察之。"① 刘邦听到之后便责问引荐陈平的魏无知，魏无知认为他向汉王举荐的不是像尾生、孝己一类的君子，而是关系国家利害、战争成败的奇谋之士。他说："臣之所言者，能也；陛下所问者，行也。今有尾生、孝己之行，而无益于胜败之数，陛下何暇用之乎？今楚汉相距，臣进奇谋之士，顾其计诚足以利国家耳。盗嫂受金又安足疑乎？"② 刘邦还是不放心，召见陈平时，问道："吾闻先生事魏不遂，事楚而去，今又从吾游，信者固多心乎？"③ 陈平非常真诚地回答道："臣事魏王，魏王不能用臣说，故去事项王。项王不信人，其所任爱，非诸项即妻之昆弟，虽有奇士不能用。臣居楚闻汉王之能用人，故归大王。裸身来，不受金无以为资。诚臣计画有可采者，愿大王用之；使无可用者，大王所赐金具在，请封输官，得请骸骨。"④ 刘邦厚赐陈平，任命他为护军中尉，监护所有将领。将领们见刘邦如此信任陈平，便不再诋毁他。

楚军加紧进攻，切断了汉军的甬道，将刘邦围困在荥阳城中。刘邦忧虑这种困境，请求项羽割荥阳以西的地区来求和，项羽不听。刘邦告诉陈平："天下纷纷，何时定乎？"⑤ 陈平在此提出了双管齐下的灭楚方略，深刻分析了项羽、刘邦二人的长短之处，项羽恭敬仁爱，但吝啬于爵邑；刘邦轻慢无礼，但慷慨于爵邑。若刘邦能够弃短取长，不吝珍宝爵邑，利用项羽的猜忌心理，离间项羽君臣，加以军事打击，楚国必破。"项王为人，恭敬爱人，士之廉节好礼者多归之。至于行功赏爵邑，重之，士亦以此不

---

① 班固. 汉书·卷40·陈平传［M］. 北京：中华书局，1962：2040—2041.
② 班固. 汉书·卷40·陈平传［M］. 北京：中华书局，1962：2041.
③ 班固. 汉书·卷40·陈平传［M］. 北京：中华书局，1962：2041.
④ 班固. 汉书·卷40·陈平传［M］. 北京：中华书局，1962：2041.
⑤ 班固. 汉书·卷40·陈平传［M］. 北京：中华书局，1962：2042.

附。今大王嫚而少礼，士之廉节者不来；然大王能饶人以爵邑，士之顽顿耆利无耻者亦多归汉。诚各去两短，集两长，天下指麾即定矣。然大王资侮人，不能得廉节之士。顾楚有可乱者，彼项王骨鲠之臣亚父、钟离眛、龙且、周殷之属，不过数人耳。大王能出捐数万斤金，行反间，间其君臣，以疑其心，项王为人意忌信谗，必内相诛。汉因举兵而攻之，破楚必矣"。① 刘邦深表赞同，从府库中拿出四万斤黄金交给陈平，允许他任意支出，不问用途。

陈平以黄金在楚军中实施反间计，宣称钟离眛等将军为项王统兵，功劳颇多，抱怨不能裂地封王，想要与汉王联合，消灭楚国，分割其地而称王。项羽果然怀疑，派使节到刘邦处。刘邦为楚使准备了太牢饭食，命人进献之后，见到楚国使者，假装惊慌道："以为亚父使，乃项王使也！"②又命人将太牢饭食拿走，以粗劣的饮食招待使者。使者归楚后，将情况如实禀报项羽，项羽果然怀疑范增。范增想要急速攻下荥阳，项羽不听。范增听说项羽怀疑他，辞归彭城，半路突发背疽而死。陈平用计半夜里派出二千女子从荥阳东门而出，楚军以为是汉军，全力攻击。陈平于是与刘邦从荥阳西门出走，快马驰入关中，聚集兵马再次东征。

韩信攻灭齐国，欲图自立为假齐王，派使者到刘邦处。刘邦刚想发怒大骂，陈平、张良脚踩刘邦。刘邦于是款待齐国使节，派张良亲自前往齐地立韩信为齐王。后封陈平为户牖侯。刘邦用其内外相攻之计，最终攻灭楚国。

汉六年（前201年），有人上书告楚王韩信谋反。诸将义愤填膺，纷纷要求出兵讨伐。陈平冷静地对比了汉楚之间的军事实力，认为出兵不能必胜，建议刘邦伪游云梦泽，在陈县会集诸侯，乘韩信郊迎之机，将其擒获。"高帝问诸将，诸将曰：'亟发兵坑竖子耳。'高帝默然。以问平，平固辞谢，曰：'诸将云何？'上具告之。平曰：'人之上书言信反，人有闻

---

① 班固. 汉书·卷40·陈平传［M］. 北京：中华书局，1962：2042.
② 班固. 汉书·卷40·陈平传［M］. 北京：中华书局，1962：2043.

知者乎?'曰:'未有。'曰:'信知之乎?'曰:'弗知。'平曰:'陛下兵精孰与楚?'上曰:'不能过也。'平曰:'陛下将用兵有能敌韩信者乎?'上曰:'莫及也。'平曰:'今兵不如楚精,将弗及,而举兵击之,是趣之战也,窃为陛下危之。'上曰:'为之奈何?'平曰:'古者天子巡狩,会诸侯。南方有云梦,陛下弟出伪游云梦,会诸侯于陈。陈,楚之西界,信闻天子以好出游,其势必郊迎谒。而陛下因禽之,特一力士之事耳。'"① 陈平之计可以说是最佳的方案了,既能避免大规模的兴兵征伐,又能解决汉帝国的一大威胁。刘邦最终采纳了陈平的建议,宣称"吾将南游云梦",派使者告谕各路诸侯会集于陈。到达陈后,楚王韩信果然郊迎于道中,刘邦预先布置武士,将韩信擒获。

回到洛阳之后,刘邦与功臣们剖符定封,封陈平为户牖侯,世世代代享有封爵。陈平推辞,曰:"此非臣之功也。"② 刘邦曰:"吾用先生计谋,战胜克敌,非功而何?"③ 陈平没有忘记魏无知当年的荐举之恩,对刘邦说"非魏无知,臣安得进?"刘邦曰:"若子可谓不背本矣!"④ 于是重赏魏无知。

第二年,陈平跟随刘邦在代地出击韩王信。刘邦率前锋骑兵到达平城,被匈奴围困,已断粮七日。刘邦用陈平的计策,厚赂单于阏氏,使匈奴骑兵解围一角,刘邦乘机突围。

刘邦经过曲逆,登上城墙,望见城内的屋室很高大,不禁感慨:"壮哉县! 吾行天下,独见洛阳与是耳。"⑤ 回头问御史:"曲逆户口几何?"⑥ 御史说:"始秦时三万余户,间者兵数起,多亡匿,今见五千余户。"⑦ 于是刘邦下诏御史,封陈平为曲逆侯,将曲逆作为陈平的封邑。

---

① 班固. 汉书·卷40·陈平传 [M]. 北京:中华书局,1962:2043—2044.
② 班固. 汉书·卷40·陈平传 [M]. 北京:中华书局,1962:2044.
③ 班固. 汉书·卷40·陈平传 [M]. 北京:中华书局,1962:2044.
④ 班固. 汉书·卷40·陈平传 [M]. 北京:中华书局,1962:2044.
⑤ 班固. 汉书·卷40·陈平传 [M]. 北京:中华书局,1962:2045.
⑥ 班固. 汉书·卷40·陈平传 [M]. 北京:中华书局,1962:2045.
⑦ 班固. 汉书·卷40·陈平传 [M]. 北京:中华书局,1962:2045.

天下统一后，陈平以护军中尉的身份，跟随刘邦出击臧荼、陈豨、黥布。陈平为刘邦六出奇计，每次出计都增加封邑。

刘邦击灭英布后，旧伤复发，回到长安。燕王卢绾反叛，刘邦派樊哙以相国的身份率兵讨伐。樊哙已经出发，有人在刘邦面前诋毁樊哙。刘邦大怒："哙见吾病，乃冀我死也！"① 用陈平的计策，令周勃受诏于床前，曰："陈平亟驰传载勃代哙将，平至军中即斩哙头！"② 陈平、周勃受诏，并未直接到达樊哙军中，商量道："樊哙，帝之故人，功多，又吕后弟吕须之夫，有亲且贵，帝以忿怒故欲斩之，即恐后悔。宁囚而致上，令上自诛之。"③ 在樊哙军营之外，建坛，以符节召樊哙。樊哙接受诏书，被押回长安，周勃代替樊哙率兵平定燕国。

陈平在途中听到了刘邦去世的消息，恐惧吕后及吕须，于是乘传车先到达长安。碰见使者诏灌婴与陈平屯兵于荥阳，陈平接受诏书，但没有遵从诏书，他深知离开权力中枢的后果，又立刻奔驰到宫中，哭得特别悲伤，在丧前奏事。吕后哀怜陈平，曰："君出休矣！"④ 陈平畏惧别人的谗言，坚决请求宿卫宫中。吕后于是任命他为郎中令，负责教导惠帝。"惠帝六年，相国曹参薨，安国侯王陵为右丞相，平为左丞相"。⑤

右丞相王陵因反对吕后封王诸吕被免相，吕后任命陈平为右丞相，辟阳侯审食其为左丞相。审食其也是刘邦丰沛集团的重要成员。彭城之败后，刘邦西逃，项羽俘获了太上皇、吕后，审食其以舍人侍奉吕后，成为吕后的亲信。审食其以从破项羽被封为侯，虽为左丞相，位在右丞相陈平之下，但掌握宫廷禁卫，"公卿百官皆因决事"，⑥ 控制实权，将右丞相陈平架空。

① 班固. 汉书·卷40·陈平传 [M]. 北京：中华书局，1962：2045.
② 班固. 汉书·卷40·陈平传 [M]. 北京：中华书局，1962：2045.
③ 班固. 汉书·卷40·陈平传 [M]. 北京：中华书局，1962：2045.
④ 班固. 汉书·卷40·陈平传 [M]. 北京：中华书局，1962：2046.
⑤ 班固. 汉书·卷40·陈平传 [M]. 北京：中华书局，1962：2046.
⑥ 班固. 汉书·卷40·陈平传 [M]. 北京：中华书局，1962：2048.

　　吕后的妹妹吕须因为陈平曾经给刘邦出谋划策捉拿樊哙，数次在吕后面前诋毁陈平："为丞相不治事，日饮醇酒，戏妇人。"① 陈平听说之后，反而更甚于前。吕后听说之后，很是高兴。他当着吕须的面对陈平说："鄙语曰'儿妇人口不可用'，顾君与我何如耳，无畏吕须之谮。"② 陈平以退为进，打消了吕后对他的怀疑。

　　吕后多封立诸吕子弟为王，陈平假装赞成。等到吕后去世后，陈平与太尉周勃合谋，诛杀诸吕子弟，废黜少帝，拥立文帝。文帝继位之后，审食其被免相，任命陈平为丞相。而太尉周勃亲自率兵诛杀吕氏子弟，功劳最大，陈平想要将相位让给周勃，于是以病为借口推辞。文帝对于陈平的病感到奇怪，便亲自询问他。陈平说："高帝时，勃功不如臣；及诛诸吕，臣功亦不如勃。愿以相让勃。"③ 文帝于是任命太尉周勃为右丞相，位次第一；任命陈平为左丞相，位次第二。另外赏赐陈平一千斤黄金，增加封邑三千户。

　　文帝即位不久，对于国家政事越来越熟悉。上朝的时候问右丞相周勃曰："天下一岁决狱几何？"④ 周勃因不知，向文帝道歉。文帝又问："天下钱谷一岁出入几何？"⑤ 周勃再次道歉，汗流浃背，十分惭愧。文帝又问左丞相陈平。陈平说："有主者。"⑥ 文帝说："主者为谁乎？"⑦ 陈平说："陛下即问决狱，责廷尉；问钱谷，责治粟内史。"⑧ 文帝说："苟各有主者，而君所主者何事也？"⑨ 陈平认为："主臣！陛下不知其驽下，使待罪宰相。宰相者，上佐天子理阴阳，顺四时，下遂万物之宜，外镇抚四

①　班固. 汉书·卷40·陈平传［M］. 北京：中华书局，1962：2048.
②　班固. 汉书·卷40·陈平传［M］. 北京：中华书局，1962：2048.
③　班固. 汉书·卷40·陈平传［M］. 北京：中华书局，1962：2049.
④　班固. 汉书·卷40·陈平传［M］. 北京：中华书局，1962：2049.
⑤　班固. 汉书·卷40·陈平传［M］. 北京：中华书局，1962：2049.
⑥　班固. 汉书·卷40·陈平传［M］. 北京：中华书局，1962：2049.
⑦　班固. 汉书·卷40·陈平传［M］. 北京：中华书局，1962：2049.
⑧　班固. 汉书·卷40·陈平传［M］. 北京：中华书局，1962：2049.
⑨　班固. 汉书·卷40·陈平传［M］. 北京：中华书局，1962：2049.

夷诸侯，内亲附百姓，使卿大夫各得任其职也。"① 文帝对陈平的回答非常满意。周勃很惭愧，出宫门之后责备陈平："君独不素教我乎！"② 陈平笑着说："君居其位，独不知其任邪？且陛下即问长安中盗贼数，又欲强对邪？"③ 不久之后，周勃被免相，文帝废去左右丞相制度，由陈平专任丞相。

孝文二年（前178年），陈平去世，被谥为献侯。其爵位传子至曾孙陈何，因"坐略人妻弃市"。④ 陈平曾经说过："我多阴谋，道家之所禁。吾世即废，亦已矣，终不能复起，以吾多阴祸也。"⑤ 武帝时，他的曾孙陈掌因娶卫子夫的姐姐而显贵，想要绍封陈平爵位，最终未能如愿。

曲逆侯陈平出身寒苦，少有大志，历尽坎坷，终遇明主。他常以护军中尉的身份跟随刘邦，屡出奇计，离间楚臣、智擒韩信、白登突围、智除诸吕，彰显出非凡的智慧与韬略。他虽非丰沛元勋，但深得刘邦信任，为汉帝国的建立与巩固立下了汗马功劳。诛除诸吕之后，陈平拥立文帝，保证了当时政局的稳定，深得文帝器重。陈平担任丞相之后，继续推行曹参制定的黄老无为国策，保证了国家大政方针的稳定执行，"上佐天子理阴阳，顺四时，下遂万物之宜"，为"文景之治"的出现做出了重要的贡献。

① 班固. 汉书·卷40·陈平传 [M]. 北京：中华书局，1962：2049.
② 班固. 汉书·卷40·陈平传 [M]. 北京：中华书局，1962：2049.
③ 班固. 汉书·卷40·陈平传 [M]. 北京：中华书局，1962：2049.
④ 班固. 汉书·卷40·陈平传 [M]. 北京：中华书局，1962：2050.
⑤ 班固. 汉书·卷40·陈平传 [M]. 北京：中华书局，1962：2050.

绛侯周勃

　　周勃（？—前169），沛县（今江苏沛县）人。其先祖是卷人（今河南原阳），后来迁徙到沛。周勃"以织薄曲为生"。① （"薄曲"，师古曰："许慎云苇薄为曲也。"② 即养蚕的器具。）"常以吹箫给丧事"。③ （师古曰："吹箫以乐丧宾，若乐人也。"④）做过"材官引强"。（服虔曰："能引强弓弩官也。"⑤ 孟康曰："如今挽强司马也。"⑥）

　　刘邦举行丰沛起义之后，任命周勃为中涓。他跟随刘邦攻击胡陵，攻下方与。而后方与守军反叛，周勃率军击败叛军。率军攻击丰邑。在砀东攻击秦军。又率军攻破砀。攻下下邑，率先登上城墙。刘邦赐其爵五大夫，率军攻下兰、虞二城。率军攻破章邯的后军。率军攻略魏地，攻取辕戚、东缗、栗。率军攻啮桑时，率先登上城墙。在阿城下攻破秦军，追击秦军至濮阳，攻下鄄城。攻击定陶、都关，袭取宛朐，俘获了单父令。夜袭攻占临济，进攻寿张、卷，在雍丘击败李由的军队。率军进攻开封，率先攻至城下，功劳颇多。章邯击败项梁后，刘邦与项羽率军到达砀。楚怀

---

① 班固．汉书·卷40·周勃传 [M]．北京：中华书局，1962：2050.
② 班固．汉书·卷40·周勃传 [M]．北京：中华书局，1962：2050.
③ 班固．汉书·卷40·周勃传 [M]．北京：中华书局，1962：2050.
④ 班固．汉书·卷40·周勃传 [M]．北京：中华书局，1962：2050.
⑤ 班固．汉书·卷40·周勃传 [M]．北京：中华书局，1962：2050.
⑥ 班固．汉书·卷40·周勃传 [M]．北京：中华书局，1962：2050.

王封刘邦为砀郡长、武安侯。刘邦任命周勃为襄贲令。跟从刘邦定平魏地，在成武击败秦东郡尉的军队。攻击长社，率先登上城墙。率军攻击缑氏、颍阳，攻占黄河渡口。在尸北击败秦将赵贲的军队。率军攻击南阳守齮，攻破武关、峣关。在蓝田攻击秦军，率军到咸阳。

项羽封刘邦为汉王。刘邦封周勃为威武侯。跟从刘邦进入汉中，被拜为将军。率军攻入关中，赐食邑怀德。进攻好畤、槐里，功劳最多。在咸阳击败了赵贲、内史保，功劳最多。向北救援漆，攻击姚卬、章平的军队。向西攻下汧，又攻下频阳、郿。将章邯围困在废丘，并将其击败。向西攻破益已的军队。攻击上邽。东守峣关。率军攻击曲遇，功最多。守卫敖仓，追击项羽。垓下之战后，率军平定楚地东海郡、泗水郡，攻下二十二县。守卫栎阳、洛阳。刘邦赐其与颍阴侯灌婴同食钟离。以将军的身份跟从刘邦击破燕王臧荼，所率领的将士在驰道上抵御敌兵，功劳最多。赐周勃爵为列侯，剖符定封，爵位世世不绝，食绛县八千一百八十户。

以将军的身份跟从刘邦攻击韩信，降霍人。率军先至武泉，在武泉北击败匈奴骑兵。在铜鞮击破韩信的军队，降服太原郡六座城池。在晋阳击败韩信率领的匈奴骑兵，攻下晋阳。后在硰石击败韩信的军队，追击八十里。攻下楼烦三城，在平城下击破匈奴骑兵，所率领的将士在驰道上抵御敌兵，功劳最多。

周勃被任命为太尉。率军击败陈豨，攻占马邑城。所率领的将士斩杀陈豨的将军乘马降。又在楼烦大破韩信、陈豨、赵利的军队，俘获陈豨的将领雁门守圂、宋最。又俘获丞相箕肆、云中守遫、将军博。平定雁门郡十七县，云中郡十二县。又在灵丘大破陈豨的军队，斩杀陈豨的将军陈武、丞相程纵、都尉高肆，平定代郡九县。

燕王卢绾反叛，周勃被刘邦任命为相国代替樊哙将兵，攻破蓟城，俘获卢绾守陉、大将抵、太尉弱、御史大夫施屠浑都、丞相偃。在上兰攻破卢绾的军队，又在沮阳攻破卢绾的军队。追击卢绾至长城，平定右北平十六县，上谷十二县，渔阳二十二县，辽东二十九县。

周勃为人敦厚质朴，被刘邦视为可以嘱托大事。周勃不好文学辞赋，每当召集诸生及游说之士，便东向坐。如淳曰："勃自东向，责诸生说士，不以宾主之礼也。"① 并责备他们："趣为我语。"②（师古曰："二说皆非也。趣，读曰促，谓令速言也。"③）他质朴少文到达了如此地步。

周勃平定燕国回到长安的时候，刘邦已去世，以列侯的身份侍奉惠帝。惠帝六年（前 189 年），设置太尉官，任命周勃为太尉。吕后去世之前，任命吕王吕产为相国，赵王吕禄为上将军，操控军政大权。周勃与丞相陈平、朱虚侯刘章共谋诛除吕氏子弟，但周勃没有军权，从襄平侯纪通处获得符节，矫诏进入北军，控制住了局势。周勃派郦寄、刘揭游说吕禄，劝说吕禄将将军印绶交给周勃。周勃召集军队，发布军令曰："为吕氏右袒，为刘氏左袒。"④ 军队都露出左臂，周勃彻底控制了北军。周勃派朱虚侯率领一千兵马进入未央宫斩杀吕产，又斩杀长乐卫尉吕更始。大局已定，又斩杀吕禄，笞杀吕须，诛杀吕氏其他子弟。

周勃与陈平等商议："少帝及济川、淮阳、恒山王皆非惠帝子，吕太后以计诈名它人子，杀其母，养之后宫，令孝惠子之，立以为后，用强吕氏。今已灭诸吕，少帝即长用事，吾属无类矣，不如视诸侯贤者立之。"⑤ 于是杀掉了由吕后所立的少帝、济川王、淮阳王、恒山王，迎立代王刘恒，是为孝文皇帝。

文帝即位之后，任命周勃为右丞相，邑万户，赐金五千斤。有人劝说周勃："君既诛诸吕，立代王，威震天下，而君受厚赏处尊位以厌之，则祸及身矣。"⑥ 周勃恐惧，自感处境危险，于是向文帝请辞相职。一年之后，陈平去世，文帝再次起用周勃为丞相。文帝为打击功臣侯集团的势力，发布"令列侯就国诏"，但收效甚微。于是文帝又发布了第二道诏书：

① 班固. 汉书·卷40·周勃传 [M]. 北京：中华书局，1962：2054.
② 班固. 汉书·卷40·周勃传 [M]. 北京：中华书局，1962：2054.
③ 班固. 汉书·卷40·周勃传 [M]. 北京：中华书局，1962：2054.
④ 班固. 汉书·卷3·高后纪 [M]. 北京：中华书局，1962：102.
⑤ 班固. 汉书·卷40·周勃传 [M]. 北京：中华书局，1962：2054—2055.
⑥ 班固. 汉书·卷40·周勃传 [M]. 北京：中华书局，1962：2055.

"前日吾诏列侯就国，或颇未能行，丞相朕所重，其为朕率列侯之国。"①
周勃作为功臣侯的领袖，只得率先就国。"对于文帝来说，列侯能够离京
就国，不但诸吕之变重演的可能将会消除，宫廷皇权可以得到安定，而且
可以抑制过于膨胀的汉初军功受益阶层的势力，有利于新政局的平衡和
稳定。"②

　　回到绛侯国之后，周勃惴惴不安，每当河东郡的郡守、郡尉巡行到绛
的时候，周勃畏惧被诛，接见郡守、郡尉的时候，常常披着铠甲，令家人
手持兵器。其后有人上书文帝，告发周勃想要谋反，文帝命令廷尉，逮捕
周勃治罪。周勃恐惧，不知如何解释。狱吏侵辱周勃，周勃送给狱吏千斤
黄金，以求应对之策，狱吏于是在书牍背后写道："以公主为证。"③ 公
主，指的是孝文帝的女儿，周勃的太子周胜之尚公主，狱吏教周勃让公主
出来作证。周勃又将益封的封户，都赠予了帝舅薄昭。等到事情危急的时
候，薄昭为周勃向薄太后求情。文帝朝见太后的时候，太后气得将头巾扔
向文帝，曰："绛侯绾皇帝玺，将兵于北军，不以此时反，今居一小县，
顾欲反邪！"④ 文帝已经看见周勃在狱中的供词，向太后道歉，派使者拿着
符节赦免周勃，恢复他的爵邑。周勃出狱之后，叹道："吾尝将百万军，
安知狱吏之贵也！"⑤

　　周勃再次就国，于孝文十一年（前 169 年）去世，谥号为武侯。其子
周胜之嗣侯，尚公主，但与公主不和睦，因杀人而被处死，国绝。周勃诸
子中，最为突出的是周亚夫。

　　周亚夫担任河内太守时，著名的相士许负为他相面："君后三岁而侯。
侯八岁，为将相，持国秉，贵重矣，于人臣无二。后九年而饿死。"⑥ 周亚

---

① 班固 . 汉书 · 卷 40 · 周勃传 [M]. 北京：中华书局，1962：2055—2056.
② 李开元 . 汉帝国的建立与刘邦集团——汉初军功受益阶层研究 [M]. 北京：生
　　活·读书·新知三联书店，2000：214.
③ 班固 . 汉书 · 卷 40 · 周勃传 [M]. 北京：中华书局，1962：2056.
④ 班固 . 汉书 · 卷 40 · 周勃传 [M]. 北京：中华书局，1962：2056.
⑤ 班固 . 汉书 · 卷 40 · 周勃传 [M]. 北京：中华书局，1962：2056.
⑥ 班固 . 汉书 · 卷 40 · 周勃传 [M]. 北京：中华书局，1962：2057.

夫笑道："臣之兄已代父侯矣，有如卒，子当代，我何说侯乎？然既已贵如负言，又何说饿死？指视我。"① 负指其口曰："有从理入口，此饿死法也。"② 三年之后，他的哥哥绛侯周胜之因杀人而国除，文帝选择周勃儿子中贤能的人，大臣都推举周亚夫，于是封周亚夫为条侯。

文帝六年（前 158 年），匈奴骑兵大规模入侵边境，关中震动。文帝任命祝兹侯徐厉为将军屯兵棘门，宗正刘礼为将军屯兵霸上，河内守亚夫为将军屯兵细柳，保障京师长安的安全。文帝亲自劳军，到棘门以及霸上的军营时，车驾直接进入军营，将军及其以下的军官骑马送迎文帝。到达细柳时，官兵们披甲而立，手持锋利的兵刃，拉满弓弩弦。天子先导到达，不能进入军营。先导说："天子且至！"③ 军门都尉说："军中闻将军之令，不闻天子之诏。"④ 过了一会儿，文帝到达，又不能进入。于是文帝派使者手持符节下诏周亚夫曰："吾欲劳军。"⑤ 周亚夫于是传令打开营壁大门。守门士兵请求文帝的车骑："将军约，军中不得驱驰。"⑥ 于是天子命车夫紧扣马缰绳缓慢前行。到达中营的时候，将军周亚夫拱手行礼，曰："介胄之士不拜，请以军礼见。"⑦ 文帝感动，马上神情严肃地俯身靠在车前横木上，派人致意说："皇帝敬劳将军。"⑧ 劳军礼仪完毕后辞去。出军门后，群臣大惊。文帝说："嗟乎，此真将军矣！乡者霸上、棘门如儿戏耳，其将固可袭而虏也。至于亚夫，可得而犯邪！"⑨ 一月之后，匈奴退却，长安附近的驻军都取消了。文帝于是任命周亚夫为中尉，掌管京城警卫。

---

① 班固．汉书·卷 40·周勃传［M］．北京：中华书局，1962：2057.
② 班固．汉书·卷 40·周勃传［M］．北京：中华书局，1962：2057.
③ 班固．汉书·卷 40·周勃传［M］．北京：中华书局，1962：2058.
④ 班固．汉书·卷 40·周勃传［M］．北京：中华书局，1962：2058.
⑤ 班固．汉书·卷 40·周勃传［M］．北京：中华书局，1962：2058.
⑥ 班固．汉书·卷 40·周勃传［M］．北京：中华书局，1962：2058.
⑦ 班固．汉书·卷 40·周勃传［M］．北京：中华书局，1962：2058.
⑧ 班固．汉书·卷 40·周勃传［M］．北京：中华书局，1962：2058.
⑨ 班固．汉书·卷 40·周勃传［M］．北京：中华书局，1962：2058.

文帝弥留之时，告诫太子曰："即有缓急，周亚夫真可任将兵。"① 文帝去世后，景帝任命周亚夫为车骑将军。

孝景帝三年（前154年），吴楚七国之乱爆发。景帝任命周亚夫为太尉，率军东击吴楚。周亚夫向景帝提出了灭吴楚的方略，吴楚军强悍，难以正面对阵，以梁国来吸引他们，然后派骑兵断绝其粮道，便可将其击败。"楚兵剽轻，难与争锋。愿以梁委之，绝其粮道，乃可制也"。② 景帝同意了他的方略。

周亚夫率军到达霸上，游士赵涉对周亚夫说："将军东诛吴楚，胜则宗庙安，不胜则天下危，能用臣之言乎？"③ 周亚夫下车，行礼问计。赵涉认为吴王反叛是经过了几十年的准备，必然在通往关东的必经之地殽黾设置伏兵，兵贵神速，建议周亚夫率领骑兵南走蓝田，出武关，一两天内就能到达洛阳，必然能震慑关东诸侯。"吴王素富，怀辑死士久矣。此知将军且行，必置间人于殽黾阸狭之间。且兵事上神密，将军何不从此右去，走蓝田，出武关，抵雒阳，间不过差一二日，直入武库，击鸣鼓。诸侯闻之，以为将军从天而下也"。④ 周亚夫听从了他的计策。到达洛阳之后，周亚夫派兵在殽黾间进行搜索，果然发现了吴王布置的伏兵。于是任命赵涉为护军。

周亚夫会集各路兵马到达荥阳。吴军全力攻击梁国，梁王请求救援。周亚夫率兵进入昌邑，深挖壕沟修筑营垒而做长期坚守的准备。梁王派使者请求周亚夫出兵，周亚夫驻守在有利的地方，没有前往。梁王上书景帝，景帝下诏周亚夫救梁。周亚夫不奉诏，坚守营垒而不出，而派精于骑射的弓高侯韩颓当率领轻骑兵，断绝吴楚后方的粮道。吴楚兵缺少粮食，吴王想要与汉军决战，数次挑战，周亚夫均不出战。吴军采用声东击西之计，佯攻营垒东南方，周亚夫识破敌计，派重兵防守营垒的西北方。不久

---

① 班固. 汉书·卷40·周勃传 [M]. 北京：中华书局，1962：2058.

② 班固. 汉书·卷40·周勃传 [M]. 北京：中华书局，1962：2058—2059.

③ 班固. 汉书·卷40·周勃传 [M]. 北京：中华书局，1962：2059.

④ 班固. 汉书·卷40·周勃传 [M]. 北京：中华书局，1962：2059.

之后，吴楚精兵果然奔袭西北方，被汉军击败。吴楚军队饥饿，于是撤军南归。周亚夫派出精兵尾随追击，大破吴王刘濞的军队。吴王刘濞放弃他的军队，率领数千兵士逃亡东越，困守丹徒。汉兵乘胜而进，将吴王的残余势力全部俘虏，以千斤黄金购杀吴王。一月之后，东越人斩吴王首级献于汉朝。吴楚七国之乱维持了三个月，最终被平定。将领们纷纷赞扬太尉周亚夫的计策。但是由于周亚夫未能及时救援梁国，梁王与周亚夫由此结下仇怨。

五年之后，周亚夫担任丞相，景帝很器重他。景帝废黜栗太子，周亚夫坚决反对。景帝逐渐疏远他。梁王刘武每次朝见，经常在窦太后面前诋毁周亚夫。

周亚夫作为汉初功臣侯的后代，本身也具有浓厚的军功色彩，维护功臣侯集团的利益成为其重要的政治诉求，而维护功臣侯集团利益的最重要的手段，就是严格控制列侯的封侯标准，严禁其他政治集团利用非军功以外的标准进入列侯阶层。所以当景帝提出封王皇后的哥哥王信为侯时，周亚夫以高皇帝"白马之盟"为由明确反对。"窦太后曰：'皇后兄王信可侯也。'上让曰：'始南皮及章武先帝不侯，及臣即位，乃侯之，信未得封也。'窦太后曰：'人生各以时行耳。窦长君在时，竟不得封侯，死后，乃其子彭祖顾得侯。吾甚恨之。帝趣侯信也！'上曰：'请得与丞相计之。'亚夫曰：'高帝约非刘氏不得王，非有功不得侯。不如约，天下共击之。今信虽皇后兄，无功，侯之，非约也。'上默然而沮。"[1]

当景帝提出分封归降的匈奴徐卢等五人为侯时，周亚夫也明确表示反对。"其后匈奴王徐卢等五人降汉，上欲侯之以劝后。亚夫曰：'彼背其主降陛下，陛下侯之，即何以责人臣不守节者乎？'上曰：'丞相议不可用。'"[2] 这次封侯关乎于对匈奴战略的重大转变，是对"白马之盟"以来封侯原则的重大修正，景帝没有向周亚夫妥协，封徐卢等五人为列侯。不

① 班固. 汉书·卷40·周勃传［M］. 北京：中华书局，1962：2060—2061.
② 班固. 汉书·卷40·周勃传［M］. 北京：中华书局，1962：2061.

久，周亚夫以病为由，辞去相位以示抗议。

不久，景帝召周亚夫赐食于宫中，在席案上放置一整块肉，却不摆置筷子。周亚夫心有不平，回头问尚席取筷。文帝见而笑曰："此非不足君所乎？"① 周亚夫免冠辞谢景帝。景帝起身目送周亚夫，曰："此鞅鞅，非少主臣也！"② 此时景帝已有了杀周亚夫之心。

不久，周亚夫的儿子为他购买了工官尚方制造的五百件甲楯，以作将来陪葬之物。雇工辛苦劳作之后却没有收到工钱，便告发周亚夫父子私买宫廷制作的明器。景帝派吏责问周亚夫，周亚夫不予回答。周亚夫的沉默彻底激怒了景帝，"上骂之曰：'吾不用也。'召诣廷尉"。③ 廷尉顺从景帝之意，责问周亚夫谋反的事情。周亚夫据理力争，曰："臣所买器，乃葬器也，何谓反乎？"④ 吏曰："君纵不反地上，即欲反地下耳。"⑤ 周亚夫进入廷尉署之后，绝食五日，吐血而亡。一年之后，景帝封绛侯周勃的儿子周坚为平曲侯，延续绛侯的爵位。传子周建德，担任太子太傅，因酎金而被免官。后有罪，国除。元始二年（2年），平帝以千户绍封周勃玄孙之子周恭为绛侯。

绛侯周勃崛起于微末，为丰沛元勋，跟随刘邦冲锋陷阵、斩将搴旗、攻城略地，以军功封侯，为汉帝国的建立与巩固立下汗马功劳，深得刘邦的信任。周勃虽然重质少文，但亦有谋略。刘邦去世后，周勃屈意侍奉吕后，得以继续担任太尉一职，为日后诛除诸吕保存了实力。周勃在诛除诸吕的行动中发挥了至关重要的作用，后又拥立文帝，稳定了汉初的政治秩序，功封丞相。但周勃缺乏治国之能，在任期间，并无显赫的政绩。文帝对其威望多有忌惮，将其免相归国，并以谋反之名将其关入廷尉。后文帝醒悟，复其爵位，终老于国。

---

① 班固. 汉书·卷40·周勃传 [M]. 北京：中华书局，1962：2061.
② 班固. 汉书·卷40·周勃传 [M]. 北京：中华书局，1962：2061.
③ 班固. 汉书·卷40·周勃传 [M]. 北京：中华书局，1962：2062.
④ 班固. 汉书·卷40·周勃传 [M]. 北京：中华书局，1962：2062.
⑤ 班固. 汉书·卷40·周勃传 [M]. 北京：中华书局，1962：2062.

其子条侯周亚夫，颇具周勃之风，善于治军，深受文帝器重。景帝时，以太尉平定吴楚七国之乱，后担任丞相。当时专制皇权已逐步确立，而随着老一辈功臣列侯的逝去，功臣列侯集团日趋衰落，而周亚夫不审于势，阻挠外戚、归义匈奴首领封侯，得罪景帝；又因其性格耿直傲慢，在朝中树敌颇多，最终落得个自杀而亡的下场。

司马迁对周勃、周亚夫父子的评价颇为恰当："绛侯周勃始为布衣时，鄙朴人也，才能不过凡庸。及从高祖定天下，在将相位，诸吕欲作乱，勃匡国家难，复之乎正。虽伊尹、周公何以加哉！亚夫之用兵，持威重，执坚刃，穰苴曷有加焉！足己而不学，守节不逊，终以穷困。悲夫！"①

---

① 司马迁．史记·卷57·绛侯周勃世家［M］．北京：中华书局，1959：2080.

淮阴侯韩信

韩信（？—前196），淮阴（今江苏淮安）人。家贫，没有善行，所以不能被推举为官吏，又不能经营工商业，经常依靠别人生活。他的母亲死去，无钱安葬，他找到一处又高又干燥的地方作为坟地，使旁边可以安置万家。（师古曰："言其有大志也。"①）韩信经常在下乡的南昌亭长家吃饭，亭长为斗食小吏，俸禄极为有限，不堪其负，亭长的妻子在早晨做好饭，在床上吃完。到了吃饭的时候韩信前往，不为他准备饭食。韩信也知她的意思，于是主动离开。韩信到城外河边钓鱼，一个漂洗絮棉的老者可怜他，给他饭吃，一连数十日。韩信告诉她："吾必重报母。"② 漂母生气地说："大丈夫不能自食，吾哀王孙而进食，岂望报乎！"③ 淮阴集市上有个少年认为韩信："虽长大，好带刀剑，怯耳。"④ 在众人面前侮辱韩信，曰："能死，刺我；不能，出胯下。"⑤ 韩信仔细看了看他，俯身出其胯下。淮阴一集市的人都耻笑韩信，以为他怯懦。

项梁渡过淮水，韩信带剑跟从项梁，居住在戏下，默默无闻。项梁失败之后，又投靠项羽，在项羽身边担任一个郎中。韩信经常给项羽出谋划

---

① 班固．汉书·卷34·韩信传［M］．北京：中华书局，1962：1861.
② 班固．汉书·卷34·韩信传［M］．北京：中华书局，1962：1861.
③ 班固．汉书·卷34·韩信传［M］．北京：中华书局，1962：1861.
④ 班固．汉书·卷34·韩信传［M］．北京：中华书局，1962：1861.
⑤ 班固．汉书·卷34·韩信传［M］．北京：中华书局，1962：1861.

策，项羽并不采纳。刘邦就国汉中之时，韩信离开项羽投奔刘邦。韩信担任连敖之职时，犯法当斩，其余十三个人都已经被斩杀，轮到韩信时，他仰视夏侯婴，曰："上不欲就天下乎？而斩壮士！"① 夏侯婴见他言语不凡，容貌壮丽，将他释放。与他交谈，更加欣赏他，并将他推荐给刘邦，刘邦任命他为治粟都尉。

韩信所担任的治粟内史一职，负责的是粮草调度等事物，故与掌管治民、后勤事务的丞相萧何多有交往，萧何非常赏识他。在南郑的时候，有几十位关东籍的将领逃亡。韩信认为萧何已经在刘邦面前多次推荐自己，但自己还是不能够得到重用，于是逃亡了。萧何听到韩信逃亡的消息，来不及向刘邦禀报，便上演了一部"萧何月下追韩信"的佳话。萧何追回韩信之后，向刘邦力荐韩信担任大将军。刘邦听从萧何的举荐，设坛拜将。"人有言上曰：'丞相何亡。'上怒，如失左右手。居一二日，何来谒。上且怒且喜，骂何曰：'若亡，何也？'何曰：'臣非敢亡，追亡者耳。'上曰：'所追者谁也？'曰：'韩信。'上复骂曰：'诸将亡者已十数，公无所追；追信，诈也。'何曰：'诸将易得，至如信，国士无双。王必欲长王汉中，无所事信；必欲争天下，非信无可与计事者。顾王策安决。'王曰：'吾亦欲东耳，安能郁郁久居此乎？'何曰：'王计必东，能用信，信即留；不能用信，信终亡耳。'王曰：'吾为公以为将。'何曰：'虽为将，信不留。'王曰：'以为大将。'何曰：'幸甚。'于是王欲召信拜之。何曰：'王素嫚无礼，今拜大将如召小儿，此乃信所以去也。王必欲拜之，择日斋戒，设坛场具礼，乃可。'王许之。诸将皆喜，人人各自以为得大将。至拜，乃韩信也，一军皆惊"。②

刘邦以谦礼向韩信请教计策，曰："丞相数言将军，将军何以教寡人计策？"③ 韩信一针见血地指出，刘邦统一天下的最大障碍就是项羽，他深

---

① 班固．汉书·卷34·韩信传［M］．北京：中华书局，1962：1862.
② 班固．汉书·卷34·韩信传［M］．北京：中华书局，1962：1863.
③ 班固．汉书·卷34·韩信传［M］．北京：中华书局，1962：1864.

刻分析了项羽的性格特征：项羽虽然勇武，但不过是匹夫之勇；虽然仁爱，但不过是妇人之仁；项羽又驱逐义帝，称王楚国，且过于残暴；经常屠城，又屠杀二十万秦军，大失民心。韩信建议刘邦反其道而行之，任贤使能，封赏有功，顺应将士们思乡之情，利用秦民对三秦王的怨恨，攻占三秦，进而东向以争天下。"然臣尝事项王，请言项王为人也。项王意乌猝嗟，千人皆废，然不能任属贤将，此特匹夫之勇也。项王见人恭谨，言语姁姁，人有病疾，涕泣分食饮，至使人有功，当封爵，刻印刓，忍不能予，此所谓妇人之仁也。项王虽霸天下而臣诸侯，不居关中而都彭城；又背义帝约，而以亲爱王，诸侯不平。诸侯之见项王逐义帝江南，亦皆归逐其主，自王善地。项王所过亡不残灭，多怨百姓，百姓不附，特劫于威，强服耳。名虽为霸，实失天下心，故曰其强易弱。今大王诚能反其道，任天下武勇，何不诛！以天下城邑封功臣，何不服！以义兵从思东归之士，何不散！且三秦王为秦将，将秦子弟数岁，而所杀亡不可胜计，又欺其众降诸侯。至新安，项王诈坑秦降卒二十余万人，唯独邯、欣、翳脱。秦父兄怨此三人，痛于骨髓。今楚强以威王此三人，秦民莫爱也。大王之入武关，秋豪亡所害，除秦苛法，与民约，法三章耳，秦民亡不欲得大王王秦者。于诸侯之约，大王当王关中，关中民户知之。王失职之蜀，民亡不恨者。今王举而东，三秦可传檄而定也"。① 刘邦大喜，与韩信有一种相见恨晚之感。于是听从韩信的计策，部署将士还定三秦。"处于弱小地位一方的刘邦能够在楚汉战争中转弱为强，最后打败项羽，夺得天下，关键就在于韩信的战略筹划为他指明了成功的方向"。②

汉王率兵东出陈仓，平定三秦。汉二年（前205年），东出函谷关，魏、河南、韩、殷四王均投降。并与赵、齐两国约定共击楚国，使项羽首尾不能相顾。汉兵先胜后败，韩信挽狂澜于既倒，发兵至荥阳援助刘邦，在京、索之间击破楚军，使得楚军始终不能越过荥阳、成皋一线攻入

① 班固. 汉书·卷34·韩信传［M］. 北京：中华书局，1962：1864.
② 黄朴民. 韩信的冤与不冤［J］. 文史天地，2020（3）：9.

关中。

韩信作战指挥的最大特点是灵活机动、因敌变化、出奇制胜、以弱克强。彭城失利后,翟王董翳、塞王司马欣背汉归楚,魏、赵、齐也都叛汉,与楚国联合。刘邦派郦食其去游说魏王豹,魏王豹不降,刘邦决定武力平叛,任命韩信为左丞相,率军击魏。韩信问郦食其:"魏得毋用周叔为大将军乎?"① 当得知是柏直领兵时,韩信便放心出兵了。魏王将魏军主力放到了蒲反,占据黄河渡口临晋,韩信于是将计就计,摆出要渡河攻打临晋关的架势,将大量的船只停靠在临晋渡口,而偷偷率兵以木罂缶从夏阳渡过黄河。("木罂缶",师古曰:"罂缶谓瓶之大腹小口者也。"②) 奇袭安邑。魏王豹听闻这一消息,率兵回师安邑,被韩信击败,魏王豹也做了韩信的俘虏,韩信继而平定了河东郡。于是韩信又向刘邦提出了一个大胆的战略规划,平定燕、赵、齐国,在北面、东面完成对楚国的包围,并切断楚国的粮道。"愿益兵三万人,臣请以北举燕、赵,东击齐,南绝楚之粮道,西与大王会于荥阳"。③ 刘邦又给韩信增兵三万,派遣在赵地颇有威望的前赵王张耳去辅佐并且监视他,进攻赵、代地区。韩信先攻破代地,在阏与俘获代相夏说。韩信攻下魏、代之后,刘邦对韩信并不放心,马上使人收其精兵,到荥阳来抗拒楚军。

韩信、张耳仅剩数万兵马,但没有停下进攻的脚步,立即东下井陉口攻击赵军。赵王、成安君陈余听说汉军要偷袭,于是在井陉口屯聚了二十万兵马。谋士广武君李左车献计成安君陈余,利用汉军远道千里运粮的劣势,以及井陉道路狭窄、地势险要的地形优势,深沟高垒以拒汉军,同时派三万骑兵断绝其粮道,使其前不得进,后不得退,汉军必败。"闻汉将韩信涉西河,房魏王,禽夏说,新喋血阏与。今乃辅以张耳,议欲以下赵,此乘胜而去国远斗,其锋不可当。臣闻'千里馈粮,士有饥色;樵苏

---

① 班固. 汉书·卷34·韩信传 [M]. 北京:中华书局,1962:1866.
② 班固. 汉书·卷34·韩信传 [M]. 北京:中华书局,1962:1867.
③ 班固. 汉书·卷34·韩信传 [M]. 北京:中华书局,1962:1866.

后爨，师不宿饱。'今井陉之道，车不得方轨，骑不得成列，行数百里，其势粮食必在后。愿足下假臣奇兵三万人，从间路绝其辎重；足下深沟高垒，坚营勿与战。彼前不得斗，退不得还，吾奇兵绝其后，野无所掠卤，不至十日，两将之头可致戏下。愿君留意臣之计，必不为二子所禽矣"。①但是成安君陈余是一位讲求仁义的儒者，"常称义兵不用诈谋奇计"，②曰："吾闻兵法'什则围之，倍则战。'今韩信兵号数万，其实不能，千里袭我，亦以罢矣。今如此避弗击，后有大者，何以距之？诸侯谓吾怯，而轻来伐我。"③不听李左车的劝谏。

韩信派间谍侦知陈余没有采纳李左车的计策，才敢引兵进攻。韩信在距离井陉口三十里的地方安营扎寨，半夜传令，选择二千骑兵，每人手持一面汉军红色军旗，从小道登上萆山监视赵军，告诫他们："赵见我走，必空壁逐我，若疾入，拔赵帜，立汉帜。"④令裨将传达开饭的时间，曰："今日破赵会食。"⑤诸将感到迷惑，韩信告诉军吏："赵已先据便地为壁，且彼未见吾大将旗鼓，未肯击前行，恐吾阻险至而还。"⑥于派出一万的先头部队，出井陉口，背水而列阵。赵军看见汉军的布阵大笑不止。天刚亮，韩信树立大将军的旗帜，敲着战鼓开出井陉口。赵王、陈余望见大将军的旗帜与仪仗，冲出营垒，攻击汉军。双方混战很长时间后，韩信、张耳假装丢弃旗鼓，走入水边的阵地，并再次与赵军激战。赵军倾巢而出，争夺汉军鼓旗，追逐韩信、张耳。汉军将士们看见韩信、张耳已经进入水边的阵地，只有殊死战斗，才能有生还的可能。此时双方势均力敌，而韩信所派出的两千骑兵却成了决定战争胜负的最后一根稻草。他们等候赵军倾巢而出，立即杀入赵军营垒，拔掉赵军的旗帜，树立两千面红色军旗。

① 班固. 汉书·卷34·韩信传［M］. 北京：中华书局，1962：1867.
② 班固. 汉书·卷34·韩信传［M］. 北京：中华书局，1962：1867.
③ 班固. 汉书·卷34·韩信传［M］. 北京：中华书局，1962：1867.
④ 班固. 汉书·卷34·韩信传［M］. 北京：中华书局，1962：1868.
⑤ 班固. 汉书·卷34·韩信传［M］. 北京：中华书局，1962：1868.
⑥ 班固. 汉书·卷34·韩信传［M］. 北京：中华书局，1962：1868.

赵军死战却始终不能俘获韩信、张耳等，想要回兵营垒，看见营垒上都是汉军红旗，大惊，军中大乱，四散奔走。赵将虽斩杀了一些逃跑的人，依然不能禁止士兵的溃逃。于是汉兵两面夹击，彻底击败赵军，在泜水上斩杀成安君陈余，俘获赵王歇。

韩信爱惜人才，命令军士不要斩杀广武君李左车，并以千斤黄金求购李左车。不久，有个士兵将他捆绑送到军旗下。韩信亲自为其解绑，使其东向坐，韩信西向对，以师礼来对待他。

诸校尉献上首级与俘虏，向韩信表示祝贺，乘机问韩信："兵法有'右背山陵，前左水泽'，今者将军令臣等反背水陈，曰破赵会食，臣等不服。然竟以胜，此何术也？"① 韩信认为："此在兵法，顾诸君弗察耳。兵法不曰'陷之死地而后生，投之亡地而后存'乎？且信非得素拊循士大夫，经所谓'驱市人而战之'也，其势非置死地，人人自为战；今即予生地，皆走，宁尚得而用之乎！"② 诸将叹服。

韩信向李左车表示想要乘灭赵之威，北攻燕国，东伐齐国。李左车否定了韩信的主张，认为韩信已率军攻灭魏国、赵国，虽有战胜之威，但早已是疲惫之师，若猝然攻击燕国，一旦攻不下，齐国必然出兵抗拒，势必影响到楚汉相争的大局。李左车说："臣闻：'智者千虑，必有一失；愚者千虑，亦有一得。'故曰'狂夫之言，圣人择焉。'顾恐臣计未足用，愿效愚忠。故成安君有百战百胜之计，一日而失之，军败鄗下，身死泜水上。今足下虏魏王，禽夏说，不旬朝破赵二十万众，诛成安君。名闻海内，威震诸侯，众庶莫不辍作怠惰，靡衣偷食，倾耳以待命者。然而众劳卒罢，其实难用也。今足下举倦敝之兵，顿之燕坚城之下，情见力屈，欲战不拔，旷日持久，粮食单竭。若燕不破，齐必距境而以自强。二国相持，则刘项之权未有所分也。臣愚，窃以为亦过矣。"③ 广武君李左车向韩信提出

① 班固. 汉书·卷34·韩信传 [M]. 北京：中华书局，1962：1870.
② 班固. 汉书·卷34·韩信传 [M]. 北京：中华书局，1962：1870.
③ 班固. 汉书·卷34·韩信传 [M]. 北京：中华书局，1962：1870—1871.

了新的策略，在赵国休整兵马，安抚士大夫，然后派一使者持书前往燕国，燕国必然归降。齐国必然望风归降。"当今之计，不如按甲休兵，百里之内，牛酒日至，以飨士大夫，北首燕路，然后发一乘之使，奉咫尺之书，以使燕，燕必不敢不听。燕已从，使喧言者东告齐，齐必从风而服，虽有智者，亦不知为齐计矣。如是，则天下事可图也。兵故有先声而后实者，此之谓也"。① 韩信采纳李左车的计策，向燕国派遣使者，燕国果然归降。韩信派遣使者回报刘邦，请求封立张耳为赵王，镇抚赵地，刘邦同意。

楚国数次派骑兵渡过黄河袭击赵国，赵王张耳、韩信率兵往来救援赵国，并且一路平定赵国城邑，征发赵地士卒援助刘邦。楚军当时正在加紧围困荥阳，刘邦突围而出，到达宛、叶，后又进入成皋，楚军又包围了成皋。刘邦从成皋突围，渡过黄河，独自与夏侯婴前往张耳、韩信在修武的军营。早晨刘邦自称汉使，骑马驰入营垒。张耳、韩信还没有起床，刘邦便剥夺了他们的印绶符节，召集将领们，并且将他们调换。韩信、张耳起床后，才知道原来是汉王到来，大惊。刘邦任命韩信为相国，征发赵国剩余的军队出击齐国，令赵王张耳守备赵国。

韩信只得率兵东进，尚未渡过平原津，便听说刘邦已经派辩士郦食其游说齐王投降。韩信想要停止攻击，谋士蒯通劝说他出击齐国以邀功。韩信同意了他的计策，于是渡过黄河，袭击齐国在历下的驻军，直奔临淄。齐王田广出走至高密，派使者求救于楚。韩信已平定临淄，向东追至高密西。在此危急关头，项羽派龙且领兵二十万援救齐国。

齐王田广与龙且合兵一处，与韩信交战。尚未交兵，有人劝说龙且，汉军远来，兵锋势不可挡，宜深沟高垒加以坚守，然后齐王派遣自己的心腹之臣到被汉军占据的城池进行游说，加上楚兵来救，他们必然反汉，汉军远道而来，各城坚壁清野，久而久之，汉军必然投降。"汉兵远斗，穷寇久战，锋不可当也。齐、楚自居其地战，兵易败散。不如深壁，令齐王

---

① 班固. 汉书·卷34·韩信传 ［M］. 北京：中华书局，1962：1871.

使其信臣招所亡城，亡城闻王在，楚来救，必反汉。汉二千里客居齐，齐城皆反之，其势无所得食，可毋战而降也"。① 倘若龙且采纳这一计策，韩信灭齐的进程将会大大延长。但龙且刚愎自用，认为："吾平生知韩信为人，易与耳。寄食于漂母，无资身之策；受辱于胯下，无兼人之勇，不足畏也。且救齐而降之，吾何功？今战而胜之，齐半可得，何为而止！"② 于是，齐楚联军与韩信军队夹潍水而立阵。韩信在夜里令人制作了一万多个布囊，盛以沙石，堵塞潍水上游。待水位下降，率兵半渡，挑战龙且。韩信假装不能胜利，退走。龙且以为韩信怯懦，于是率主力渡过潍水追击。韩信命人挖开上游的沙囊，水位暴涨，龙且的一大半军队无法渡水。韩信率兵猛攻已渡河的龙且军队，龙且被杀。龙且剩余的军队逃亡而去，齐王田广逃跑。韩信追击至城阳，俘虏齐王田广。剩余的楚国军队都投降汉军，于是齐国平定。

韩信的军功达到顶峰，灭魏，破赵，降燕，定齐，其政治野心极度膨胀，相国的官职已经不能满足他了，于是他开始谋求"假齐王"的爵位，派人告诉刘邦："齐夸诈多变，反复之国，南边楚，不为假王以填之，其势不定。今权轻，不足以安之，臣请自立为假王。"③ 当时，楚军正加紧围攻荥阳，韩信的使者到来后，刘邦大骂："吾困于此，旦暮望而来佐我，乃欲自立为王！"④ 张良、陈平偷偷地踩了一下刘邦的脚，附在刘邦耳边说："汉方不利，宁能禁信之自王乎？不如因立，善遇之，使自为守。不然，变生。"⑤ 刘邦大悟，话锋一转道："大丈夫定诸侯，即为真王耳，何以假为！"⑥ 刘邦派张良立韩信为齐王，征发齐兵出击楚军，以减缓楚军对荥阳的压力。韩信可以说是"百战百胜"的军事家，他的军功在汉代无人

① 班固．汉书·卷34·韩信传［M］．北京：中华书局，1962：1873.
② 班固．汉书·卷34·韩信传［M］．北京：中华书局，1962：1873.
③ 班固．汉书·卷34·韩信传［M］．北京：中华书局，1962：1873.
④ 班固．汉书·卷34·韩信传［M］．北京：中华书局，1962：1874.
⑤ 班固．汉书·卷34·韩信传［M］．北京：中华书局，1962：1874.
⑥ 班固．汉书·卷34·韩信传［M］．北京：中华书局，1962：1874.

可以匹敌，但在政治上，韩信却是极不成熟的。韩非子用"市"字来概括古代封建社会的君臣关系。《韩非子·难一》："臣尽死力以与君市，君垂爵禄以与臣市。"在"市"的天平上，君主是主导者，君主可以依据臣子的才能给予爵禄，但是臣子不能主动要求爵禄，这是古代君臣关系的大忌。"作为一个臣子，如果太热衷功名利禄，就有可能引起君王的猜忌，而使自己成为可悲的牺牲者"。① 韩信在刘邦被困荥阳的危急时刻，不仅不派兵救援，反而派使者请求"假齐王"的爵位，触犯了刘邦的底线，君臣之间由此出现裂痕，为其日后悲惨的结局埋下了伏笔。

龙且败亡，楚军实力大损，项羽开始重视韩信，派谋士武涉前往游说韩信。武涉曰："足下何不反汉与楚？楚王与足下有旧故。且汉王不可必，身居项王掌握中数矣，然得脱，背约，复击项王，其不可亲信如此。今足下虽自以为与汉王为金石交，然终为汉王所禽矣。足下所以得须臾至今者，以项王在。项王即亡，次取足下。何不与楚连和，三分天下而王齐？今释此时，自必于汉王以击楚，且为智者固若此邪！"② 武涉不愧是一位优秀的纵横家，他深谙汉王刘邦的性格与韩信当时的处境，并对韩信的未来结局做出了准确的预测。韩信感念刘邦的知遇之恩，始终不忍背弃刘邦，曰："臣得事项王数年，官不过郎中，位不过执戟，言不听，画策不用，故背楚归汉。汉王授我上将军印，数万之众，解衣衣我，推食食我，言听计用，吾得至于此。夫人深亲信我，背之不祥。幸为信谢项王。"③ 武涉离去。韩信的谋士蒯通深知楚汉之争，关键在于韩信，再次劝说韩信抓住机会三分天下，但是韩信依然不忍背汉自立。

汉五年（前202年）十月，刘邦到达固陵后，彭越、韩信的军队并未如约出现。刘邦没有两翼的策应，孤军深入。项羽率兵反击，汉军大败，刘邦只得进入营壁之中坚守。韩信在政治上的短视又一次展现出来，竟然

---

① 孟祥才. 军事家亦须有政治眼光和政治智慧——以王翦、张良、韩信等为例［M］. 山东师范大学学报，2016（5）：115.

② 班固. 汉书·卷34·韩信传［M］. 北京：中华书局，1962：1874.

③ 班固. 汉书·卷34·韩信传［M］. 北京：中华书局，1962：1874.

以出兵为砝码，要挟刘邦将淮北之地封给他，再一次触碰了刘邦的底线。张良早已猜透韩信、彭越的心思，提出将睢阳以北至谷城的地域封给彭越，将陈县以东到大海的地区封予韩信。张良曰："楚兵且破，二人未有分地，其不至固宜。君王能与共天下，可立致也。齐王信之立，非君王意，信亦不自坚。彭越本定梁地，始君王以魏豹故，拜越为相国。今豹死，越亦望王，而君王不早定。今能取睢阳以北至谷城皆以王彭越，从陈以东傅海与齐王信，信家在楚，其意欲复得故邑。能出捐此地以许两人，使各自为战，则楚易破也。"① 刘邦依张良计而行，韩信、彭越得到封地之后立刻率大军前来合击楚军，取得了垓下之战的胜利，韩信为汉帝国的建立扫清了最后的障碍。

刘邦最大的敌人项羽被消灭，百战百胜的韩信也就成了他最主要的防范对象，而韩信并没有觉察到这个重要的转折点，杀身之祸悄然而至。刘邦经过精心策划，剥夺了韩信的军权，并将他徙封为楚王，都城是下邳。齐国七十余城，人口众多，工商业兴盛，有鱼盐之利，曾是反秦与抗楚的主要阵地，如果交由韩信统治，势必为日后之大患；而楚国的淮北之地，无险可守，地狭民贫，封其为楚王，可最大限度地削弱他的实力，极大降低了他起兵反叛的可能性。韩信似乎并不太在意刘邦的举措，就国之后，志得意满，安心做一个富贵的楚王，找到曾经寄食过的漂母，赏赐了千斤黄金，兑现了自己的诺言。找到了下乡南昌亭长，仅仅是赐予了一百钱，并告诉他："公，小人，为德不竟。"② 出人意料的是，他竟然任命曾经在市集侮辱过自己的少年为王国中尉，负责下邳城的防卫，并告诉将领们："此壮士也。方辱我时，宁不能死？死之无名，故忍而就此。"③ 韩信此举的目的，是向世人展示自己作为楚王的气度。

项羽帐下有一位著名的将领钟离眜，家在伊庐，与韩信是好朋友。项

① 班固. 汉书·卷1下·高帝纪［M］. 北京：中华书局，1962：49.
② 班固. 汉书·卷34·韩信传［M］. 北京：中华书局，1962：1875.
③ 班固. 汉书·卷34·韩信传［M］. 北京：中华书局，1962：1875.

羽失败之后，钟离昧逃亡到了韩信处，韩信出于朋友之义，收留了他。刘邦怨恨钟离昧，听说他在楚国，下诏韩信追捕他，韩信竟将其隐匿。韩信就国之后，便致力于治理楚国，率领大量兵马巡行县邑，缉拿盗贼。韩信此举，公道而论，是在履行作为楚王的职责。但他与刘邦本来就积怨颇深，刘邦视他为汉帝国的一大威胁，双方关系极为敏感，一旦有人加以挑拨，双方关系极易破裂。恰在此时，有人上书告发韩信欲图谋反。刘邦听闻这一消息，并未加以甄别，便决意除掉韩信。刘邦用陈平的计谋，假装巡游云梦泽，伺机擒获韩信。韩信也觉察到了自己危险的处境，尽管自己认为没有明确的罪过，但去云梦泽迎接刘邦，恐怕被擒拿。有人劝说韩信斩杀钟离昧，作为献于刘邦的礼物。韩信便与钟离昧商量，钟离昧长叹一声："汉所以不击取楚，以昧在。公若欲捕我自媚汉，吾今死，公随手亡矣。"① 于是自杀。韩信拿着钟离昧的首级到陈去谒见刘邦。刘邦令武士捆绑韩信，将其载在后车。韩信愤怒地对刘邦说："果若人言，'狡兔死，良狗亨。'"② 刘邦强辩道："人告公反。"③ 到达洛阳之后，刘邦也没有查出韩信谋反的证据，便赦免他为淮阴侯，留在长安加以监视。这是韩信政治军事生涯的重大转折。

　　韩信自此若能认清形势，淡泊名利，深自贬抑，深居简出，对刘邦毕恭毕敬，感激涕零，或者斗鸡走狗，乐知天命，做出一副与世无争的姿态，刘邦对他的疑惑也许会消除。但韩信却采取了另外一种策略，便是消极对抗，往往是称病不朝，并日夜怨恨，以与绛侯周勃、颖阴侯灌婴等曾经的属下同列而感到羞耻。他曾经到舞阳侯樊哙处做客，樊哙对这位老长官跪拜送迎，口称臣下，曰："大王乃肯临臣。"④ 韩信出门时，笑着说："生乃与哙等为伍！"⑤ 不耻之情溢于言表。

① 班固. 汉书·卷34·韩信传［M］. 北京：中华书局，1962：1876.
② 班固. 汉书·卷34·韩信传［M］. 北京：中华书局，1962：1876.
③ 班固. 汉书·卷34·韩信传［M］. 北京：中华书局，1962：1876.
④ 班固. 汉书·卷34·韩信传［M］. 北京：中华书局，1962：1876.
⑤ 班固. 汉书·卷34·韩信传［M］. 北京：中华书局，1962：1876.

韩信不仅消极对抗，而且依然像战争时期那样锋芒毕露。刘邦曾经与韩信讨论将领们带兵作战的才能。"上问曰：'如我，能将几何？'信曰：'陛下不过能将十万。'上曰：'如公何如？'曰：'如臣，多多益善耳。'上笑曰：'多多益善，何为为我擒？'信曰：'陛下不能将兵，而善将将，此乃信之为陛下擒也。且陛下所谓天授，非人力也。'"①

后来，韩信竟然铤而走险，与陈豨谋反。阳夏侯陈豨担任代相，并监管边境的驻军，向曾经的长官韩信辞行。韩信握着他的手，与他在庭院中散步，向他分析了刘邦猜忌的性格，并约定陈豨在代国起兵，韩信在长安策应，一举平定天下。韩信"仰天而叹曰：'子可与言乎？吾欲与子有言。'豨因曰：'唯将军命。'信曰：'公之所居，天下精兵处也，而公，陛下之信幸臣也。人言公反，陛下必不信；再至，陛下乃疑；三至，必怒而自将。吾为公从中起，天下可图也。'陈豨素知其能，信之，曰：'谨奉教！'"②

汉十年（前197年），陈豨果然反叛。刘邦亲自率兵平叛，韩信借口生病而不从征伐。他暗中派人将自己具体的起事计划告知陈豨，并与自己的家臣谋划，夜里假传诏书赦免官府中的罪犯与奴隶，发动他们去袭击吕后、太子。韩信做好了起事的各项准备，等待陈豨的答复。韩信府中的舍人犯了罪，被韩信囚禁。舍人的弟弟上书告发韩信谋反。吕后打算召见韩信，怕他不来，于是与相国萧何商量，假装有人从刘邦处来，称陈豨已被诛杀，群臣需要到宫中道贺。萧何欺骗韩信："虽病，强入贺。"③ 韩信入宫后，吕后命武士捆绑韩信，在长乐钟室将韩信斩杀。韩信在被斩之前，曰："吾不用蒯通计，反为女子所诈，岂非天哉！"④ 韩信的家族也遭到"夷三族"的惩罚。

韩信以突出的军事才能获得刘邦、萧何的赏识，短时期内被任命为汉

---

① 班固. 汉书·卷34·韩信传［M］. 北京：中华书局，1962：1877.
② 班固. 汉书·卷34·韩信传［M］. 北京：中华书局，1962：1877.
③ 班固. 汉书·卷34·韩信传［M］. 北京：中华书局，1962：1878.
④ 班固. 汉书·卷34·韩信传［M］. 北京：中华书局，1962：1878.

大将军。几年之间，攻城略地，攻灭魏、赵、齐三国，降服燕国，指挥大军攻灭项羽，最后裂土封王，显赫一时。韩信等异姓诸侯王对于王位、封地、财富的欲望，与刘邦在大一统帝国中建立与加强专制皇权的意图背道而驰，双方的矛盾逐步激化。而韩信本人缺乏政治智慧与政治眼光，不善于处理与刘邦的关系，既不能像张良那样潜心修道、淡泊名利，又不能像萧何、曹参那样绝对忠诚于刘邦。司马迁的评价可谓是一语中的，"吾如淮阴，淮阴人为余言，韩信虽为布衣时，其志与众异。其母死，贫无以葬，然乃行营高敞地，令其旁可置万家。余视其母冢，良然。假令韩信学道谦让，不伐己功，不矜其能，则庶几哉，于汉家勋可以比周、召、太公之徒，后世血食矣。不务出此，而天下已集，乃谋畔逆，夷灭宗族，不亦宜乎！"①

---

① 　司马迁. 史记·卷92·淮阴侯列传［M］. 北京：中华书局，1959：2629—2630.

舞阳侯樊哙

　　樊哙（？—前189），沛县（今江苏沛县）人，以屠狗为职业，后来与刘邦一起隐藏于芒砀山中。陈胜起兵之后，县吏萧何、曹参派樊哙迎接刘邦，成为丰沛起义的核心人物之一。樊哙以舍人身份跟随刘邦攻击方与、胡陵，据守丰邑，在丰下击破秦泗水监的军队。又平定沛县，在薛西击破泗水郡守的军队。在砀东大破秦将司马夷，亲自斩敌首级十五，被刘邦赐爵国大夫。刘邦在濮阳攻击章邯的军队，樊哙率先登上城墙，亲自斩敌首级二十三，赐爵列大夫。跟从刘邦攻击阳城，率先登上城墙。攻下户牖，击破三川郡守李由的军队，斩敌首级十六，被刘邦赐上闻爵。后在成武击败东郡守尉、围都尉的军队，斩敌首级十四，生俘十六人，被刘邦赐爵五大夫。在杠里攻破秦河间郡守的军队。在开封北击破秦将赵贲的军队，率先登上城墙，斩秦侯一人，斩敌首级六十八，生俘二十六人，刘邦赐其爵卿。跟从刘邦在曲遇攻破秦将杨熊的军队。攻击宛陵，率先登上城墙，斩敌首级八，生俘四十四人，赐爵，封号贤成君。追随刘邦进攻长社、轘辕，占领黄河渡口，在尸乡攻击秦军，在犨攻击秦军。在阳城击败南阳守齮，东攻宛城，率先登上城墙。向西攻打郦，击退敌军，斩敌首级十四，生俘四十人，刘邦赐其爵重封。攻克武关，率军至霸上，斩杀秦都尉一人，斩敌首级十，捕获俘虏一百四十六人，二千九百人向其投降。

　　项羽驻军戏下，想要攻打刘邦。刘邦率领百余名骑兵通过项伯向项羽谢罪。项羽在鸿门大摆宴席，范增欲图在宴席上杀掉刘邦，令项庄拔剑献舞，乘机刺杀刘邦。项伯常常以身遮挡刘邦。但是只有刘邦与张良坐在席中，樊哙在军营外，听说事情紧急，于是手持盾牌进入营中。卫士试图阻止樊哙，樊哙拥盾直接撞入帐中。项羽欣赏樊哙的勇气，赐酒赏肉，樊哙乘机为刘邦辩护："夫秦王有虎狼之心，杀人如不能举，刑人如恐不胜，天下皆叛之。怀王与诸将约曰'先破秦入咸阳者王之。'今沛公先破秦入咸阳，毫毛不敢有所近，封闭宫室，还军霸上，以待大王来。故遣将守关者，备他盗出入与非常也。劳苦而功高如此，未有封侯之赏，而听细说，欲诛有功之人。此亡秦之续耳，窃为大王不取也。"① 在樊哙的护卫下，项羽始终没有坚定诛杀刘邦的决心。刘邦借口去厕所，招樊哙而出。

　　刘邦认为不告而别有碍礼节，樊哙当机立断道："大行不顾细谨，大礼不辞小让。如今人方为刀俎，我为鱼肉，何辞为？"② 于是刘邦骑马与樊哙、夏侯婴、靳强、纪信四人沿骊山而行，经芷阳小道返回霸上军营。留张良辞谢项羽。樊哙一生立功无数，但其最大的军功莫过于此。班固在《汉书·樊哙传》中写道："是日微樊哙奔入营谯让项羽，沛公事几殆。"③

　　项羽封刘邦为汉王后，刘邦赐樊哙为临武侯，升其为郎中。樊哙跟随刘邦进入汉中。刘邦回师平定关中的时候，樊哙单独率兵在白水以北攻打西城县丞的军队，在雍南击破了雍王章邯的轻车骑兵。跟从刘邦攻打雍县、籍城，率先登上城墙。在好畤城击败章平的军队，攻城的时候率先登上城墙，斩杀县令、县丞各一人，斩敌首级十一，俘虏二十人，被任命为郎中骑将。跟从刘邦在壤东攻击三秦的车骑部队，击退敌军，被刘邦升为将军。攻打赵贲的军队，攻下郿、槐里、柳中、咸阳；引水内灌废丘的敌军，樊哙的功劳最大。刘邦定都栎阳之后，把杜陵的樊乡赐给樊哙作食邑。跟从刘邦攻击项羽，屠灭煮枣城，在外黄击破程处、王武的军队。率军攻克邹、鲁、瑕丘、薛四城。项羽在彭城击败刘邦之后，樊哙又率军攻

　　① 司马迁．史记·卷7·项羽本纪 [M]．北京：中华书局，1959：313.
　　② 司马迁．史记·卷7·项羽本纪 [M]．北京：中华书局，1959：314.
　　③ 班固．汉书·卷41·樊哙传 [M]．北京：中华书局，1962：2069.

取了鲁、梁之地。樊哙率军回到荥阳，刘邦又给他增加了平阴二千户的食邑，任命他为将军驻守广武。项羽率军东归，跟从刘邦出击项羽，攻下阳夏，俘虏了楚国将军周殷的四十名士兵。将项羽围困在陈县，并大败项羽。

项羽死后，刘邦即皇帝位，因樊哙有功，增加他的食邑八百户。燕王臧荼反叛，樊哙跟从刘邦攻击臧荼军队，并俘获了燕王，平定燕地。楚王韩信谋反，樊哙跟从刘邦到达陈县，逮捕了韩信，平定了楚国。刘邦又赐樊哙列侯爵位，与其剖符为信，世代传袭不绝。除去以前的封邑，赐食邑舞阳，号为舞阳侯。刘邦任命他为将军，在代地攻击韩王信。樊哙与绛侯周勃等平定霍人到云中的广大地区，增加食邑一千五百户。樊哙率军攻击陈豨与曼丘臣的军队，战于襄国，攻破柏人，率先登上城墙，平定清河、常山等二十七县，捣毁了东垣城，被刘邦升为左丞相。樊哙率军在无终、广昌俘虏了綦母卬、尹潘二将。樊哙率军在代南击破陈豨手下的匈奴将领王黄，进而在参合进攻韩王信的军队。樊哙所率领的将士斩杀韩王信，在横谷击败陈豨率领的匈奴骑兵，斩杀其将军赵既，俘虏代丞相冯梁、大将军王黄、郡守孙奋、太仆解福、将军等十人。樊哙与将领们共平定代国的七十三个乡邑。后燕王卢绾反叛，樊哙以相国的身份攻打卢绾，攻破其丞相率领的军队，兵锋直抵蓟南，平定燕国十八个县，五十一个乡邑。樊哙因功增加食邑一千三百户，定封食邑舞阳共五千四百户。

樊哙娶吕后的妹妹吕须为妻，生子樊伉，所以与诸将相比，他与刘邦最为亲近。淮南王英布造反之前，刘邦曾经患病，不愿意见人，卧于宫室中，下诏卫士不让群臣进入。绛侯周勃、颍阴侯灌婴等近亲之臣都不敢进入。十几天后，樊哙直接撞门闯入，大臣都跟随着他。樊哙看到刘邦枕着一个宦官躺在床上，痛哭道："始陛下与臣等起丰沛，定天下，何其壮也！今天下已定，又何惫也！且陛下病甚，大臣震恐，不见臣等计事，顾独与一宦者绝乎？且陛下独不见赵高之事乎？"① 刘邦笑着从床上起来。

---

① 班固. 汉书·卷41·樊哙传［M］. 北京：中华书局，1962：2072—2073.

后卢绾反叛，刘邦任命樊哙为相国出击燕国。这时刘邦病重，有人诋毁樊哙与吕氏结党，刘邦万一驾崩，樊哙必会率军诛杀戚氏、赵王刘如意等与吕后有仇怨的人。刘邦听后大怒，派陈平用传车载着绛侯周勃代替樊哙统兵，并在军营中将樊哙斩杀。陈平惧怕得罪吕后，将樊哙送到长安。樊哙到达长安后，刘邦已经驾崩。吕后释放樊哙，恢复他的爵位封邑。

刘邦死后，匈奴冒顿单于给吕后写了一封极具侮辱性的信，吕后大怒，召集丞相、樊哙、季布等商量如何应对。樊哙大怒道："臣愿得十万众，横行匈奴中。"① 季布批驳道："哙可斩也！前陈豨反于代，汉兵三十二万，哙为上将军，时匈奴围高帝于平城，哙不能解围。天下歌之曰：'平城之下亦诚苦！七日不食，不能彀弩。'今歌唫之声未绝，伤痍者甫起，而哙欲摇动天下，妄言以十万众横行，是面谩也。且夷狄譬如禽兽，得其善言不足喜，恶言不足怒也。"② 这是史书中关于樊哙的最后记载。

孝惠六年（前189年），樊哙去世，谥号为武侯，他的儿子樊伉嗣侯。樊伉的母亲吕须被吕后封为临光侯，吕后称制专权，大臣都畏惧她。吕后去世后，大臣诛杀吕须等，又诛杀了樊伉，舞阳侯爵位断绝了几个月。文帝即位之后，封樊哙的庶子樊市人为舞阳侯，恢复以前的食邑。樊市人去世后，谥号为荒侯。他的儿子樊佗广嗣。六年之后，他的舍人上书："荒侯市人病不能为人，令其夫人与其弟乱而生佗广，佗广实非荒侯子。"③ 景帝免去樊佗广的侯位。元始二年（2年），平帝以千户封樊哙玄孙之子樊章为舞阳侯。

舞阳侯樊哙，既为丰沛元勋，又与刘邦是连襟关系，深得刘邦信任。他一生战功卓著，作战时往往亲冒矢石，冲锋陷阵，斩将却敌；其所率领

---

① 班固．汉书·卷94上·匈奴传 [M]．北京：中华书局，1962：3755．
② 班固．汉书·卷94上·匈奴传 [M]．北京：中华书局，1962：3755．
③ 班固．汉书·卷41·樊哙传 [M]．北京：中华书局，1962：2073—2074．

的部队，往往成为汉军的攻坚部队，战则必胜，攻则必取，为汉王朝的建立与巩固立下了汗马功劳。汉王朝建立后，国家趋向文治，樊哙为战场猛将，但缺乏治国才能，在中央并未担任重要职务，逐渐退出政治舞台。因其与吕氏的特殊关系，其家族并未受到统治者的重用。

颍阴侯灌婴

灌婴（？—前176），睢阳（今河南商丘）人，贩卖丝织品的小商人出身。章邯杀项梁之后，刘邦率军驻守砀郡，灌婴以中涓的身份跟从刘邦在成武击破东郡尉率领的军队，又在杠里击败秦军，因力战而被刘邦赐七大夫爵位。又跟从刘邦在亳南、开封、曲遇攻击秦军，在战斗中力战破敌，刘邦赐他执帛爵，号为宣陵君。跟从刘邦在阳武以西到洛阳一带攻城略地，在尸北击败秦军。率军北据黄河渡口，在阳城东击破南阳郡守齮，平定南阳郡。率军西入武关，与秦军在蓝田作战，力战破敌。率军到霸上，刘邦赐其执圭爵，号为昌文君。

刘邦被项羽立为汉王后，任命灌婴为郎中，跟从刘邦进入汉中。后来，刘邦任命他为中谒者。跟从刘邦回师平定关中，攻下栎阳，塞王司马欣投降。并率军将章邯围困于废丘，但未攻破。跟从刘邦东出临晋关，平定殷国。在定陶南击破项羽大将龙且、魏相项佗的军队。刘邦赐灌婴列侯爵，号昌文侯，将杜平乡作为他的食邑。

灌婴以中谒者的身份跟从刘邦迫降砀郡，到达彭城。项羽击败刘邦后，灌婴跟从刘邦驻军于雍丘。王武、魏公申徒反叛，灌婴跟从刘邦击败他们。灌婴攻下外黄城，向西收集军队屯驻于荥阳。由于楚军骑兵众多，刘邦也想建立一支机动灵活的骑兵部队，于是在军中选择可以担任骑将的人，众人都推举故秦骑士重泉人李必、骆甲担任骑将。二人辞曰："臣故秦民，恐军不信臣，臣愿得大王左右善骑者傅之。"① 灌婴虽然年轻，但数次力战破敌，精于骑射，刘邦于是任命灌婴为中大夫，任命李必、骆甲担任左右校尉，率领郎中骑兵在荥阳东大破楚军骑兵。自此之后，灌婴率领汉军骑兵，在关东大地上纵横驰骋，立下了不朽的功勋。灌婴受命率骑兵到达楚军后方，断绝楚军粮道，封锁阳武至襄邑这一地区。在鲁下击败项羽的将领项冠，所率领的骑兵斩杀楚右司马、骑将各一人。率军在燕西击破柘公王武的军队，所率领的将士斩杀楼烦将五人，连尹一人。在白马击败王武别将桓婴，所率领的将士斩杀都尉一人。率领骑兵向南渡过黄河，护送刘邦到达洛阳，到邯郸迎接相国韩信的军队。率军回到敖仓，灌婴被任命为御史大夫。

汉三年（前204年），刘邦封其为列侯，将杜平乡作为他的食邑。灌婴受诏率领郎中骑兵归属于相国韩信，击破齐国驻守历下的军队，所率领的将士俘虏车骑将华毋伤以及将士四十六人。迫降临淄，俘获齐相田光。追击齐相田横至嬴、博，大破其骑兵，所率领的将士斩杀敌骑将一人，俘获敌骑将四人。灌婴攻下嬴、博，在千乘攻破齐将军田吸的军队，并将其斩杀。跟从韩信在假密攻击龙且、留公，最终斩杀龙且，俘获右司马、连尹各一人，楼烦将十人，亲自活捉敌亚将周兰。

齐国平定后，韩信自立为齐王，派灌婴率领骑兵在鲁北击败楚将公杲。率军南下，击败薛郡长，亲自俘虏了骑将一人。率军进攻博阳，进军下相东南的僮，攻取了徐、虑。率军渡过淮水，所过城邑望风而降，到达广陵。项羽派项声、薛公、郯公又重新夺回了淮北，灌婴渡过淮水在下邳击败项声、郯公，斩杀薛公，攻下寿春、下邳。又在平阳击破楚军骑兵，攻下彭城。俘虏楚柱国项佗，占领了相、留、萧、沛、薛、酂。攻打谯、苦，又俘虏了一名亚将。与刘邦在颐乡会师。跟随刘邦在陈下大破项羽军队。所率领的将士俘虏敌将八人，斩杀楼烦将二人。灌婴因军功，被刘邦赐予二千五百户食邑。

---

① 班固. 汉书·卷41·灌婴传 [M]. 北京：中华书局，1962：2081.

　　垓下之战后，灌婴以御史大夫的身份率领骑兵追击项羽到达东城，并击败项羽的残兵。所率领的将士五人共同斩杀项羽，均被赐列侯爵。又降服楚左右司马各一人、楚军一万二千人。攻下历阳、东城。渡过长江，击败吴郡守军，俘获吴郡郡守。平定会稽郡、吴郡、豫章郡。又平定了淮北之地共五十二县。

　　刘邦即皇帝位后，增加灌婴食邑三千户。以车骑将军的身份跟从刘邦击败燕王臧荼。第二年，跟从刘邦到达陈，逮捕楚王韩信。回到长安后，剖符定封，爵位世世传袭，将颍阴二千五百户作为他的食邑。

　　跟随刘邦在代郡攻击韩王信的军队，到达边境重镇马邑，又独自降服了楼烦以北六县，斩杀代左将。在武泉北又攻破了匈奴骑将。在晋阳下攻击韩王信率领的匈奴骑兵，所率领的将士斩杀匈奴白题将一人。灌婴又受诏率领赵、梁、齐、楚、燕的车骑部队，在硰石击败匈奴骑兵。到平城之后，被匈奴骑兵所困。

　　跟随刘邦出击陈豨，独自率兵在曲逆大破陈豨丞相侯敞所率领的军队，斩杀侯敞以及将军五人。攻降卢奴、曲逆、安国、安平、上曲阳，又攻下东垣。

　　淮南王英布反叛，灌婴以车骑将军的身份率先出击英布，在相城攻破英布的别将，斩杀英布的楼烦将、亚将三人。又率兵突进击破英布的大司马以及上柱国率领的军队。又击败了英布的别将肥铢。灌婴亲自俘虏了淮南左司马一人，所率领的将士斩杀淮南小将十人，追击敌军到淮河上游。刘邦增加他的食邑二千五百户。英布已经被攻灭，刘邦凯旋，除去以前的食邑，以颍阴五千户定封灌婴。

　　刘邦去世，以列侯的身份辅佐惠帝及吕后。吕后去世后，齐哀王乘机率军西进。吕禄等任命灌婴为大将军前往击败齐军。灌婴到达荥阳，与绛侯周勃等谋划，将功臣侯诛杀吕氏的行动告知齐王。绛侯周勃、曲逆侯陈平等已经诛杀诸吕子弟，齐王撤军回国。灌婴从荥阳回到长安，与周勃、陈平共立代王刘恒为帝。文帝增加灌婴的食邑三千户，赐黄金一千斤，任命他为太尉。

文帝三年（前 177 年），绛侯周勃被免相后，灌婴担任丞相，取消太尉官。这一年，匈奴骑兵大举入侵北地郡，文帝命令丞相灌婴率八万五千骑兵出击匈奴。匈奴退军，济北王叛乱，文帝下诏命灌婴撤军。一年后，灌婴在丞相任上去世，谥号为懿侯。侯爵传至其孙灌强，因罪国除。武帝又绍封灌婴的孙子灌贤为临汝侯，奉祀灌婴爵邑，后因罪国除。

能否抓住稍纵即逝的战机，在战争中取得胜利，速度是至关重要的因素，而骑兵具有很强的机动性，能否拥有一支反应迅速的骑兵部队，在一定程度上说决定了战争的成败。战国时赵武灵王实行"胡服骑射"的改革，大力发展骑兵，击败林胡、楼烦，拓地千里。长平之战中，秦以五千精锐骑兵将赵军一分为二，全歼赵军四十万人。楚汉战争时，项羽建立了强大的骑兵军队。彭城之战，刘邦率领五十万兵马趁项羽在齐作战之机攻占彭城，项羽亲率三万骑兵疾驰南下，绕至彭城西面的萧县，趁夜闪击彭城，大败刘邦。有鉴于此，刘邦决心建立一支强大的骑兵部队，而善于骑射的灌婴则成了这支精锐骑兵的总指挥。他率领这支骑兵穿插纵横，袭扰楚军，断敌粮道，屡立战功，项羽及其残部最终被其消灭。汉帝国建立后，灌婴率领骑兵，败韩王信，击陈豨，破英布，为汉帝国的巩固做出了重要的贡献。吕后去世后，灌婴率军屯驻荥阳，并与齐王联合，极大地配合了周勃、陈平诛除吕氏的军事行。诛除诸吕之后，灌婴又与周勃、陈平拥立文帝，保持了汉初政局的稳定。后代替周勃担任丞相，匈奴骑兵大规模入侵上郡、北地，年老的灌婴再次披甲上阵，率领骑兵出击匈奴，为汉皇朝鞠躬尽瘁，呕心沥血。

汝阴侯夏侯婴

夏侯婴（？—前172），沛县（今江苏沛县）人。做过沛县的厩司御，为县中负责驾车迎来送往的小吏，每次驾车送客回来，经过泗水亭，都和刘邦交谈，经常一聊就是一天。后来夏侯婴试任县吏，刘邦有一次开玩笑而误伤了夏侯婴，有人上告刘邦。刘邦当时担任亭长，要加重判罪，夏侯婴也为刘邦作证，说刘邦并没有伤害他。后来案子被复审，夏侯婴因作伪证而被关押一年，处以数百笞的刑罚，最终使刘邦脱罪。

刘邦想与部下攻击沛县，夏侯婴当时担任县令史，成为刘邦在城内的内应。刘邦攻下沛县第一天，赐夏侯婴七大夫爵。经常为刘邦驾车，并统领兵车部队。跟从刘邦攻打胡陵，夏侯婴与萧何降服了泗水监御史平，平献出胡陵投降，刘邦赐夏侯婴五大夫爵。跟从刘邦在砀郡东击败秦军，攻击济阳，攻下户牖。在雍丘率领战车部队击败了三川郡守李由的军队，刘邦赐其执帛爵。在濮阳、东阿，跟从刘邦攻击章邯的军队。夏侯婴率领兵车部队力战破敌，刘邦赐予他执圭爵。跟从刘邦在开封攻击秦赵贲的军队，在曲遇攻打杨熊的军队，夏侯婴俘虏了六十八人，投降的士兵有八百五十人，缴获官印一匮。在洛阳东攻击秦军，率领兵车部队力战破敌，刘邦赐其封爵，又任命他为滕令。夏侯婴驾车跟从刘邦攻克南阳，在芷阳、蓝田作战，到达霸上。刘邦被封为汉王后，赐夏侯婴列侯爵，号为昭平侯，担任太仆，跟从刘邦到达汉中。

回师平定关中，跟从刘邦出击彭城。后项羽在彭城大破汉军，刘邦见形势不利，迅速撤退，路上遇见后来的惠帝、鲁元公主。夏侯婴停车载着他们一起走。追兵迫近，刘邦情急之下，便经常将两个孩子踢下车。夏侯婴几次停车，抱着他们驾车奔驰。刘邦大怒，十多次要斩杀夏侯婴。最终，夏侯婴将孝惠帝、鲁元公主送到丰邑。

刘邦到荥阳后，派人收集散兵游勇，实力大振，将沂阳赐给夏侯婴作为食邑。在下邑攻击项羽，追击到陈，最终平定楚国。攻击至鲁城，刘邦又将兹氏赏赐给夏侯婴作为食邑。

刘邦即皇帝位后，燕王臧荼反叛，夏侯婴跟从刘邦攻击臧荼。第二年，跟从刘邦到达陈县，逮捕楚王韩信。改封为汝阴侯，剖符定封，爵位世世不绝。跟从刘邦出击代地，攻至云中、武泉，增加食邑千户。跟从刘邦在晋阳城边大破韩王信军中的匈奴骑兵。追击至平城，被匈奴骑兵围困七天。刘邦派使者厚赂匈奴单于的阏氏，才得脱险。刘邦想要快马奔驰，而夏侯婴为迷惑匈奴，坚持兵马慢行，命士兵手持弩箭向外，最终突破了匈奴的包围圈。刘邦又将细阳千户赏赐给夏侯婴。跟从刘邦在句注北击破匈奴骑兵。在平城南击败匈奴骑兵，三次攻入敌阵，功最多，刘邦又赐其食邑五百户。跟从刘邦攻击陈豨、黥布的军队，益封食邑千户。最终以汝阴六千九百户作为其食邑。

夏侯婴自丰沛起义开始，常常以太仆的身份随侍刘邦左右。后担任太仆侍奉惠帝。惠帝、吕后感激当年夏侯婴在下邑屡次保护的功劳，于是赐给他一座最靠近皇宫北阙的第一等住宅。惠帝去世后，又担任太仆侍奉吕后。吕后去世后，夏侯婴以太仆的身份，与东牟侯刘兴居入宫废少帝，以天子的车驾仪仗到代王官邸迎接代王刘恒，诸将领共立刘恒为帝，又担任太仆。八年后去世，谥号为文侯。爵位传至其曾孙夏侯颇，尚平阳公主，"坐与父御婢奸罪，自杀，国除"。①

夏侯婴为丰沛元勋，出身于县中小吏，与刘邦为贫贱之交，情谊深厚。自丰沛起义始，担任刘邦的太仆，并掌管兵车部队，配合步兵、骑

---

① 班固.汉书·卷41·夏侯婴传［M］.北京：中华书局，1962：2079.

兵，攻城略地，屡立战功，为汉王朝的建立立下了赫赫战功。汉帝国建立后，又率领兵车部队参加平定臧荼、陈豨、韩王信的叛乱。吕后去世后，夏侯婴参与诛杀诸吕的军事行动，亲自驾车迎接代王刘恒即位，为汉王朝政局的稳定做出了重要的贡献。

汾阴侯周昌

　　周昌（？—前192），沛县（今江苏沛县）人。与其堂兄周苛，担任泗水卒史。丰沛起义后，刘邦率兵击破泗水郡守郡监的军队，周苛、周昌以泗水卒史的身份跟从刘邦。刘邦任命周昌为职志。郑氏曰："主旗志也。"① 周苛为客，张晏曰："为帐下宾客，不掌官也。"② 刘邦被立为汉王，任命周昌为中尉，周苛为御史大夫。

　　汉三年（前204年），楚军将刘邦围困在荥阳，事情越来越紧急。汉王突围，令周苛守卫荥阳。楚军最终攻破了荥阳，项羽想要令周苛领兵，周苛大骂曰："若趣降汉王！不然，今为虏矣！"③ 项羽大怒，烹杀周苛。刘邦于是任命周昌为御史大夫。汉六年（前201年），与萧、曹等同时而封，被封为汾阴侯。周苛的儿子周成被封为高景侯。

　　周昌为人刚强正直，敢于直言，就连萧何、曹参这样的重臣都对他谦辞卑礼。周昌曾经在刘邦安闲之时入宫奏事，刘邦正抱着戚姬，周昌退走。刘邦追赶出来，抓住周昌，骑在他的脖子上问道："我何如主也？"④ 周昌仰头而对："陛下即桀纣之主也。"⑤ 刘邦笑起来，内心很忌惮周昌。

① 班固．汉书·卷42·周昌传［M］．北京：中华书局，1962：2094.
② 班固．汉书·卷42·周昌传［M］．北京：中华书局，1962：2094.
③ 班固．汉书·卷42·周昌传［M］．北京：中华书局，1962：2095.
④ 班固．汉书·卷42·周昌传［M］．北京：中华书局，1962：2095.
⑤ 班固．汉书·卷42·周昌传［M］．北京：中华书局，1962：2095.

刘邦想废掉太子刘盈，立戚姬的儿子刘如意为太子，大臣们坚决劝谏，但都没有成功。周昌在朝廷上为刘盈争辩道："臣口不能言，然臣期期知其不可。陛下欲废太子，臣期期不奉诏。"① 刘邦不仅没有发怒，反而为周昌的刚直而大笑，便放弃了废黜太子的想法。吕后下跪拜谢："微君，太子几废。"②

戚姬的儿子赵王刘如意十岁时，刘邦担心自己死后如意得不到保全。赵尧为符玺御史，赵人方与公告诉周昌："君之史赵尧，年虽少，然奇士，君必异之，是且代君之位。"③ 周昌曰： "尧年少，刀笔吏耳，何至是乎！"④ 赵尧侍奉刘邦时，刘邦闷闷不乐，哀声歌唱，群臣都不知道是怎么回事。赵尧揣摩透了刘邦的心思，这是为赵王刘如意的未来担忧，曰："陛下所为不乐，非以赵王年少，而戚夫人与吕后有隙，备万岁之后而赵王不能自全乎？"⑤ 刘邦曰："我私忧之，不知所出。"⑥ 赵尧曰："陛下独为赵王置贵强相，及吕后、太子、群臣素所敬惮者乃可。"⑦ 刘邦曰："然。吾念之欲如是，而群臣谁可者？"⑧ 赵尧提议："御史大夫昌，其人坚忍伉直，自吕后、太子及大臣皆素严惮之。独昌可。"⑨ 刘邦召见周昌，说："吾固欲烦公，公强为我相赵。"由御史大夫转任赵国丞相，意味着远离汉帝国的权力中枢。周昌哭泣道："臣初起从陛下，陛下独奈何中道而弃之于诸侯乎？"⑩ 刘邦安抚道："吾极知其左迁，然吾私忧赵，念非公无可者。公不得已强行！"⑪ 任命周昌为赵相。

① 班固．汉书·卷42·周昌传［M］．北京：中华书局，1962：2095.
② 班固．汉书·卷42·周昌传［M］．北京：中华书局，1962：2095.
③ 班固．汉书·卷42·周昌传［M］．北京：中华书局，1962：2096.
④ 班固．汉书·卷42·周昌传［M］．北京：中华书局，1962：2096.
⑤ 班固．汉书·卷42·周昌传［M］．北京：中华书局，1962：2096.
⑥ 班固．汉书·卷42·周昌传［M］．北京：中华书局，1962：2096.
⑦ 班固．汉书·卷42·周昌传［M］．北京：中华书局，1962：2096.
⑧ 班固．汉书·卷42·周昌传［M］．北京：中华书局，1962：2096.
⑨ 班固．汉书·卷42·周昌传［M］．北京：中华书局，1962：2096.
⑩ 班固．汉书·卷42·周昌传［M］．北京：中华书局，1962：2096.
⑪ 班固．汉书·卷42·周昌传［M］．北京：中华书局，1962：2096.

周昌到赵国任职后，刘邦询问群臣曰："谁可以为御史大夫者?"① 然后看了看赵尧曰："无以易尧。"② 于是任命赵尧为御史大夫。赵尧因军功赐有食邑，后来以御史大夫的身份跟随刘邦击败陈豨，被刘邦封为江邑侯。

刘邦去世后，吕后召赵王刘如意进入长安。赵相周昌令赵王以生病为由，拒不奉诏前往。使者三次前往赵国，周昌对使者说："高帝属臣赵王，王年少，窃闻太后怨戚夫人，欲召赵王并诛之。臣不敢遣王，王且亦疾，不能奉诏。"③ 吕后大怒，派使者召周昌至长安。周昌拜谒吕后，吕后骂曰："尔不知我之怨戚氏乎？而不遣赵王!"④ 周昌被召至长安后，赵王也就无所凭借了，吕后派使者召赵王。赵王到长安一月之后，被吕后鸩杀。周昌深感有负刘邦重托，因病辞官，三年之后去世，谥号为悼侯。爵位传子至孙周意，因罪除国。景帝又封周昌孙周左车为安阳侯，因罪国除。

汾阴侯周昌在军功上远不如韩信、曹参、周勃、樊哙、夏侯婴、灌婴等，在智谋韬略上也远逊于萧何、张良、陈平等人，但以刚强正直、敢于直谏而得到了刘邦的信任，并为萧何、曹参等功臣侯所礼敬。刘邦为保护赵王刘如意，不惜将周昌贬为赵相。刘邦死后，吕后欲杀赵王，周昌竭力保护。赵王被杀后，周昌最终抑郁而终。

① 班固. 汉书·卷42·周昌传 [M]. 北京：中华书局，1962：2097.
② 班固. 汉书·卷42·周昌传 [M]. 北京：中华书局，1962：2097.
③ 班固. 汉书·卷42·周昌传 [M]. 北京：中华书局，1962：2097.
④ 班固. 汉书·卷42·周昌传 [M]. 北京：中华书局，1962：2097.

北平侯张苍

张苍（？—前152），阳武（今河南原阳）人，喜欢文书、音律、历法。秦时担任柱下御史，掌管天下户籍图册。（如淳曰："秦置柱下史，苍为御史，主其事。或曰主四方文书也。"师古曰："下云苍自秦时为柱下御史，明习天下图书计籍，则主四方文书是也。柱下，居殿柱之下，若今侍立御史矣。"①）因犯罪而逃回家乡。刘邦率军经过阳武，张苍以客的身份跟从刘邦攻打南阳。

刘邦被项羽立为汉王，就国汉中，三个月后回师平定三秦。陈余驱逐常山王张耳，张耳不得已投奔刘邦，刘邦任命张苍为常山郡守。跟从韩信攻击赵国，张苍俘获陈余。赵国被平定后，刘邦任命张苍为代相，防备匈奴骑兵的入侵。不久担任赵相，辅佐赵王张耳。张耳去世后，又辅佐他的儿子张敖。后又被任命为代相。燕王臧荼叛乱，代相张苍因跟从刘邦攻击臧荼有功，被封为北平侯，食邑一千二百户。

萧何担任相国，掌管天下军政事务，极为繁琐。而张苍曾担任柱下御史，熟悉天下的户籍图册，又善历法，故以列侯进入相府，掌管郡国上计事务，号为"计相"。（师古曰："专主计籍，故号计相。"②）英布叛乱，刘邦立皇子刘长为淮南王，任命张苍为淮南相。任职十四年，被任命为御

---

① 班固. 汉书·卷42·张苍传［M］. 北京：中华书局，1962：2093.
② 班固. 汉书·卷42·张苍传［M］. 北京：中华书局，1962：2094.

史大夫。

张苍感念安国侯王陵的救命恩情，将王陵当作父亲一样侍奉。王陵去世后，休假之日，常常先去拜见王陵的夫人，并侍候她吃饭，然后才回到自己府邸。

灌婴去世后，张苍担任丞相，成为功臣侯的领袖，在"汉家制度"的建设方面，张苍起到了重要的作用。司马迁在《太史公自序》中说："汉既初定，文理未明，苍为主计，整齐度量，序律历。"① 《汉书·张苍传》载："汉兴二十余年，天下初定，公卿皆军吏。苍为计相时，绪正律历。以高祖十月始至霸上，故因秦时本十月为岁首，不革。推五德之运，以为汉当水德之时，上黑如故。吹律调乐，入之音声，及以比定律令。若百工，天下作程品。至于为丞相，卒就之。故汉家言律历者本张苍。苍凡好书，无所不观，无所不通，而尤邃律历。"② 受秦制的影响，张苍认为："汉乃水德之时，河决金堤，其符也。年始冬十月，色外黑内赤，与德相应。"③ 文帝十四年（前 166 年），鲁国人公孙臣上书，陈述金、木、水、火、土五德终始的传递次序，主张汉为土德，与黄龙出现的祥瑞相对应，应当"改正朔，易服色"。即更改一年开始的月份，更改祭祀时所穿衣服的颜色。文帝将这件事情交给丞相张苍处理，张苍"以为今水德，始明正十月上黑事，以为其言非是，请罢之"。④ 文帝不得不就此作罢。然而一年之后，在成纪出现黄龙，与公孙臣的"土德应黄龙"一致，于是文帝将改制之事提上日程，任命公孙臣为博士，命其起草与土德相应的历法制度，更改元年，议定郊祀之礼，行郊祀事。张苍以年老有病为由，欲辞去相位。张苍曾保举某人为中候官，该人却大肆贪赃枉法，文帝责备张苍，张苍于是因病免官，退出了政治舞台。从表面上看，张苍在"汉德"上与文帝产生了矛盾，实则是皇权与汉初功臣侯集团之间矛盾的体现。汉初的功

① 司马迁. 史记·卷130·太史公自传 [M]. 北京：中华书局，1959：3315.
② 班固. 汉书·卷42·张苍传 [M]. 北京：中华书局，1962：2098.
③ 班固. 汉书·卷25上·郊祀志 [M]. 北京：中华书局，1962：1212.
④ 司马迁. 史记·卷10·文帝纪 [M]. 北京：中华书局，1959：429.

臣侯集团为汉初政治的重要一极，控制了中央到郡国的重要职位，一度势凌于皇权。张苍担任丞相时，功臣侯集团已经衰落，皇权已经悄然强大，对功臣侯集团进行打击，强化皇权已成为文帝的既定方针。张苍于孝景五年（前152年）去世，谥号为文侯。爵位传子至孙张类，因罪而除国。

张苍著书十八篇，讲述阴阳、历法、音律。张苍精通数学，曾修订《九章算术》。《九章算术》序称："往昔暴秦焚书。经术散坏。自时厥后。汉北平侯张苍大司农中丞耿寿昌，皆以善算名世。苍等因旧文之遗残。各称删补。故校其目则与古或异，而所论者多近语也。"①

张苍曾担任秦的柱下御史，具有较高的文化修养与学术造诣。他博学多才，擅长历法音律，成为汉初"国家制度"的制定者。文帝在公孙臣、贾谊等儒生的影响下，制礼作乐，展现出了一种全新的气象。而作为功臣侯集团领袖的张苍，已无力改变现状，只得因病辞职，文帝却抓住张苍的过失，免去其相职。汉初功臣侯集团的时代，开始落下帷幕。

---

① 刘徽. 九章算术［M］. 上海：上海古籍出版社，1990：1.

曲周侯郦商

郦商（？—前180），高阳（今河南杞县）人。陈胜起兵之后，郦商聚集了数千人的队伍游击秦军，后率领四千兵马在岐地归属刘邦。跟从刘邦攻打长社，率先登上城墙，赐封爵，号为信成君。跟从刘邦进攻缑氏，攻占黄河渡口，在洛阳东击败秦军。跟从刘邦攻下宛、穰，平定十七个县。率领兵马进攻旬关，向西平定了汉中。

项羽封刘邦为汉王，刘邦赐郦商爵位，号为信成君，以将军的身份担任陇西都尉。他又平定了北地郡，在乌氏、枸邑、泥阳击败章邯的别将，刘邦以武城六千户作为郦商的食邑。与钟离眜作战，因功被授予梁相国印，增加四千户食邑。跟从刘邦攻击项羽，率兵攻打胡陵。

刘邦即帝位后，燕王臧荼反叛，郦商以将军的身份跟从刘邦攻击臧荼，在龙脱作战，冲锋陷阵。在易下攻破臧荼的军队，力战退敌，升迁为右丞相，赐予列侯爵。刘邦与他剖符定封，爵位世世不绝，以涿郡五千户作为他的食邑。又率军攻取上谷，攻取代地，刘邦授予他赵相国印。郦商与绛侯周勃等平定雁门、代郡，俘获代理丞相郭同、代国丞相程纵、将军以下至六百石共十九人。率军回到长安后，任命其为将军护卫太上皇一年。以右丞相的身份攻打陈豨的叛军，摧毁东垣城。又随从刘邦攻击英布，攻破其前壁，后又攻破敌军两阵，最终歼灭英布的军队，刘邦改封其为曲周侯，废除以前的食邑，食曲周五千一百户。

郦商后辅佐惠帝、吕后。他的儿子郦寄（字况）与吕禄是好朋友。吕后去世后，功臣侯们想要诛杀诸吕，苦于无兵。吕禄当时统率北军，周勃、陈平二人秘密劫持郦商，胁迫郦寄骗取吕禄的将印。吕禄被郦寄骗出北军后，周勃趁机控制了北军，指挥军队诛杀诸吕。郦商去世，谥号为景侯。他的儿子郦寄嗣侯。

景帝时，吴楚七国反叛，景帝任命郦寄为将军，围攻邯郸，七个月仍然不能攻下。栾布平定齐国后，率军援助，才攻灭赵国。孝景中二年（前148年），郦寄想要娶王皇后的母亲平原君为夫人，景帝大怒，逮捕郦寄，免去侯爵。景帝于是封郦寄之弟郦坚为侯，奉祀郦商后。爵位传至郦商玄孙郦终根。郦终根在武帝时担任太常，因受巫蛊之祸的牵连而被杀，国除。元始年间，平帝赐高祖时期的功臣，封其后代为关内侯。

曲周侯郦商跟随刘邦南征北战，冲锋陷阵，攻城略地，为汉帝国的建立立下了汗马功劳，成为功臣侯集团的重要代表。帝国建立后，郦商率兵参加平定燕王臧荼、代相陈豨的叛乱，维护了汉帝国的统一。其子郦寄在诛杀诸吕的行动中发挥了重要的作用，为汉初政局的稳定做出了重要的贡献。吴楚七国之乱时，郦商率军鏖战赵军，围攻邯郸，阻断赵军与吴楚军的会师，为平定吴楚七国之乱做出了重要的贡献。郦寄晚年僭越礼制，欲娶王皇后的母亲平原君，激怒景帝，最终落得个被剥夺爵位的下场。

故安侯申屠嘉

申屠嘉（？—前155），梁（今河南商丘）人。从军时，担任"材官蹶张"。如淳曰："材官之多力，能脚踏强弩张之，故曰蹶张。律有蹶张士。"① 跟从刘邦攻击项羽，升为队率。（师古曰："一队之率也。"②） 跟从刘邦出击英布，担任都尉。孝惠时，担任淮阳郡守。孝文帝即位后，褒奖高帝时功臣，受封食邑者有二十四人，申屠嘉食邑五百户。文帝十六年（前164年），被升为御史大夫。张苍被免去相位后，文帝认为窦皇后的弟弟窦广国贤能而有品行，想要任命他为丞相，又"恐天下以吾私广国，久念不可"。③ 而高帝时健在的大臣没有人可以胜任，于是任命御史大夫申屠嘉为丞相，封其为故安侯。

申屠嘉为人廉洁正直，其府邸不接受私人拜谒。太中大夫邓通深受文帝的宠信，文帝常常在闲暇时到邓通家饮酒。申屠嘉入朝奏事时，邓通在文帝旁边，有怠慢失礼之处。申屠嘉奏事完毕，接着说道："陛下爱幸臣则富贵之，至于朝廷之礼，不可以不肃！"④ 文帝曰："君勿言，吾私之。"⑤ 退朝后，申屠嘉写了一道文书命令邓通去丞相府，如果不去，就要

---

① 班固. 汉书·卷42·申屠嘉传［M］. 北京：中华书局，1962：2100.
② 班固. 汉书·卷42·申屠嘉传［M］. 北京：中华书局，1962：2100.
③ 班固. 汉书·卷42·申屠嘉传［M］. 北京：中华书局，1962：2100.
④ 班固. 汉书·卷42·申屠嘉传［M］. 北京：中华书局，1962：2101.
⑤ 班固. 汉书·卷42·申屠嘉传［M］. 北京：中华书局，1962：2101.

斩杀邓通。邓通惶恐，入朝告诉文帝。文帝说："汝第往，吾今使人召若。"① 邓通到丞相府，脱冠，赤脚，向申屠嘉叩头谢罪。申屠嘉责问他："夫朝廷者，高皇帝之朝廷也，通小臣，戏殿上，大不敬，当斩。吏今行斩之！"② 邓通叩头至出血之际，文帝派使者手持符节召回邓通，并向丞相致歉："此吾弄臣，君释之。"③ 邓通到了文帝那里，向文帝哭泣曰："丞相几杀臣。"④

申屠嘉担任丞相的第五年，文帝驾崩。景帝即位第二年，晁错担任内史，变更了许多项法令，建议按罪过大小来削弱诸侯王的封地。申屠嘉受到冷落，遂痛恨晁错。当时内史府门东出，晁错嫌东门出入不便，擅自凿了一堵墙，开了南门。而这堵墙正是太上皇庙的垣墙。申屠嘉听说之后，准备奏请景帝诛杀晁错。晁错得知后，深夜入宫拜谒景帝。第二天上朝的时候，申屠嘉请求景帝诛杀内史晁错。景帝曰："错所穿非真庙垣，乃外堧垣，故冗官居其中，且又我使为之，错无罪。"⑤ 退朝后，申屠嘉告诉丞相长史："吾悔不先斩错，乃先请之，为错所卖。"⑥ 回到家中，吐血而死。谥号为节侯，爵位传子至孙申屠臾，因罪而除国。

申屠嘉在楚汉战争时期仅为低级军官，其军功与地位难以与萧、曹、周、灌等功臣侯相较。文帝时，因高帝时健在的功臣侯均已年迈昏聩，申屠嘉得以封侯拜相。申屠嘉死后，开封侯陶青、桃侯刘舍、柏至侯许昌、平棘侯薛泽、武强侯庄青翟、商陵侯赵周，都曾以列侯的身份担任丞相。但由于文景时期，功臣侯集团已走向衰落，中央皇权日益扩张，功臣侯集团已经无法制约与掣肘皇权了。

① 班固. 汉书·卷42·申屠嘉传［M］. 北京：中华书局，1962：2101.
② 班固. 汉书·卷42·申屠嘉传［M］. 北京：中华书局，1962：2101.
③ 班固. 汉书·卷42·申屠嘉传［M］. 北京：中华书局，1962：2101.
④ 班固. 汉书·卷42·申屠嘉传［M］. 北京：中华书局，1962：2101.
⑤ 班固. 汉书·卷42·申屠嘉传［M］. 北京：中华书局，1962：2102.
⑥ 班固. 汉书·卷42·申屠嘉传［M］. 北京：中华书局，1962：2102.

魏其侯窦婴

窦婴（？—前131），字王孙，孝文窦皇后堂兄的儿子。他的父祖辈世代居住在观津（今河北武邑）。喜欢招揽宾客，文帝时担任吴相，后以病免官。景帝即位之后，担任詹事一职。

窦太后宠爱景帝的弟弟梁孝王刘武，梁孝王入朝，景帝举行宴会和兄弟们一起饮酒。当时景帝未立皇太子，饮酒正酣之时，景帝从容地说道："千秋万岁后传王。"① 窦婴端了一杯酒献给景帝，曰："天下者，高祖天下，父子相传，汉之约也，上何以得传梁王！"② 窦太后自此讨厌窦婴。窦婴也不满于詹事的官职，就因病辞职。窦太后除去了窦婴进出宫禁的名籍，不准他入宫朝请。

孝景三年（前154年），吴楚七国叛乱，景帝认为刘氏宗室以及窦氏宗族中贤能没有超过窦婴的，便在宫中召见窦婴，准备委以重任。窦婴借口称病，不接受委任。于是景帝对窦婴说："天下方有急，王孙宁可以让邪？"③ 强行任命窦婴为大将军，赐黄金一千斤。栾布、袁盎等贤士名将皆退职在家，窦婴将他们推荐给景帝。他将景帝所赏赐的黄金放在大将军府廊下，军吏们经过廊下，就让他们取一些黄金以补家用。窦婴守卫荥阳，

① 班固. 汉书·卷52·窦婴传 [M]. 北京：中华书局，1962：2375.
② 班固. 汉书·卷52·窦婴传 [M]. 北京：中华书局，1962：2375.
③ 班固. 汉书·卷52·窦婴传 [M]. 北京：中华书局，1962：2376.

监视齐、赵国的军队。七国被攻破后，景帝封其为魏其侯，大量游士宾客归附于窦婴门下。商议国家大事时，列侯们都唯条侯周亚夫、魏其侯窦婴马首是瞻。

景帝四年（前153年），立栗太子，任命窦婴为太子太傅。景帝七年（前150年），栗太子被废。窦婴屡次为栗太子争辩，都不能成功，于是称病不朝，在蓝田南山下闲居了几个月。梁国人高遂游说窦婴："能富贵将军者，上也；能亲将军者，太后也。今将军傅太子，太子废，争不能拔，又不能死，自引谢病，拥赵女屏闲处而不朝，只加怼自明，扬主之过。有如两宫奭将军，则妻子无类矣。"① 窦婴认为他说得很对，便像以前一样朝见景帝。

桃侯刘舍被免相之后，窦太后数次向景帝推荐魏其侯窦婴。景帝因为不太喜欢窦婴的个性，对窦太后说："太后岂以臣有爱相魏其者？魏其沾沾自喜耳，多易，难以为相持重。"② 任用老成持重的建陵侯卫绾为丞相。

田蚡是景帝王皇后的母弟，生在长陵。窦婴担任大将军之时，田蚡只不过是一个郎官，经常在窦婴家里侍候酒宴，不时下跪。景帝晚年，田蚡担任中大夫，口有辩才，又学过《盘盂》一类的古书，颇有才名。

景帝驾崩，武帝年幼即位，田蚡以帝舅的身份被封为武安侯，他的弟弟田胜被封为周阳侯。田蚡谦卑地对待宾客，向武帝举荐在野的名士，以削弱功臣侯集团的势力。武帝初年所推行的一些政策，大都由田蚡的宾客所策划。卫绾因病免相后，武帝决定设置丞相、太尉，而"掌丞天子助理万机"的丞相成为窦婴与田蚡争夺的重要职位，一方是代表窦氏外戚与军功阶层的窦婴，一方是新崛起的外戚田蚡，双方剑拔弩张。藉福的出现缓解了二人的矛盾，他虽为一介布衣，但是做过窦婴与田蚡的宾客，扮演了调和二人矛盾的重要角色。他游说田蚡担任太尉，将丞相让予窦婴，以获让贤之名。藉福曰："魏其侯贵久矣，素天下士归之。今将军初兴，未如，

---

① 班固. 汉书·卷52·窦婴传 [M]. 北京：中华书局，1962：2376.
② 班固. 汉书·卷52·窦婴传 [M]. 北京：中华书局，1962：2377.

即上以将军为相，必让魏其。魏其为相，将军必为太尉。太尉、相尊等耳，有让贤名。"① 田蚡将这些话告诉了王太后，请她向武帝暗示，于是武帝任命窦婴为丞相，田蚡为太尉。藉福规劝曰："君侯资性喜善疾恶，方今善人誉君侯，故至丞相；然恶人众，亦且毁君侯。君侯能兼容，则幸久；不能，今以毁去矣。"② 但窦婴不听从他的话，为他日后的败亡埋下了伏笔。

窦婴、田蚡均喜好儒术，推荐赵绾担任御史大夫，王臧担任郎中令。他们迎接汉初大儒鲁申公，令在长安的列侯回到自己的封国，取消汉与诸侯国之间的关防，制礼作乐，建造明堂，按照古礼确立新的服制。检举窦氏宗族与刘氏皇族中品行不端的人，除掉其在宗室谱籍中的名字。这些外戚家族多为列侯家族，因为留恋长安繁华的生活，而不愿意回到封地，所以天天到窦太后那里诋毁窦婴等人。窦太后喜欢黄老之学，而窦婴、田蚡、赵绾等人却大力推崇儒术，贬低道家的学说，因此窦太后对窦婴等人越来越不满意。建元二年（前 139 年），御史大夫赵绾请武帝亲自主政。窦太后大怒："此欲复为新垣平邪！"③ 新垣平是文帝时期著名的方士，助文帝建渭阳五帝庙，并参与制作巡狩封禅礼，后"谋为逆，发觉，要斩，夷三族"。④ 于是罢黜赵绾、王臧，免去丞相窦婴、太尉田蚡，任命柏至侯许昌为丞相，武强侯庄青翟为御史大夫。窦婴、田蚡以列侯归家。

田蚡虽不担任什么重要的职务，但是受到武帝的信任，多次上书议论政事，多被采纳，于是大量的士人与官吏都离开了窦婴而归附田蚡。建元六年（前135年），窦太后驾崩，武帝借口丞相许昌、御史大夫庄青翟没有办理好窦太后的丧事而免去他们的官职，任命田蚡为丞相，大司农韩安国为御史大夫。天下的士人、郡国大小官吏、诸侯王更加亲近武安侯田蚡。田蚡越来越骄横，"治宅甲诸第，田园极膏腴，市买郡县器物相属于

---

① 班固. 汉书·卷52·窦婴传 [M]. 北京：中华书局，1962：2378.
② 班固. 汉书·卷52·窦婴传 [M]. 北京：中华书局，1962：2378.
③ 班固. 汉书·卷52·窦婴传 [M]. 北京：中华书局，1962：2379.
④ 班固. 汉书·卷27上·五行志 [M]. 北京：中华书局，1962：1346.

道。前堂罗钟鼓，立曲旃；后房妇女以百数。诸奏珍物狗马玩好，不可胜数"。①

　　与田蚡相反，窦婴失去了窦太后这一靠山后，更加不受重用，其宾客都渐渐离去而越来越傲慢，只有灌夫还是原来的样子。窦婴郁郁不得志，厚待灌夫。灌夫，字仲孺，在平定吴楚七国之乱中立有战功，后来官至代相、太仆、燕相，为人刚直，任侠好义。灌夫去职归家，失去权势，一向交好的卿相、侍中以及宾客都疏远他了。窦婴失去势力后，也想倚靠灌夫的势力打击那些趋炎附势的朋友宾客。灌夫也想利用窦婴的关系去结交列侯与宗室，来提高自己声望。两个人相互援引，相见恨晚。

　　灌夫在服丧期间拜访丞相田蚡时，田蚡从容地说："吾欲与仲孺过魏其侯，会仲孺有服。"② 灌夫认为这是和解窦婴与田蚡的大好机会，不顾自己还在服丧期内，说道："将军乃肯幸临况魏其侯，夫安敢以服为解！请语魏其具，将军旦日蚤临。"③ 田蚡答应前往。窦婴与他的夫人多买牛肉和酒，夜里就开始打扫厅堂，一直忙到天亮。天刚亮，就令门下的小吏在门外伺候田蚡的到来。到了中午，田蚡还是没有来。窦婴告诉灌夫："丞相岂忘之哉？"④ 灌夫不高兴地说："夫以服请，不宜。"⑤ 于是自己驾车前往迎接丞相田蚡。到达田蚡府中时，田蚡还高卧不起。灌夫说："将军昨日幸许过魏其，魏其夫妻治具，至今未敢尝食。"⑥ 田蚡假装惊愕，向灌夫道歉说："吾醉，忘与仲孺言。"⑦ 于是命人驾车前往，却又故意走得很慢，灌夫更加生气。饮酒正酣时，灌夫起舞助兴，结束后，邀请田蚡起舞，田蚡不起身。灌夫移坐，冒犯田蚡。窦婴于是扶着灌夫离开，并向田蚡致歉。田蚡一直喝到深夜，尽兴而去。

————————
①　班固. 汉书·卷52·窦婴传 [M]. 北京：中华书局，1962：2380.
②　班固. 汉书·卷52·窦婴传 [M]. 北京：中华书局，1962：2385.
③　班固. 汉书·卷52·窦婴传 [M]. 北京：中华书局，1962：2385.
④　班固. 汉书·卷52·窦婴传 [M]. 北京：中华书局，1962：2385.
⑤　班固. 汉书·卷52·窦婴传 [M]. 北京：中华书局，1962：2385.
⑥　班固. 汉书·卷52·窦婴传 [M]. 北京：中华书局，1962：2385.
⑦　班固. 汉书·卷52·窦婴传 [M]. 北京：中华书局，1962：2385.

　　后来田蚡派门客藉福要求窦婴将位于长安城南的田地让给他，窦婴大怒道："老仆虽弃，将军虽贵，宁可以势相夺乎！"① 灌夫听说这件事后，怒骂藉福。藉福不愿意看到窦、田两家交恶，于是欺骗田蚡道："魏其老且死，易忍，且待之。"② 不久，田蚡听说窦婴、灌夫曾怒骂藉福，大怒道："魏其子尝杀人，蚡活之。蚡事魏其无所不可，爱数顷田？且灌夫何与也？吾不敢复求田。"③

　　夏，田蚡娶燕王的女儿为夫人，王太后下诏列侯及宗室都前往田蚡家祝贺。窦婴路过灌夫家，想要与他一块前往。灌夫道歉道："夫数以酒失过丞相，丞相今者又与夫有隙。"④ 窦婴曰："事已解。"⑤ 强行拉着灌夫一起去。酒酣之时，田蚡起身向列侯宗室敬酒，坐着的宾客都离开座位，伏在地上。窦婴起身敬酒的时候，只有与他有交情的人才避开席位，其他宾客多半连膝盖都没有离席。灌夫敬酒敬到田蚡时，田蚡膝不离席，说："不能满觞。"⑥ 灌夫大怒道："将军贵人也，毕之！"⑦ 田蚡始终不肯满饮一杯。敬酒敬到临汝侯灌贤的时候，灌贤正与程不识附耳细语，又不离席。灌夫大骂灌贤曰："平生毁程不识不直一钱，今日长者为寿，乃效女曹儿咕嗫耳语！"⑧ 田蚡劝慰灌夫："程、李俱东西宫卫尉，今众辱程将军，仲孺独不为李将军地乎？"⑨ 灌夫反驳道："今日斩头穴匈，何知程、李！"⑩ 宾客纷纷以去厕所为由退去。灌夫的无理彻底惹怒了田蚡，田蚡大怒道："此吾骄灌夫罪也。"⑪ 于是令身边的骑兵劫留灌夫。藉福赶紧起身，按着灌夫的

① 班固．汉书·卷52·窦婴传 [M]．北京：中华书局，1962：2386．
② 班固．汉书·卷52·窦婴传 [M]．北京：中华书局，1962：2386．
③ 班固．汉书·卷52·窦婴传 [M]．北京：中华书局，1962：2386．
④ 班固．汉书·卷52·窦婴传 [M]．北京：中华书局，1962：2387．
⑤ 班固．汉书·卷52·窦婴传 [M]．北京：中华书局，1962：2387．
⑥ 班固．汉书·卷52·窦婴传 [M]．北京：中华书局，1962：2387．
⑦ 班固．汉书·卷52·窦婴传 [M]．北京：中华书局，1962：2387．
⑧ 班固．汉书·卷52·窦婴传 [M]．北京：中华书局，1962：2387．
⑨ 班固．汉书·卷52·窦婴传 [M]．北京：中华书局，1962：2387．
⑩ 班固．汉书·卷52·窦婴传 [M]．北京：中华书局，1962：2387．
⑪ 班固．汉书·卷52·窦婴传 [M]．北京：中华书局，1962：2387．

脖子要他赔礼谢罪。灌夫不肯赔罪，田蚡于是命骑兵将灌夫捆至相府的传舍中，并召长史曰："今日召宗室，有诏。"① 向武帝弹劾灌夫在宴会上辱骂宾客，不敬诏令。并派遣官吏抓捕灌氏宗族，判以弃市罪。窦婴对灌夫深感愧疚，花费了大量钱财请宾客向田蚡求情，但没能成功。

　　窦婴拼尽全力营救灌夫，窦婴夫人劝道："灌将军得罪丞相，与太后家迕，宁可救邪？"② 窦婴曰："侯自我得之，自我捐之，无所恨。且终不令灌仲孺独死，婴独生。"③ 于是私下里向武帝上书。武帝将窦婴召入宫中后，窦婴将灌夫在田蚡婚宴中醉酒闹事的详情告诉了武帝，强调灌夫罪不致死。武帝于是命窦婴与田蚡在朝堂上辩论。窦婴极力夸奖灌夫的优点，坚称这次醉酒闹事纯属偶然。田蚡反驳道："天下幸而安乐无事，蚡得为肺附，所好音乐狗马田宅，所爱倡优巧匠之属，不如魏其、灌夫日夜招聚天下豪桀壮士与论议，腹诽而心谤，卬视天，俯画地，辟睨两宫间，幸天下有变，而欲有大功。臣乃不如魏其等所为。"④ 老谋深算的御史大夫韩安国曰："魏其言灌夫父死事，身荷戟驰不测之吴军，身被数十创，名冠三军，此天下壮士，非有大恶，争杯酒，不足引它过以诛也。魏其言是。丞相亦言灌夫通奸猾，侵细民，家累巨万，横恣颍川，轹轹宗室，侵犯骨肉，此所谓'支大于干，胫大于股，不折必披'。丞相言亦是。唯明主裁之。"⑤ 内史郑当时先是支持窦婴，而后又赞成田蚡。武帝怒斥郑当时："公平生数言魏其、武安长短，今日廷论，局趣效辕下驹，吾并斩若属矣！"⑥ 武帝罢朝进入内宫，侍奉王太后吃饭。王太后得知朝堂上的事情后，拒绝进食，曰："我在也，而人皆藉吾弟，令我百岁后，皆鱼肉之乎！且帝宁能为石人邪！此特帝在，即录录，设百岁后，是属宁有可信者

---

①　班固. 汉书·卷52·窦婴传［M］. 北京：中华书局，1962：2387.
②　班固. 汉书·卷52·窦婴传［M］. 北京：中华书局，1962：2389.
③　班固. 汉书·卷52·窦婴传［M］. 北京：中华书局，1962：2389.
④　班固. 汉书·卷52·窦婴传［M］. 北京：中华书局，1962：2389.
⑤　班固. 汉书·卷52·窦婴传［M］. 北京：中华书局，1962：2389—2390.
⑥　班固. 汉书·卷52·窦婴传［M］. 北京：中华书局，1962：2390.

乎？"① 武帝道歉："俱外家，故廷辨之。不然，此一狱吏所决耳。"②

由于王太后的强烈干预，武帝不得已将窦婴关押在都司空狱中。景帝临终时，曾经诏命窦婴："事有不便，以便宜论上。"③ 窦婴被关押，灌夫被定为灭族大罪，群臣不敢再谏诤。窦婴无奈，于是派自己的侄子将遗诏的事情上书武帝，武帝召见了他。西汉时期，诏令通常有正副本，正本在大臣家中，副本藏于尚书中。武帝派人核查尚书档案，但是没有找到遗诏。于是窦婴罪加一等，被弹劾矫诏，罪当弃市。元光五年（前130年）十月，灌夫及其宗族皆被定罪。窦婴听到自己被弹劾的消息后，想要绝食寻死。武帝先是念及窦婴往日的功勋，欲免除窦婴的死罪，后来听到了许多关于窦婴的谣言，窦婴被斩于渭城街市。窦婴被诛杀，与田蚡、王太后是有密切关系的。窦婴矫诏纯属冤案，他当时已经身陷囹圄，绝无可能再编出遗诏，应是田蚡利用手中的权力，销毁了尚书档案中的遗诏副本。后来又令人诬陷窦婴，最终置其于死地。

窦婴死后，田蚡也走向穷途末路。元光六年（前129年）春，田蚡病重，浑身疼痛，不停地谢罪。武帝派巫师去探视他，巫师曰："魏其侯与灌夫共守，笞欲杀之。"④ 田蚡最终不治身亡。与其说田蚡死于灌夫与窦婴的鬼魂，不如说是死于专制皇权。他的儿子田恬嗣侯，元朔年间因罪免爵。

窦婴文武双全，出将入相，轻财重义，成为窦氏家族在政治上的代言人，尽管窦太后不太喜欢他，但依然全力扶植。吴楚七国之乱时，景帝任命其为大将军，守卫荥阳，为吴楚七国之乱的平定做出了重要贡献。武帝即位后，窦婴担任丞相，重用儒生，推行新政，制礼作乐，拉开了汉武帝"罢黜百家，独尊儒术"的序幕。但窦婴性格较为偏执，气量狭小，数次违忤景帝之意，甚至以辞职相威胁。后因灌夫又与田蚡交恶，得罪王太后，最终落得个身死国亡的悲惨结局。

①　班固. 汉书·卷52·窦婴传［M］. 北京：中华书局，1962：2390.
②　班固. 汉书·卷52·窦婴传［M］. 北京：中华书局，1962：2390.
③　班固. 汉书·卷52·窦婴传［M］. 北京：中华书局，1962：2392.
④　班固. 汉书·卷52·窦婴传［M］. 北京：中华书局，1962：2393.

长平侯卫青

卫青（? —前106），字仲卿。他的父亲叫郑季，河东平阳（今山西临汾市）人。郑季以县吏的身份在长安平阳侯府当差时，与侯府的婢妾卫媪私通，生下了卫青。卫青有同母异父的哥哥卫长君、弟弟卫步广及姐姐卫君孺、卫少儿、卫子夫。

卫青小时候，郑季派他牧羊。他嫡母的儿子将他作为奴隶对待。卫青曾经跟着别人到甘泉囚禁犯人的居室，有一个被处以钳刑的刑徒给卫青相面曰："贵人也，官至封侯。"① 卫青慨叹是自己是奴婢所生，曰："人奴之生，得无笞骂即足矣，安得封侯事乎！"②

卫青长大后，担任平阳侯府的骑兵，跟从平阳公主。平阳侯家族作为曹参的后代，名将辈出，卫青在平阳侯府长大，耳濡目染，熟读兵法，练就了过硬的骑射本领，其幼年的不幸遭遇铸就了他克服困难的坚毅性格，这都为他日后在军事上的成功奠定了基础。建元二年（前139年）春，卫子夫得到武帝的宠幸进入宫中。陈皇后没有子嗣，善嫉妒。陈皇后的母亲大长公主听说卫子夫怀有身孕后，派人捕捉在建章宫供职的卫青，想要杀掉他。卫青的好友骑郎公孙敖，纠集了一些壮士将他救出来。武帝听说此事，便任命卫青为建章监、侍中，卫青由此成为武帝的近臣。武帝封卫子

---

① 班固. 汉书·卷55·卫青传［M］. 北京：中华书局，1962：2471.
② 班固. 汉书·卷55·卫青传［M］. 北京：中华书局，1962：2471—2472.

夫为夫人后，卫青进一步升迁为太中大夫。

元光六年（前 129 年），武帝吸取了汉兴以来对匈奴被动防御的教训，四路主动出击，以骑兵对骑兵。武帝任命卫青为车骑将军，兵出上谷郡；任命公孙贺为轻车将军，兵出云中郡；任命太中大夫公孙敖为骑将军，兵出代郡；任命卫尉李广为骁骑将军，兵出雁门郡，四军各一万骑兵。这次出兵并不顺利，只有卫青率兵突袭匈奴祭天的龙城，斩杀数百匈奴骑兵，打破了匈奴骑兵不可战胜的神话，为日后与匈奴作战积累了宝贵的经验。公孙敖被匈奴击败，损失七千骑兵，卫尉李广全军覆没，自己也做了匈奴的俘虏，后来得以逃脱。公孙敖、李广按罪当斩，赎罪成为平民。公孙贺也没有任何功劳。"卫青第一次出兵远征即攻占并烧毁了匈奴的龙城，意义非凡。根据匈奴礼俗制度，龙城是匈奴历来祭祀天地、鬼神和先祖的圣地，也是维系匈奴人信仰的所在。"① 卫青在军事上开始崭露头角，逐步成为征讨匈奴的军事统帅。

元朔元年（前 128 年）春，卫子夫生子刘据，被立为皇后。秋天，卫青又率领三万骑兵出雁门郡，斩杀数千匈奴骑兵。第二年，卫青又率兵出云中郡，西到高阙，又到陇西，斩杀数千匈奴骑兵，获牲畜一百多万头，击败匈奴白羊王、楼烦王，攻取了自秦末以来被匈奴占据的河南地（河套平原）。此地水草丰茂，距离长安仅八百里，成为匈奴南进的跳板。卫青此役的胜利，解除了匈奴对于长安的直接威胁。武帝封卫青为长平侯，食三千八百户。武帝下诏：

> 匈奴逆天理，乱人伦，暴长虐老，以盗窃为务，行诈诸蛮夷，造谋籍兵，数为边害。故兴师遣将，以征厥罪。《诗》不云乎？"薄伐猃狁，至于太原"；"出车彭彭，城彼朔方。"今车骑将军青度西河至高阙，获首二千三百级，车辎畜产毕收为卤，已封为列侯，遂西定河南地，案榆溪旧塞，绝梓领，梁北河，讨蒲泥，破符离，斩轻锐之卒，捕伏听者三千一十七

---

① 吕方. 大将军卫青的人生轨迹 [J]. 文史天地，2014（11）：37.

级。执讯获丑，驱马牛羊百有余万，全甲兵而还，益封青三千八百户。①

卫青的校尉苏建因功被封为平陵侯，张次公因功被封为岸头侯。为了加强对于河南地区的控制，武帝派苏建建造朔方城。

元朔五年（前122年）春，武帝令车骑将军卫青率领三万骑兵出高阙要塞，任命左内史李沮为强弩将军，太仆公孙贺为骑将军，代相李蔡为轻车将军，卫尉苏建为游击将军，会师朔方郡。大行李息、岸头侯张次公担任将军，从右北平郡出兵。匈奴右贤王率军对阵卫青兵马。右贤王终日饮酒，被汉军包围后竟然与他的一个爱妾和数百名匈奴骑兵突围北上。卫青派轻骑校尉郭成等追击右贤王数百里，俘虏了右贤王的十几个裨王，俘虏匈奴男女一万五千多人，牲畜上百万头。武帝派使者拿着大将军印，在军中任命卫青为大将军，益封八千七百户。诏曰："大将军青躬率戎士，师大捷，获匈奴王十有余人，益封青八千七百户。"② 同时封卫青的儿子卫伉为宜春侯，卫不疑为阴安侯，卫登为发干侯。卫青认为立有军功的将士还没有封赏，就封自己的三个儿子，不利于稳固军心："臣幸得待罪行间，赖陛下神灵，军大捷，皆诸校力战之功也。陛下幸已益封臣青，臣青子在襁褓中，未有勤劳，上幸裂地封为三侯，非臣待罪行间所以劝士力战之意也。伉等三人何敢受封！"③ 于是，武帝下诏御史大封卫青军中诸将：

护军都尉公孙敖三从大将军击匈奴，常护军傅校获王，封敖为合骑侯。都尉韩说从大军出窴浑，至匈奴右贤王庭，为戏下搏战获王，封说为龙额侯。骑将军贺从大将军获王，封贺为南窌侯。轻车将军李蔡再从大将军获王，封蔡为乐安侯。校尉李朔、赵不虞、公孙戎奴各三从大将军获王，封朔为陟轵侯，不虞为随成侯，戎奴为从平侯。将军李沮、李息及校尉豆如意、中郎将绾皆有功，赐爵关内侯。沮、息、如意食邑各三百户。④

---

① 班固. 汉书·卷55·卫青传［M］. 北京：中华书局，1962：2473.
② 班固. 汉书·卷55·卫青传［M］. 北京：中华书局，1962：2475.
③ 班固. 汉书·卷55·卫青传［M］. 北京：中华书局，1962：2475.
④ 班固. 汉书·卷55·卫青传［M］. 北京：中华书局，1962：2475.

第二年春天，大将军卫青兵出定襄，任命翕侯赵信为前将军，合骑侯公孙敖为中将军，卫尉苏建为右将军，太仆公孙贺为左将军，左内史李沮为强弩将军，郎中令李广为后将军，均由大将军卫青统一指挥，斩杀数千匈奴骑兵而归。一月之后，兵出定襄，斩杀匈奴骑兵一万余人。苏建、赵信合军一处，与匈奴单于率领的匈奴骑兵主力交战一日，汉军损失殆尽。赵信原本就是匈奴人，受匈奴诱降率领剩余的八百骑兵投降了匈奴单于。苏建损失了所有的兵马，单身逃回卫青处。周霸力主斩杀苏建："自大将军出，未尝斩裨将，今建弃军，可斩，以明将军之威。"① 军正闳、长史安不同意周霸的意见，认为若斩杀苏建，必然使战败的将士不敢回归。二人皆称："不然。兵法'小敌之坚，大敌之禽也。'今建以数千当单于数万，力战一日余，士皆不敢有二心。自归而斩之，是示后无反意也。不当斩。"② 卫青将苏建交给天子裁处，曰："青幸得以肺附待罪行间，不患无威，而霸说我以明威，甚失臣意。且使臣职虽当斩将，以臣之尊宠而不敢自擅专诛于境外，其归天子，天子自裁之，于以风为人臣不敢专权，不亦可乎？"③

大将军卫青丧失了两支精锐，翕侯赵信投降匈奴，所以武帝并没有益封卫青。苏建被押解至长安后，武帝没有诛杀他，允许他赎罪为平民。

匈奴单于听从赵信的计策，将匈奴主力撤至大漠以北。元狩四年（前119年）春，武帝令大将军卫青、骠骑将军霍去病各率领五万骑兵，紧随其后的步兵以及运输部队有数十万。按照武帝的战略部署，霍去病兵出定襄郡，攻击匈奴单于主力。由于匈奴俘虏说匈奴单于在东面，武帝便令霍去病兵出代郡，令卫青兵出定襄。卫青率军出塞千余里时，却遇见了单于的主力。草原无险可守，于是卫青令将士们以武刚车环绕圆形成为营垒，派五千骑兵出击匈奴，匈奴派一万骑兵攻击。交战近一天，突起大风，沙

① 班固．汉书·卷55·卫青传［M］．北京：中华书局，1962：2477．
② 班固．汉书·卷55·卫青传［M］．北京：中华书局，1962：2477．
③ 班固．汉书·卷55·卫青传［M］．北京：中华书局，1962：2477．

石漫天，双方都看不见对方，卫青派出左右两路骑兵包抄单于。黄昏时，单于乘坐着六匹骡子拉的车，以数百骑兵相随，向西北方突围而去。汉军左校捕捉到一个匈奴俘虏，该俘虏说单于在天黑之前逃跑，卫青派出轻骑兵星夜追击，亲率大军在后跟随。追击二百多里，虽然没有捕获单于，却捕杀匈奴骑兵一万多人，获得了大量的匈奴军粮。

在卫青与单于作战的时候，前将军李广、右将军赵食其率领军队迷路，卫青率军回师时在漠南遇到他们。卫青派使者到长安报告军情，派长史责问李广，李广羞愤自尽。赵食其赎罪被贬为平民。卫青率军进入边塞之后，共斩杀一万九千名匈奴人。由于卫青率领的军队损失较为严重，卫青没能益封食邑，其手下的将领也没有封侯者。霍去病却日益显贵，"乃置大司马位，大将军、骠骑将军皆为大司马。定令，令骠骑将军秩禄与大将军等"。①

漠北之战后，汉朝"竟不复击匈奴者，以汉马少，而南诛两越，东伐朝鲜，击羌、西南夷，以故久不伐胡"。② 后卫青长子宜春侯卫伉坐法失侯。五年后，发干侯卫登、阴安侯卫不疑因酎金而失侯。元封五年（前106年），卫青去世，谥号为烈侯。烈，有显赫、宏伟之意，表彰其不朽的军功。卫伉继承爵位，六年后，因犯法免侯。

卫青的婚姻也颇为传奇。平阳侯曹寿因病回到自己的封国后，武帝便解除了他与平阳长公主之间的婚姻。汉代惯例，以列侯尚公主。"长公主问：'列侯谁贤者？'左右皆言大将军。主笑曰：'此出吾家，常骑从我，奈何？'左右曰：'于今尊贵无比。'"③ 武帝下诏，卫青尚平阳长公主。

赵翼认为："三大将（卫青、霍去病、李广利）皆出自淫贱苟合，或为奴仆，或为倡优，徒以嬖宠进，后皆成大功为名将，此理之不可解者也。"④ 赵翼的评论反映了后人对卫青等人认识上的一些偏颇。卫青虽然出

① 班固.汉书·卷55·卫青传［M］.北京：中华书局，1962：2488.
② 班固.汉书·卷55·卫青传［M］.北京：中华书局，1962：2490.
③ 班固.汉书·卷55·卫青传［M］.北京：中华书局，1962：2490.
④ 赵翼撰，曹光甫校点.廿二史札记［M］.南京：凤凰出版社，2008：35.

身卑微,但拥有出色的军事才能。因与卫子夫的裙带关系,在第一次出击匈奴时,就被任命为车骑将军,与李广等老将并列。龙城之战中,卫青采用汉武帝主动出击匈奴,以骑兵对骑兵的战略规划,彻底扭转了汉军的被动局面。漠北一战中,千里闪击,并创造性地运用武刚车,取得了漠北之战的胜利。卫青一生七战匈奴,直捣龙城,收复河南,大败右贤王,出击漠北,为汉帝国立下了赫赫战功。

纵观卫青的一生,其之所以得以善终,除了卓越的军事才能之外,坦然豁达的人生态度亦是至关重要的。卫青自觉出身卑微,从不居功自傲。元朔五年(前122年),卫青击败右贤王后,武帝欲敕封其尚在襁褓中的三个儿子为侯,卫青力主先封立有功勋的将士。卫青担任大将军后,更加礼贤下士。在漠北之战中,李广因失道而错过合围匈奴单于的机会,愤恨自杀,其子李敢迁怒于卫青,将其刺伤,卫青体谅他的丧父之痛,便将此事隐瞒下来。卫青从不招揽宾客,生怕引起武帝的猜忌。苏建曾经劝谏卫青:"大将军至尊重,而天下之贤士大夫无称焉,愿将军观古名将所招选者,勉之哉!"卫青认为:"自魏其、武安之厚宾客,天子常切齿。彼亲待士大夫,招贤黜不肖者,人主之柄也。人臣奉法遵职而已,何与招士!"①卫青尽管拥有临机专断的权力,但出征在外时从来不敢自专,生杀予夺之事概由武帝裁决。

---

① 班固. 汉书·卷55·卫青传 [M]. 北京:中华书局,1962:2493.

冠军侯霍去病

霍去病（前140—前117），河东平阳（今山西临汾）人，大将军卫青的姐姐卫少儿的儿子。他的父亲霍仲孺在平阳公主府当差时，与卫少儿私通后，生下了霍去病。后来卫少儿嫁给詹事陈掌为妻，霍去病也进宫成为侍中。元朔六年（前123年），卫青领军二出定襄，任命霍去病为嫖姚校尉。霍去病单独率领八百轻骑兵奔驰数百里迎战匈奴，捕杀了大量匈奴骑兵，武帝下诏封其为冠军侯。诏曰：

票姚校尉去病斩首捕虏二千二十八级，得相国、当户，斩单于大父行藉若侯产，捕季父罗姑比，再冠军，以二千五百户封去病为冠军侯。上谷太守郝贤四从大将军，捕首虏千三百级，封贤为终利侯。骑士孟已有功，赐爵关内侯，邑二百户。①

元狩二年（前121年）春，武帝任命他为骠骑将军，率领一万骑兵出陇西郡，翻越乌鳌山，击败匈奴遬濮部，渡过狐奴水，连续击败了五个匈奴部落，向西越过焉支山一千余里，鏖兵于皋兰山下，斩杀匈奴折兰王、卢侯王，俘获了浑邪王的儿子、相国、都尉，缴获了休屠王的祭天金人。武帝下诏褒扬霍去病，并加封食邑二千二百户。诏曰：

---

① 班固. 汉书·卷55·霍去病传［M］. 北京：中华书局，1962：2478.

票骑将军率戎士隃乌盭，讨遨濮，涉狐奴，历五王国，辎重人众摄詟者弗取，几获单于子。转战六日，过焉支山千有余里，合短兵，鏖皋兰下，杀折兰王，斩卢侯王，锐悍者诛，全甲获丑，执浑邪王子及相国、都尉，捷首虏八千九百六十级，收休屠祭天金人，师率减什七，益封去病二千二百户。①

元狩二年（前121年）夏，霍去病与合骑侯公孙敖一齐从北地郡分两路出兵。博望侯张骞、郎中令李广同时率军从右北平分两路出兵，作为霍去病军的策应。公孙敖因迷失道路，未能与霍去病会师。霍去病单兵突进，渡过钧耆河、居延海，到达小月氏，攻至祁连山，捕斩了三万多匈奴骑兵，俘虏了匈奴王、王母、单于阏氏、王子、相国、将军、当户、都尉近百余人，"消灭了匈奴的大量有生力量，从根本上切断了匈奴与羌人的联系，打通了通往西域各国的道路"。② 武帝下诏褒扬霍去病，益封五千四百户，封其将赵破奴为从骠侯，校尉高不识为宜冠侯，校尉仆多为辉渠侯。诏曰：

骠骑将军涉钧耆，济居延，遂臻小月氏，攻祁连山，扬武乎鱳得，得单于单桓、酋涂王，及相国、都尉以众降下者二千五百人，可谓能舍服知成而止矣。捷首虏三万二百，获五王，王母、单于阏氏、王子五十九人，相国、将军、当户、都尉六十三人，师大率减什三，益封去病五千四百户。赐校尉从至小月氏者爵左庶长。鹰击司马破奴再从票骑将军斩速濮王，捕稽且王，右千骑将得王、王母各一人，王子以下四十一人，捕虏三千三百三十人，前行捕虏千四百人，封破奴为从票侯。校尉高不识从票骑将军捕呼于耆王王子以下十一人，捕虏千七百六十八人，封不识为宜冠侯。校尉仆多有功，封为辉渠侯。③

---

① 班固. 汉书·卷55·霍去病传 [M]. 北京：中华书局，1962：2479.
② 李绍，陶黎晖. 西汉抗击匈奴的青年统帅霍去病 [J]. 军事历史，1984（2）：59.
③ 班固. 汉书·卷55·霍去病传 [M]. 北京：中华书局，1962：2480—2481.

"霍去病在河西战争中的胜利，使这位青年将军的威望大为提高，也促使匈奴统治集团内部发生了分化。"① 浑邪王由于数次被霍去病所击败，损失了数万骑兵，单于大怒，想要诛杀他。浑邪王与休屠王等商量投降汉朝，派人先到边境上交涉。大行李息在黄河岸边修筑城堡，俘获了浑邪王的使者，立即向武帝禀报。武帝令霍去病率军前往迎接浑邪王及其部众。霍去病率军渡河，与浑邪王的部众遥遥相望。浑邪王的裨王、将军看见汉军阵势雄壮，大多不愿意内迁投降了。霍去病骑马进入浑邪王的军营，斩杀想要逃走的八千多匈奴骑兵，说服浑邪王先乘坐传车到长安觐见汉武帝，然后率领浑邪王的十万部众渡过黄河。武帝封浑邪王为漯阴侯，食邑万户，又封其裨王呼毒尼为下摩侯、禽黎为河綦侯、疟为辉渠侯。武帝为嘉奖霍去病的功劳，益封一千七百户。诏曰：

> 骠骑将军去病率师征匈奴，西域王浑邪王及厥众萌咸犇于率，以军粮接食，并将控弦万有余人，诛猋悍，捷首虏八千余级，降异国之王三十二。战士不离伤，十万之众毕怀集服。仍兴之劳，爰及河塞，庶几亡患。以千七百户益封票骑将军。减陇西、北地、上郡戍卒之半，以宽天下繇役。②

汉武帝将投降的匈奴部众安置在陇西、上郡、北地、云中、朔方五郡的边塞地区，设置属国。自此以后，河西地区没有了匈奴骑兵的身影。

河西之战后，匈奴右翼的威胁基本解决。元狩三年（前 120 年），数万匈奴骑兵入侵右北平、定襄。元狩四年春（前 119 年），武帝令大将军卫青、骠骑将军霍去病各率领五万骑兵，步兵以及运输部队数十万之众，越过大漠，奔袭匈奴腹地，攻击匈奴在漠北的主力。武帝将勇敢善战的战士都分配给了霍去病，另外霍去病军中还有大量的归义匈奴人，他们熟悉草原地形，作战勇猛，骑射精湛。匈奴单于采取赵信的计策，"远其辎重，

---

① 张思恩. 霍去病与西汉抗击匈奴的战争 [J]. 西北大学学报，1989（3）：41.
② 班固. 汉书·卷 55·霍去病传 [M]. 北京：中华书局，1962：2482—2483.

以精兵待于幕北"。① 武帝令霍去病率兵出代郡直击匈奴单于率领的主力，令卫青兵出定襄郡。霍去病率兵出右北平、代郡，一路北进二千余里，攻击匈奴左贤王兵马，捕获三个匈奴王，将军、相国、当户、都尉八十三人，斩捕匈奴七万多人。为庆祝这次大捷，霍去病在狼居胥山主峰上建立高坛祭祀上天，在姑衍山祭祀大地，祭奠捐躯的将士。匈奴主力损失殆尽，"匈奴远遁，而幕南无王庭"。②

霍去病回到长安后，武帝下诏褒扬，益封霍去病五千八百户，封右北平太守路博德为邳离侯，封北地都尉卫山为义阳侯，封归义匈奴伊即靬为众利侯，复陆支为杜侯。从骠侯赵破奴、昌武侯赵安稽跟从骠骑将军有功，各益封三百户。封校尉李敢、渔阳太守解为关内侯，赐校尉徐自为左庶长。诏曰：

骠骑将军去病率师躬将所获荤允之士，约轻赍，绝大幕，涉获单于章渠，以诛北车耆，转击左大将双，获旗鼓，历度难侯，济弓卢，获屯头王、韩王等三人，将军、相国、当户、都尉八十三人，封狼居胥山，禅于姑衍，登临翰海，执讯获丑七万有四百四十三级，师率减什二，取食于敌，卓行殊远而粮不绝。以五千八百户益封票骑将军。右北平太守路博德属票骑将军，会兴城，不失期，从至梼余山，斩首捕虏二千八百级，封博德为邳离侯。北地都尉卫山从票骑将军获王，封山为义阳侯。故归义侯因淳王复陆支、楼剸王伊即靬皆从票骑将军有功，封复陆支为杜侯，伊即靬为众利侯。从票侯破奴、昌武侯安稽从票骑有功，益封各三百户。渔阳太守解、校尉敢皆获鼓旗，赐爵关内侯，解食邑三百户，敢二百户。校尉自为爵左庶长。③

霍去病为人沉默寡言，勇敢任事。武帝想让他学习吴起、孙武兵法，

① 班固. 汉书·卷94上·匈奴传 [M]. 北京：中华书局，1962：3769.
② 班固. 汉书·卷94上·匈奴传 [M]. 北京：中华书局，1962：3770.
③ 班固. 汉书·卷55·霍去病传 [M]. 北京：中华书局，1962：2486—2487.

他却回答说："顾方略何如耳，不至学古兵法。"① 武帝准备给他修建宅第，他却以"匈奴不灭，无以家为也"② 为由拒绝。武帝更加重视和喜欢他。但是他却不体恤士兵。他率军出征时，武帝派数十车食物跟随，回师之后，车里还剩余大量的精米和肉，而大量的士兵却忍饥挨饿。在塞外作战的时候，霍去病还命士兵们在忍饥挨饿的情况下开辟场地，踢蹋鞠取乐。

李敢在霍去病军中担任校尉，在攻击匈奴左贤王时，率军死战，夺取了左贤王的旗鼓，斩杀了很多匈奴骑兵，武帝赐其关内侯爵，食邑二百户，取代其父李广担任郎中令。李敢怨恨大将军卫青致使其父饮恨自杀，于是刺伤了卫青，卫青体谅李敢的丧父之痛，将这件事情隐瞒下来。不久，李敢跟从武帝到上雍狩猎时，竟被霍去病射杀。

霍去病在元狩六年（前 117 年）去世，年仅 24 岁。武帝痛失爱将，征发属国匈奴玄甲军在茂陵为他修筑坟墓，赐谥号景桓侯。他的儿子霍嬗嗣侯。霍嬗以奉车都尉的身份，跟从武帝封禅泰山时去世。因霍嬗没有儿子，封国被废。

霍去病以外戚身份登上汉帝国的政治军事舞台，一生六次出击匈奴，驰骋万里，辟地千里，基本上解除了匈奴对于北方边境的威胁，为汉帝国立下了赫赫功勋。霍去病机智雄武、坚毅果敢，精通兵法，擅长快速奔袭匈奴。又使用"取食于敌"的策略，解决后勤补给的问题。霍去病非常注重情报的收集，善于利用匈奴降兵，故从不迷失道路。霍去病以国家大义为重，不追求安逸享乐，其"匈奴不灭，无以家为也"的豪言壮语，激励着一代又一代的志士仁人为国家前仆后继、舍生忘死。

---

① 班固. 汉书·卷 55·霍去病传［M］. 北京：中华书局，1962：2488.
② 班固. 汉书·卷 55·霍去病传［M］. 北京：中华书局，1962：2488.

平津侯公孙弘

公孙弘（前200—前121），菑川薛（今山东寿光）人，是西汉以儒生荣登相位的第一人。年轻的时候因为家贫，在海边放猪。四十多岁的时候，开始研治《春秋》。建元元年（前140年），武帝刚刚即位，大力提倡儒学，招纳贤良文学之士，年已六十的公孙弘经菑川国推荐，被武帝任命为博士。武帝派遣公孙弘出使匈奴，因复命之言不合武帝心意，被武帝斥为无能。公孙弘因此称病，被免官后回乡。

元光五年（前130年），武帝又向郡国征召贤良文学，菑川国又推荐了公孙弘。他推辞说："前已尝西，用不能罢，愿更选。"① 但是菑川国的官吏还是坚持推荐公孙弘到太常。

当时汉武帝所出的题目是：上古尧舜时期为什么阴阳调和，五谷丰登，君明臣忠。公孙弘对策道：

臣闻上古尧舜之时，不贵爵赏而民劝善，不重刑罚而民不犯，躬率以正而遇民信也；末世贵爵厚赏而民不劝，深刑重罚而奸不止，其上不正，遇民不信也。夫厚赏重刑未足以劝善而禁非，必信而已矣。是故因能任官，则分职治；去无用之言，则事情得；不作无用之器，即赋敛省；不夺民时，不妨民力，则百姓富；有德者进，无德者退，则朝廷尊；有功者

---

① 班固.汉书·卷58·公孙弘传［M］.北京：中华书局，1962：2613.

上，无功者下，则群臣逡；罚当罪，则奸邪止；赏当贤，则臣下劝：凡此八者，治民之本也。故民者，业之即不争，理得则不怨，有礼则不暴，爱之则亲上，此有天下之急者也。故法不远义，则民服而不离；和不远礼，则民亲而不暴。故法之所罚，义之所去也；和之所赏，礼之所取也。礼义者，民之所服也，而赏罚顺之，则民不犯禁矣。故画衣冠，异章服，而民不犯者，此道素行也。

臣闻之，气同则从，声比则应。今人主和德于上，百姓和合于下，故心和则气和，气和则形和，形和则声和，声和则天地之和应矣。故阴阳和，风雨时，甘露降，五谷登，六畜蕃，嘉禾兴，朱草生，山不童，泽不涸，此和之至也。故形和则无疾，无疾则不夭，故父不丧子，兄不哭弟。德配天地，明并日月，则麟凤至，龟龙在郊，河出图，洛出书，远方之君莫不说义，奉币而来朝，此和之极也。

臣闻之，仁者爱也，义者宜也，礼者所履也，智者术之原也。致利除害，兼爱无私，谓之仁；明是非，立可否，谓之义；进退有度，尊卑有分，谓之礼；擅杀生之柄，通壅塞之涂，权轻重之数，论得失之道，使远近情伪必见于上，谓之术：凡此四者，治之本，道之用也，皆当设施，不可废也。得其要，则天下安乐，法设而不用；不得其术，则主蔽于上，官乱于下。此事之情，属统垂业之本也。

臣闻尧遭鸿水，使禹治之。未闻禹之有水也。若汤之旱，则桀之余烈也。桀纣行恶，受天之罚；禹汤积德，以王天下。因此观之，天德无私亲，顺之和起，逆之害生。此天文地理人事之纪。臣弘愚戆，不足以奉大对。①

平心而论，公孙弘在对策中提出的仁、义、礼、智、信、德治，都是对儒家传统思想的解释与阐发，并无创新之处。太常上奏对策成绩，公孙弘的成绩居于下等。武帝却将其策文提拔为第一，并任命他为博士，待诏

---

① 班固.汉书·卷58·公孙弘传［M］.北京：中华书局，1962：2615—2617.

金马门。

当时待诏金马门的士人数不胜数，公孙弘又给武帝上疏推荐自己。书曰：

> 陛下有先圣之位而无先圣之名，有先圣之民而无先圣之吏，是以势同而治异。先世之吏正，故其民笃；今世之吏邪，故其民薄。政弊而不行，令倦而不听。夫使邪吏行弊政，用倦令治薄民，民不可得而化，此治之所以异也。臣闻周公旦治天下，期年而变，三年而化，五年而定。唯陛下之所志。①

公孙弘深谙武帝欲致上古太平盛世的心态，以周公自居，一下子吸引了武帝的目光。武帝以册书回复道："弘称周公之治，弘之材能自视孰与周公贤?"② 公孙弘回复道："愚臣浅薄，安敢比材于周公！虽然，愚心晓然见治道之可以然也。夫虎豹马牛，禽兽之不可制者也，及其教驯服习之，至可牵持驾服，唯人之从。臣闻揉曲木者不累日，销金石者不累月，夫人之于利害好恶，岂比禽兽木石之类哉？期年而变，臣弘尚窃迟之。"③

元光六年（前134年），武帝任命公孙弘为左内史，治理京畿。元朔三年（前126年），接替张欧担任御史大夫。元朔五年（前124年），公孙弘代替薛泽担任丞相。汉代惯例，往往任命列侯为丞相，而公孙弘没有爵位，于是武帝下诏封公孙弘为平津侯。诏曰："朕嘉先圣之道，开广门路，宣招四方之士，盖古者任贤而序位，量能以授官，劳大者厥禄厚，德盛者获爵尊，故武功以显重，而文德以行褒。其以高成之平津乡户六百五十封丞相弘为平津侯。"④ 从公孙弘开始，官至丞相而封侯，成为汉家制度。

公孙弘在十年之内，先后担任博士、左内史、御史大夫、丞相，却鲜有政绩。元光五年（前130年），武帝下令开通西南夷的道路，派公孙弘

---

① 班固. 汉书·卷58·公孙弘传 [M]. 北京：中华书局，1962：2617—2618.
② 班固. 汉书·卷58·公孙弘传 [M]. 北京：中华书局，1962：2618.
③ 班固. 汉书·卷58·公孙弘传 [M]. 北京：中华书局，1962：2618.
④ 班固. 汉书·卷58·公孙弘传 [M]. 北京：中华书局，1962：2620—2621.

去视察。公孙弘回来奏事武帝，极力反对。元朔二年（前128年），武帝在朝鲜设置苍海郡，在北方筑造朔方郡。公孙弘建议武帝停止开边拓土的一切活动，武帝派善辩的朱买臣等人与公孙弘辩论。朱买臣提出了十个论题，公孙弘一个都不能驳倒。公孙弘向武帝谢罪曰："山东鄙人，不知其便若是，愿罢西南夷、苍海，专奉朔方。"①

元朔五年（前124年），公孙弘提出："民不得挟弓弩。十贼彍弩，百吏不敢前，盗贼不辄伏辜，免脱者众，害寡而利多，此盗贼所以蕃也。禁民不得挟弓弩，则盗贼执短兵，短兵接则众者胜。以众吏捕寡贼，其势必得。盗贼有害无利，则莫犯法，刑错之道也。臣愚以为禁民毋得挟弓弩便。"② 公孙弘的建议颇为迂阔，汉武帝派光禄大夫侍中吾丘寿王与他辩论。吾丘寿王力驳公孙弘：

臣闻古者作五兵，非以相害，以禁暴讨邪也。安居则以制猛兽而备非常，有事则以设守卫而施行阵。及至周室衰微，上无明王，诸侯力政，强侵弱，众暴寡，海内抗敝，巧诈并生。是以知者陷愚，勇者威怯，苟以得胜为务，不顾义理。故机变械饰，所以相贼害之具不可胜数。于是秦兼天下，废王道，立私议，灭《诗》《书》而首法令，去仁恩而任刑戮，堕名城，杀豪桀，销甲兵，折锋刃。其后，民以耰锄棰梃相挞击，犯法滋众，盗贼不胜，至于赭衣塞路，群盗满山，卒以乱亡。故圣王务教化而省禁防，知其不足恃也。

今陛下昭明德，建太平，举俊材，兴学官，三公有司或由穷巷，起白屋，裂地而封，宇内日化，方外乡风，然而盗贼犹有者，郡国二千石之罪，非挟弓弩之过也。《礼》曰男子生，桑弧蓬矢以举之，明示有事也。孔子曰："吾何执？执射乎？"大射之礼，自天子降及庶人，三代之道也。《诗》云"大侯既抗，弓矢斯张，射夫既同，献尔发功"，言贵中也。愚闻

---

① 班固.汉书·卷58·公孙弘传 [M].北京：中华书局，1962：2619.
② 班固，汉书，卷64上·吾丘寿王传 [M].北京：中华书局，1962：2795.

圣王合射以明教矣，未闻弓矢之为禁也。且所为禁者，为盗贼之以攻夺也。攻夺之罪死，然而不止者，大奸之于重诛固不避也。臣恐邪人挟之而吏不能止，良民以自备而抵法禁，是擅贼威而夺民救也。窃以为无益于禁奸，而废先王之典，使学者不得习行其礼，大不便。①

公孙弘不得不屈服。

公孙弘虽然通过治《春秋》而官至丞相，但在儒学理论方面并无精深造诣。《汉书·艺文志》记载其著作仅有《公孙弘十篇》，今已散佚。但在儒学的发展历程中公孙弘却具有自己的独特地位。元朔五年（前125年），公孙弘上书武帝，提出为博士设立弟子。

闻三代之道，乡里有教，夏曰校，殷曰庠，周曰序。其劝善也，显之朝廷；其惩恶也，加之刑罚。故教化之行也，建首善自京师始，繇内及外。今陛下昭至德，开大明，配天地，本人伦，劝学兴礼，崇化厉贤，以风四方，太平之原也。古者政教未洽，不备其礼，请因旧官而兴焉。为博士官置弟子五十人，复其身。太常择民年十八以上仪状端正者，补博士弟子。郡国县官有好文学，敬长上，肃政教，顺乡里，出入不悖，所闻，令相长丞上属所二千石。二千石谨察可者，常与计偕，诣太常，得受业如弟子。一岁皆辄课，能通一艺以上，补文学掌故缺；其高弟可以为郎中，太常籍奏。即有秀才异等，辄以名闻。其不事学若下材，及不能通一艺，辄罢之，而请诸能称者。臣谨案诏书律令下者，明天人分际，通古今之谊，文章尔雅，训辞深厚，恩施甚美。小吏浅闻，弗能究宣，亡以明布谕下。以治礼掌故以文学礼义为官，迁留滞。请选择其秩比二百石以上及吏百石通一艺以上补左右内史、大行卒史，比百石以下补郡太守卒史，皆各二人，边郡一人。先用诵多者，不足，择掌故以补中二千石属，文学掌故补郡属，备员。请著功令。它如律令。②

---

① 班固，汉书·卷64上·吾丘寿王传［M］. 北京：中华书局，1962：2795—2797.

② 班固. 汉书·卷88·儒林传［M］. 北京：中华书局，1962：3593—3594.

这一上书得到了武帝的认可，博士弟子入仕的人数远较郡国举荐的贤良文学、孝廉的人数为多，成为汉代重要的选官制度。大批儒生通过这一途径进入汉帝国中枢，大大小小的官吏"彬彬多文学之士"①。

在促进儒学与政治结合方面，公孙弘亦做出了重大贡献，他"习文法吏事，缘饰以儒术"，② 开创汉代"《春秋》决狱"的司法制度。廷尉张汤便以公孙弘为老师。

公孙弘性格颇为圆滑，每次廷议的时候，先陈述自己的多种建议，使武帝自己选择，不肯在朝堂争论、反驳。公孙弘常与主爵都尉汲黯在武帝闲暇时奏事，汲黯先提出问题，公孙弘顺武帝意推理阐释于后，武帝对他言听计从。汲黯在朝堂上指责公孙弘："齐人多诈而无情，始为与臣等建此议，今皆背之，不忠。"③ 公孙弘只是说："夫知臣者以臣为忠，不知臣者以臣为不忠。"④ 并不做过多的辩解。虽然朝臣们经常诋毁公孙弘，武帝却越来越重视他。

公孙弘圆滑的性格引起了朝臣们的非议，汲黯向武帝进言："弘位在三公，奉禄甚多，然为布被，此诈也。"⑤ 公孙弘强调自己是以勤俭为天下百官之表率。曰："有之。夫九卿与臣善者无过黯，然今日庭诘弘，诚中弘之病。夫以三公为布被，诚饰诈欲以钓名。且臣闻管仲相齐，有三归，侈拟于君，桓公以霸，亦上僭于君。晏婴相景公，食不重肉，妾不衣丝，齐国亦治，亦下比于民。今臣弘位为御史大夫，为布被，自九卿以下至于小吏无差，诚如黯言。且无黯，陛下安闻此言？"⑥ 在风俗日侈的武帝时代，贵族官僚以侈靡相尚，公孙弘力行节俭，"食一肉，脱粟饭，故人宾客仰衣食，奉禄皆以给之，家无所余"⑦，即使有诈伪之意，但亦难能

① 班固．汉书·卷88·儒林传［M］．北京：中华书局，1962：3596.
② 班固．汉书·卷58·公孙弘传［M］．北京：中华书局，1962：2618.
③ 班固．汉书·卷58·公孙弘传［M］．北京：中华书局，1962：2619.
④ 班固．汉书·卷58·公孙弘传［M］．北京：中华书局，1962：2619.
⑤ 班固．汉书·卷58·公孙弘传［M］．北京：中华书局，1962：2620.
⑥ 班固．汉书·卷58·公孙弘传［M］．北京：中华书局，1962：2620.
⑦ 班固．汉书·卷58·公孙弘传［M］．北京：中华书局，1962：2621.

可贵。

公孙弘好猜忌，睚眦必报，不肯屈居人下。主父偃提出"推恩令"，以雷霆手段剪除了燕王刘定国、齐王刘次昌，深得武帝的赏识。后来赵王刘彭祖告发主父偃收受诸侯贿赂。汉武帝念及他的才能与功绩，想要饶恕他。但公孙弘坚持诛杀主父偃："齐王自杀无后，国除为郡，入汉，偃本首恶，非诛偃无以谢天下。"① 主父偃最终落得个族灭的下场。

与公孙弘一同被举为贤良文学的董仲舒，与公孙弘曾有仇隙。骄横跋扈的胶西王刘端屡次陷害王国二千石官员，官员均不敢到胶西就职，胶西国相位空虚，公孙弘乘机大力推荐董仲舒担任胶西相。董仲舒不久便辞官回乡，安心著述。

公孙弘虽在人前称赞汲黯的正直，内心总想陷害他。当时"右内史界部中多贵人宗室，难治，非素重臣弗能任，请徙黯为右内史"。② 汲黯采用黄老无为政策治理辖区，右内史大治。

武帝推行"罢黜百家，独尊儒术"的思想文化政策，公孙弘非常幸运地被武帝选中，以治《春秋》乘时代风潮扶摇而上，封侯拜相，"天下学士靡然乡风矣"。③ 汉武帝继位之后，致力于加强专制皇权，设立中朝。"中朝，内朝也。大司马左右前后将军、侍中、常侍、散骑、诸吏为中朝。丞相以下至六百石为外朝也"。④ 丞相被排挤出权力中枢，丞相府沦为一般执行机构。公孙弘官场沉浮大半生，深谙无力改变皇权强化的大势，故唯皇权马首是瞻。

公孙弘亦深识进退之道，元朔六年（前123年），淮南、衡山谋反案爆发，牵连甚广，他以病为由提出辞职。奏曰：

> 臣闻天下通道五，所以行之者三。君臣、父子、夫妇、长幼、朋友之

① 班固. 汉书·卷64上·主父偃传［M］. 北京：中华书局，1962：2804.
② 班固. 汉书·卷50·汲黯传［M］. 北京：中华书局，1962：2319.
③ 班固. 汉书·卷88·儒林传［M］. 北京：中华书局，1962：3593.
④ 班固. 汉书·卷77·刘辅传［M］. 北京：中华书局，1962：3253.

交，五者天下之通道也；仁、知、勇三者，所以行之也。故曰"好问近乎知，力行近乎仁，知耻近乎勇：知此三者，知所以自治；知所以自治，然后知所以治人。"未有不能自治而能治人者也。陛下躬孝弟，监三王，建周道，兼文武，招徕四方之士，任贤序位，量能授官，将以厉百姓劝贤材也。今臣愚驽，无汗马之劳，陛下过意擢臣弘卒伍之中，封为列侯，致位三公。臣弘行能不足以称，加有负薪之疾，恐先狗马填沟壑，终无以报德塞责。愿归侯，乞骸骨，避贤者路。①

武帝诚心挽留，赐以医药、牛、酒、布帛。公孙弘以八十岁高龄死于丞相位上。其后李蔡、严青翟、赵周、石庆、公孙贺、刘屈氂陆续任丞相之职。公孙贺、刘屈氂做丞相时，将客馆改为了马厩、车库和奴婢室。继任的丞相中，只有石庆以严谨敦厚终老于相位，其余尽被诛杀。

公孙弘的儿子公孙度继承了爵位，担任了十几年的山阳太守。武帝下诏征巨野令史成诣公车到长安，公孙度拒不派遣，被论为城旦。

元始年间，汉平帝下诏褒扬公孙弘的俭约与德义。诏曰："汉兴以来，股肱在位，身行俭约，轻财重义，未有若公孙弘者也。位在宰相封侯，而为布被脱粟之饭，奉禄以给故人宾客，无有所余，可谓减于制度，而率下笃俗者也，与内富厚而外为诡服以钓虚誉者殊科。夫表德章义，所以率世厉俗，圣王之制也。其赐弘后子孙之次见为适者，爵关内侯，食邑三百户。"②

---

① 班固．汉书·卷58·公孙弘传［M］．北京：中华书局，1962：2621—2622.
② 班固．汉书·卷58·公孙弘传［M］．北京：中华书局，1962：2624.

博陆侯霍光

霍光（？—前68），字子孟，河东平阳（今山西临汾）人，骠骑将军霍去病的同父异母弟。他的父亲霍中孺，河东平阳（山西临汾市）人，以县吏的身份到平阳侯家供事，与平阳公主的侍女卫少儿私通生下了霍去病。霍中孺办完差事回到平阳，又娶妻生下了霍光。霍去病长大之后，才知道自己的父亲是霍中孺。霍去病作为骠骑将军出击匈奴，路过河东郡时，河东太守到城郊迎接，派遣官吏迎接霍中孺。霍中孺进入传舍拜谒，霍去病跪拜迎接，曰："去病不早自知为大人遗体也。"① 霍中孺扶起霍去病，并叩头曰："老臣得托命将军，此天力也。"② 霍去病为霍中孺购买了大量的田宅奴婢。霍去病讨伐匈奴回师经过平阳，带着十几岁的霍光到达长安。武帝任命霍光为郎官，后来升为诸曹侍中。霍去病死后，霍光担任奉车都尉光禄大夫。霍光为人沉稳安静，身高七尺三寸，皮肤白皙，眼睛明亮，眉毛疏朗，须髯长美。每当他出入殿门的时候，进退都有固定的位置。他的品性谨慎如此，深得武帝的信任。

征和二年（前91年），卫太子被江充陷害自杀，而燕王刘旦、广陵王刘胥有很多过失。武帝宠姬赵婕妤生下刘弗陵，武帝想立刘弗陵为太子。武帝认为，群臣中只有霍光能够嘱托大事，于是派黄门画者画了一幅周公

---

① 班固.汉书·卷68·霍光传［M］.北京：中华书局，1962：2931.
② 班固.汉书·卷68·霍光传［M］.北京：中华书局，1962：2931.

背着周成王朝见诸侯的画赐给了霍光。后元二年（前87年）春，武帝在五柞宫病重，霍光哭泣问道："如有不讳，谁当嗣者?"① 武帝曰："君未谕前画意邪？立少子，君行周公之事。"② 霍光叩头说："臣不如金日磾。"③ 金日磾则说："臣外国人，不如光。"④ 于是武帝任命霍光为大司马大将军，金日磾为车骑将军，太仆上官桀为左将军，搜粟都尉桑弘羊为御史大夫。武帝驾崩后，刘弗陵继承皇位，是为孝昭皇帝。因孝昭帝年仅八岁，政事由霍光决定。

后元元年时，侍中仆射莽何罗与他的弟弟重合侯莽通合谋反叛，霍光与金日磾、上官桀等共同平定叛乱，却没有受到封赏。武帝病重，密封玺书曰："帝崩发书以从事。"⑤ 遗诏封金日磾为秺侯，上官桀为安阳侯，霍光为博陆侯。

霍光为了巩固自己的权势，将自己的长女嫁给了上官桀的儿子上官安。在霍光的默许下，上官桀通过昭帝的姐姐鄂邑盖长公主将上官安的女儿纳入后宫。几个月之后，霍光的女儿就被立为皇后。昭帝任命上官安为骠骑将军，封为桑乐侯。霍光休假时，上官桀就入宫决策政事。盖长公主宠幸河间的丁外人，上官桀、上官安依据以列侯娶公主的制度，为丁外人谋求列侯的封爵，霍光不同意。他们又为丁外人求得光禄大夫的官职，再次被霍光拒绝。霍光因此得罪了盖长公主、上官桀、上官安。

燕王刘旦认为自己是昭帝的哥哥，应当即位。御史大夫桑弘羊想要为子弟谋取官职，被霍光拒绝，也怨恨霍光。上官桀、上官安、桑弘羊、盖长公主、燕王刘旦结成了反对霍光的联盟，他们以燕王的名义上书言："光出都肄郎羽林，道上称跸，太官先置。又引苏武前使匈奴，拘留二十年不降，还乃为典属国，而大将军长史敞亡功为搜粟都尉。又擅调益莫府

---

① 班固. 汉书·卷68·霍光传 [M]. 北京：中华书局，1962：2932.
② 班固. 汉书·卷68·霍光传 [M]. 北京：中华书局，1962：2932.
③ 班固. 汉书·卷68·霍光传 [M]. 北京：中华书局，1962：2932.
④ 班固. 汉书·卷68·霍光传 [M]. 北京：中华书局，1962：2932.
⑤ 班固. 汉书·卷68·霍光传 [M]. 北京：中华书局，1962：2933.

校尉。光专权自恣，疑有非常。臣旦愿归符玺，入宿卫，察奸臣变。"① 上官桀请求昭帝下诏颁布霍光的"罪状"，并由桑弘羊联合大臣拘捕霍光。但是昭帝始终不肯颁下诏书。

第二天早晨，霍光在画室中止步不前。昭帝问："大将军安在?"② 左将军上官桀对曰："以燕王告其罪，故不敢入。"③ 昭帝令霍光进入朝堂，霍光脱冠道歉，昭帝曰："将军冠。朕知是书诈也，将军亡罪。"④ 霍光曰："陛下何以知之?"⑤ 昭帝回答道："将军之广明，都郎属耳。调校尉以来未能十日，燕王何以得知之? 且将军为非，不须校尉。"⑥ 冒充燕国上书的人果然逃亡，昭帝下令追捕。在上官桀的干预下，此事不了了之。后来，上官桀的党羽又在昭帝面前诋毁霍光，昭帝大怒曰："大将军忠臣，先帝所属以辅朕身，敢有毁者坐之。"⑦

始元六年（前81年），"诏郡国举贤良文学之士，问以民所疾苦，于是盐铁之议起焉"。⑧ 此即所谓的盐铁会议。共有贤良文学六十余人参会，其中，汝南朱生、鲁国万生、茂陵唐生、九江祝生、中山刘子等为一方；另一方为御史大夫桑弘羊以及御史、丞相史等。双方主要围绕盐铁官营、汉与匈奴关系、德刑关系、儒法关系等问题展开了激烈的交锋。霍光利用贤良文学的主张打击桑弘羊的威望，为夺取财政大权作铺垫。同年，霍光的党羽杨敞被任命为大司农。

上官桀等密谋诛杀霍光，废掉昭帝，迎立燕王刘旦继承皇帝位。事情被发觉，霍光先下手为强，将上官桀、上官安、桑弘羊、丁外人及其宗族全部诛杀。燕王刘旦、盖长公主都自杀。昭帝成年后，继续委任霍光执

① 班固. 汉书·卷68·霍光传 [M]. 北京：中华书局，1962：2935.
② 班固. 汉书·卷68·霍光传 [M]. 北京：中华书局，1962：2936.
③ 班固. 汉书·卷68·霍光传 [M]. 北京：中华书局，1962：2936.
④ 班固. 汉书·卷68·霍光传 [M]. 北京：中华书局，1962：2936.
⑤ 班固. 汉书·卷68·霍光传 [M]. 北京：中华书局，1962：2936.
⑥ 班固. 汉书·卷68·霍光传 [M]. 北京：中华书局，1962：2936.
⑦ 班固. 汉书·卷68·霍光传 [M]. 北京：中华书局，1962：2936.
⑧ 班固. 汉书·卷66·车千秋传 [M]. 北京：中华书局，1962：2886.

政，霍光推行"休养生息"的政策，百姓安居乐业，边境和平安定。

　　元平元年（前74年），昭帝驾崩，没有后嗣。武帝的六个儿子中，只有广陵王刘胥还活着，群臣建议立广陵王刘胥为帝。霍光认为刘胥"好倡乐逸游，力扛鼎，空手搏熊彘猛兽"，① 不易操纵，恰好有位郎官上书："周太王废太伯立王季，文王舍伯邑考立武王，唯在所宜，虽废长立少可也。广陵王不可以承宗庙。"② 这就为霍光找到了拒立刘胥的理由。霍光提拔上书的郎官为九江太守，选择了年龄较小、易于控制的昌邑哀王刘髆的儿子昌邑王刘贺。报太后同意后，霍光派遣代理大鸿胪事务的少府乐成、宗正刘德、光禄大夫丙吉、中郎将利汉去迎接昌邑王刘贺。

　　刘贺即位之初，并不甘心做一个傀儡，与昌邑群臣以雷霆手段推出了一系列的政治军事举措，"取诸侯王列侯二千石绶及墨绶黄绶以并佩昌邑郎官者免奴"。③ "（刘贺）自之符玺取节十六，朝暮临，令从官更持节从"，④"变易节上黄旄以赤"。⑤（颜师古注："以刘屈氂与戾太子战，加节上黄旄，遂以为常。贺今辄改之。"⑥）企图彻底改变"政事一决于光"的中央权力格局。霍光"遂召丞相、御史、将军、列侯、中二千石、大夫、博士会议未央宫。光曰：'昌邑王行昏乱，恐危社稷，如何？'群臣皆惊鄂失色，莫敢发言，但唯唯而已。田延年前，离席按剑，曰：'先帝属将军以幼孤，寄将军以天下，以将军忠贤能安刘氏也。今群下鼎沸，社稷将倾，且汉之传谥常为孝者，以长有天下，令宗庙血食。如令汉家绝祀，将军虽死，何面目见先帝于地下乎？今日之议，不得旋踵。群臣后应者，臣请剑斩之。'光谢曰：'九卿责光是也。天下匈匈不安，光当受难。'于是议者皆叩头，曰：'万姓之命在于将军，唯大将军令。'"⑦

　① 班固. 汉书·卷63·武五子传［M］. 北京：中华书局，1962：2760.
　② 班固. 汉书·卷68·霍光传［M］. 北京：中华书局，1962：2937.
　③ 班固. 汉书·卷68·霍光传［M］. 北京：中华书局，1962：2944.
　④ 班固. 汉书·卷68·霍光传［M］. 北京：中华书局，1962：2940.
　⑤ 班固. 汉书·卷68·霍光传［M］. 北京：中华书局，1962：2944.
　⑥ 班固. 汉书·卷68·霍光传［M］. 北京：中华书局，1962：2945.
　⑦ 班固. 汉书·卷68·霍光传［M］. 北京：中华书局，1962：2937—2938.

霍光与群臣结成废昌邑王的同盟之后，将太后请至未央宫承明殿，以太后诏，派兵严守宫门，将昌邑王与昌邑群臣隔绝开来，并将昌邑群臣驱逐到金马门外。车骑将军张安世率领羽林骑兵，逮捕昌邑群臣二百多人，将他们送到廷尉的诏狱中。太后穿着珠襦坐在帷帐中，召见昌邑王。尚书令宣读霍光与群臣联名上奏的奏章。奏曰：

丞相臣敞、大司马大将军臣光、车骑将军臣安世、度辽将军臣明友、前将军臣增、后将军臣充国、御史大夫臣谊、宜春侯臣谭、当涂侯臣圣、随桃侯臣昌乐、杜侯臣屠耆堂、太仆臣延年、太常臣昌、大司农臣延年、宗正臣德、少府臣乐成、廷尉臣光、执金吾臣延寿、大鸿胪臣贤、左冯翊臣广明、右扶风臣德、长信少府臣嘉、典属国臣武、京辅都尉臣广汉、司隶校尉臣辟兵、诸吏文学光禄大夫臣迁、臣畸、臣吉、臣赐、臣管、臣胜、臣梁、臣长幸、臣夏侯胜、太中大夫臣德、臣卬昧死言皇太后陛下：臣敞等顿首死罪。天子所以永保宗庙总壹海内者，以慈孝礼谊赏罚为本。孝昭皇帝早弃天下，亡嗣，臣敞等议，礼曰"为人后者为之子也"，昌邑王宜嗣后，遣宗正、大鸿胪、光禄大夫奉节使征昌邑王典丧。服斩缞，亡悲哀之心，废礼谊，居道上不素食，使从官略女子载衣车，内所居传舍。始至谒见，立为皇太子，常私买鸡豚以食。受皇帝信玺、行玺大行前，就次发玺不封。从官更持节，引内昌邑从官驺宰官奴二百余人，常与居禁闼内敖戏。自之符玺取节十六，朝暮临，令从官更持节从。为书曰"皇帝问侍中君卿：使中御府令高昌奉黄金千斤，赐君卿取十妻。"大行在前殿，发乐府乐器，引内昌邑乐人，击鼓歌吹作俳倡。会下还，上前殿，击钟磬，召内泰壹宗庙乐人辇道牟首，鼓吹歌舞，悉奏众乐。发长安厨三大牢具祠阁室中，祀已，与从官饮啖。驾法驾，皮轩鸾旗，驱驰北宫、桂宫，弄彘斗虎。召皇太后御小马车，使官奴骑乘，游戏掖庭中。与孝昭皇帝宫人蒙等淫乱，诏掖庭令敢泄言要斩。

取诸侯王列侯二千石绶及墨绶黄绶以并佩昌邑郎官者免奴。变易节上黄旄以赤。发御府金钱刀剑玉器采缯，赏赐所与游戏者。与从官官奴夜饮，湛沔于酒。诏太官上乘舆食如故。食监奏未释服未可御故食，复诏太官趣具，无关食监。太官不敢具，即使从官出卖鸡豚，诏殿门内，以为常。独夜设九宾温室，延见姊夫昌邑关内侯。祖宗庙祠未举，为玺书使使者持节，以三太牢祠昌邑哀王园庙，称嗣子皇帝。受玺以来二十七日，使者旁午，持节诏诸官署征发，凡千一百二十七事。文学光禄大夫夏侯胜等及侍中傅嘉数进谏以过失，使人簿责胜，缚嘉系狱。荒淫迷惑，失帝王礼谊，乱汉制度。臣敞等数进谏，不变更，日以益甚，恐危社稷，天下不安。

臣敞等谨与博士臣霸、臣隽舍、臣德、臣虞舍、臣射、臣仓议，皆曰："高皇帝建功业为汉太祖，孝文皇帝慈仁节俭为太宗，今陛下嗣孝昭皇帝后，行淫辟不轨。《诗》云：'籍曰未知，亦既抱子。'五辟之属，莫大不孝。周襄王不能事母，《春秋》曰'天王出居于郑'，繇不孝出之，绝之于天下也。宗庙重于君，陛下未见命高庙，不可以承天序，奉祖宗庙，子万姓，当废。"臣请有司御史大夫臣谊、宗正臣德、太常臣昌与太祝以一太牢具，告祠高庙。臣敞等昧死以闻。①

昌邑王辩护道："闻天子有争臣七人，虽无道不失天下。"② 霍光强硬地说："皇太后诏废，安得天子！"③ 霍光粗暴地解下昌邑王身上的天子玺印绶带，交给太后，扶着昌邑王走下宫殿，走出金马门。昌邑王向西面拜道："愚戆不任汉事。"④ 霍光将他安置到昌邑王官邸后曰："王行自绝于天，臣等驽怯，不能杀身报德。臣宁负王，不敢负社稷。愿王自爱，臣长不复见左右。"⑤ 太后下诏将刘贺贬回昌邑，赐其汤沐邑二千户，国除为山阳郡。为绝后患，霍光以"昌邑群臣坐亡辅导之谊，陷王于恶"⑥ 的名

① 班固．汉书·卷68·霍光传［M］．北京：中华书局，1962：2939—2946.
② 班固．汉书·卷68·霍光传［M］．北京：中华书局，1962：2946.
③ 班固．汉书·卷68·霍光传［M］．北京：中华书局，1962：2946.
④ 班固．汉书·卷68·霍光传［M］．北京：中华书局，1962：2946.
⑤ 班固．汉书·卷68·霍光传［M］．北京：中华书局，1962：2946.
⑥ 班固．汉书·卷68·霍光传［M］．北京：中华书局，1962：2946.

义，将昌邑群臣二百人全部诛杀。昌邑群臣被斩杀之前，在集市中大呼："当断不断，反受其乱。"①

霍光会集丞相以下的大臣商量皇帝的人选。广陵王早就被排除在外了，燕王刘旦因谋反被诛，他的儿子也不在考虑中。武帝近亲中只剩下卫太子刘据的孙子刘病已。霍光与丞相杨敞等上奏太后："《礼》曰：'人道亲亲故尊祖，尊祖故敬宗。'太宗亡嗣，择支子孙贤者为嗣。孝武皇帝曾孙病已，武帝时有诏掖庭养视，至今年十八，师受《诗》《论语》《孝经》，躬行节俭，慈仁爱人，可以嗣孝昭皇帝后，奉承祖宗庙，子万姓。臣昧死以闻。"② 太后下诏批准后，霍光派遣宗正刘德到尚冠里迎接皇曾孙。太仆用軨猎车将刘病已迎接到宗正府斋戒后，入未央宫觐见皇太后，并被封为阳武侯。霍光捧着皇帝的印玺绶带，带阳武侯到高祖庙拜谒祭祀，即皇帝位，是为宣帝。

宣帝起于民间，虽然势力单薄，但比昌邑王更富有韬略。即位之初，便下诏益封霍光一万七千户，曰："夫褒有德，赏元功，古今通谊也。大司马大将军光宿卫忠正，宣德明恩，守节秉谊，以安宗庙。其以河北、东武阳益封光万七千户。"③ 此后，又陆续赏赐霍光七千斤黄金，六千万钱，三万匹杂缯，一百七十名奴婢，两千匹马，一座上等宅第。

自昭帝时起，霍光的儿子霍禹、侄孙霍云便担任中郎将，霍云的弟弟霍山担任奉车都尉侍中，统领胡越骑兵，霍光的两个女婿担任东西宫卫尉。霍光的党羽亲族连结成一体，势力盘根错节。霍光"持国权柄，杀生在手中。廷尉李种、王平、左冯翊贾胜胡及车丞相女婿少府徐仁皆坐逆将军意下狱死"。④ 丞相车千秋、杨敞均仰其鼻息，无所作为。霍光自知久秉朝政，便抛出归政于宣帝加以试探。宣帝虽然年少，但是极富谋略，还是像以前那样，任何政事都先向霍光请示。霍光每次朝见宣帝，宣帝都严肃

① 班固．汉书·卷68·霍光传［M］．北京：中华书局，1962：2946.
② 班固．汉书·卷68·霍光传［M］．北京：中华书局，1962：2947.
③ 班固．汉书·卷68·霍光传［M］．北京：中华书局，1962：2947.
④ 班固．汉书·卷68·霍光传［M］．北京：中华书局，1962：2953.

恭敬。

霍光执政达二十年之久，地节二年（前68年）春病重，宣帝亲自到霍光家中问候霍光的病情。霍光上书说："愿分国邑三千户，以封兄孙奉车都尉山为列侯，奉兄骠骑将军去病祀。"① 宣帝准许，交由丞相、御史大夫去办理，第二天任命霍光的儿子霍禹为右将军。

霍光去世后，宣帝以及皇太后亲自到霍光府第去吊唁。宣帝命太中大夫任宣与五个侍御史手持符节监护丧事，赐金钱、缯絮、一百条绣花棉被，金缕玉衣，内棺、外棺、黄肠题凑各一副，枞木外臧椁十五副。东园制作的各种明器，都是按照皇室的规格制作。用辒辌车装载着棺材，征发材官轻车、北军五校士一路陈列至茂陵，谥号为宣成侯，征发河东、河南、河内三郡的士兵修造坟墓祠堂，设置三百家守卫其坟墓。

霍光被安葬之后，宣帝并没有立即打击霍氏集团，而是册封霍光的侄孙霍山为乐平侯，让他担任奉车都尉兼领尚书事，并下诏褒扬霍光的功绩。诏曰："故大司马大将军博陆侯宿卫孝武皇帝三十有余年，辅孝昭皇帝十有余年，遭大难，躬秉谊，率三公九卿大夫定万世册以安社稷，天下蒸庶咸以康宁。功德茂盛，朕甚嘉之。复其后世，畴其爵邑，世世无有所与，功如萧相国。"② 又下诏封霍光的另一侄孙霍云为冠阳侯。诏曰："宣成侯光宿卫忠正，勤劳国家。善善及后世，其封光兄孙中郎将云为冠阳侯。"③ 宣帝同时开始培植自己的外戚势力，封太子外祖父许广汉为平恩侯。

宣帝对霍氏集团的封侯褒扬，使得霍氏集团更加膨胀起来，其骄纵行为变本加厉："太夫人显改光时所自造茔制而侈大之。起三出阙，筑神道，北临昭灵，南出承恩，盛饰祠室，辇阁通属永巷，而幽良人婢妾守之。广治第室，作乘舆辇，加画绣绲冯，黄金涂，韦絮荐轮，侍婢以五采丝挽

---

① 班固. 汉书·卷68·霍光传 [M]. 北京：中华书局，1962：2948.
② 班固. 汉书·卷68·霍光传 [M]. 北京：中华书局，1962：2950.
③ 班固. 汉书·卷68·霍光传 [M]. 北京：中华书局，1962：2950.

显，游戏第中。初，光爱幸监奴冯子都，常与计事，及显寡居，与子都乱。而禹、山亦并缮治第宅，走马驰逐平乐馆。云当朝请，数称病私出，多从宾客，张围猎黄山苑中，使苍头奴上朝谒，莫敢谴者。而显及诸女，昼夜出入长信宫殿中，亡期度。"①

宣帝任用御史大夫魏相为丞相，又重用平恩侯许广汉和侍中金安上，许二人居中用事，参与决策。宣帝下诏令百官绕过尚书直接上书，将霍氏逐步排挤出中央决策层。霍光的妻子霍显担忧道："女曹不务奉大将军余业，今大夫给事中，他人壹间，女能复自救邪？"②

宣帝即位时，立许妃为皇后。霍显为使女儿霍成君成为皇后，派宫廷医生淳于衍毒杀许后。许后被毒杀之后，宣帝命官吏逮捕了宫中所有的医生，淳于衍也被逮捕入狱。霍显恐怕事情败露，便将实情告诉霍光。霍光大惊，想要去检举，但念及夫妻之情，批示不必再追究。"（霍）显毒杀许后为霍氏族诛埋下了祸根，成为宣帝剥夺霍氏权力的导火线"。③ 宣帝得知许后被毒杀的真相后，调霍光的女婿卫尉平陵侯范明友担任光禄勋，女婿诸吏中郎将羽林监任胜被外调为安定太守。几个月之后，将霍光姐姐的女婿给事中光禄大夫张朔外调为蜀郡太守，将霍光的孙女婿中郎将王汉外调为武威太守。后来，又任命霍光的女婿长乐卫尉邓广汉为少府；任命霍禹为大司马，但撤销了他右将军所属的屯兵和官属。收回了范明友的度辽将军印绶，只任命他为光禄勋。宣帝采用明升暗降之法，剥夺了霍氏亲族的军权，任命亲近的许、史外戚子弟统领胡越骑、羽林及两宫卫将屯兵。

霍光的女婿赵平有个叫石夏的宾客。石夏通晓天文，对赵平曰："荧惑守御星，御星，太仆奉车都尉也，不黜则死。"④ 张赦与霍云的舅舅李竟交好，他对李竟说："今丞相与平恩侯用事，可令太夫人言太后，先诛此

———————————

① 班固. 汉书·卷68·霍光传 [M]. 北京：中华书局，1962：2950.
② 班固. 汉书·卷68·霍光传 [M]. 北京：中华书局，1962：2951.
③ 邓爱红. 西汉霍光家族悲剧的前因后果 [J]. 江西教育学院学报，1992（2）：46.
④ 班固. 汉书·卷68·霍光传 [M]. 北京：中华书局，1962：2955.

两人。移徙陛下，在太后耳。"① 长安男子张章告发了此事，宣帝将此事交给了廷尉审理。执金吾拘捕了张赦、石夏等。霍山等人铤而走险，密谋曰："此县官重太后，故不竟也。然恶端已见，又有弑许后事，陛下虽宽仁，恐左右不听，久之犹发，发即族矣，不如先也。"②

后来李竟因与诸侯王相勾结而被治罪，供词中牵连到霍氏，宣帝以此为借口将霍云、霍山免官回家。霍家府第出现了很多奇怪的现象，"第中鼠暴多，与人相触，以尾画地。鸮数鸣殿前树上。第门自坏。云尚冠里宅中门亦坏。巷端人共见有人居云屋上，彻瓦投地，就视，亡有，大怪之"。③ 霍山曰："丞相擅减宗庙羔、菟（兔）、蛙，可以此罪也。"④ 霍禹、霍山、霍云、霍显密谋令太后设宴款待宣帝的外祖母博平君，并让丞相魏相、平恩侯许广汉参加宴会，派范明友、邓广汉奉太后的旨意斩杀他们，乘机废掉宣帝而拥立霍禹。密谋被发觉，霍云、霍山、范明友自杀，霍显、霍禹、邓广汉等被捕获。霍禹被腰斩，霍显及其女儿、子侄被处死。霍皇后被废，被幽禁在昭台宫。受霍氏牵连而被诛杀的有几千家。

宣帝在隐忍了十几年后，终于铲除了霍氏集团，下诏褒扬诛杀霍氏的功臣，曰："乃者东织室令史张赦使魏郡豪李竟报冠阳侯云谋为大逆，朕以大将军故，抑而不扬，冀其自新。今大司马博陆侯禹与母宣成侯夫人显及从昆弟子冠阳侯云、乐平侯山诸姊妹婿谋为大逆，欲诖误百姓。赖祖宗神灵，先发得，咸伏其辜，朕甚悼之。诸为霍氏所诖误，事在丙申前，未发觉在吏者，皆赦除之。男子张章先发觉，以语期门董忠，忠告左曹杨恽，恽告侍中金安上。恽召见对状，后章上书以闻。侍中史高与金安上建发其事，言无入霍氏禁闼，卒不得遂其谋，皆雠有功。封章为博成侯，忠高昌侯，恽平通侯，安上都成侯，高乐陵侯。"⑤

---

① 班固.汉书·卷68·霍光传［M］.北京：中华书局，1962：2955.
② 班固.汉书·卷68·霍光传［M］.北京：中华书局，1962：2955.
③ 班固.汉书·卷68·霍光传［M］.北京：中华书局，1962：2956.
④ 班固.汉书·卷68·霍光传［M］.北京：中华书局，1962：2956.
⑤ 班固.汉书·卷68·霍光传［M］.北京：中华书局，1962：2957.

　　平帝元始二年（2年），以千户封霍光堂弟的曾孙霍阳为博陆侯。

　　霍光出身外戚，以谨慎忠贞而著称，深得武帝信任，嘱其以大事，以大司马大将军辅佐昭帝、宣帝。其前后执政二十多年，实行与民休息、轻徭薄赋的政策，开创了"昭宣中兴"的盛世局面。霍光开外戚专权之先河，揽权自重，势凌于皇权之上，拥立二帝，废黜昌邑王。史载："宣帝始立，谒见高庙，大将军光从骖乘，上内严惮之，若有芒刺在背。后车骑将军张安世代光骖乘，天子从容肆体，甚安近焉。及光身死而宗族竟诛，故俗传之曰：'威震主者不畜，霍氏之祸萌于骖乘。'"① 霍光唯亲是举，安置宗族亲旧担任军政要职。霍光不知管束子孙亲族，任其胡作非为，为霍氏族诛埋下了祸根。班固对霍光的评论颇为恰当："霍光以结发内侍，起于阶闼之间，确然秉志，谊形于主。受褓襁之托，任汉室之寄，当庙堂，拥幼君，摧燕王，仆上官，因权制敌，以成其忠。处废置之际，临大节而不可夺，遂匡国家，安社稷。拥昭立宣，光为师保，虽周公、阿衡，何以加此！然光不学亡术，暗于大理，阴妻邪谋，立女为后，湛溺盈溢之欲，以增颠覆之祸，死财三年，宗族诛夷，哀哉！"②

---

① 班固. 汉书·卷68·霍光传 [M]. 北京：中华书局，1962：2958.
② 班固. 汉书·卷68·霍光传 [M]. 北京：中华书局，1962：2967.

秺侯金日磾

金日磾（前134—前86），字翁叔，是匈奴休屠王的太子。武帝元狩年间，骠骑将军霍去病率兵攻击匈奴右地，俘获了休屠王祭天的金人。骠骑将军又率军攻至祁连山，大败匈奴。匈奴单于怨恨浑邪王、休屠王没有守护好西方，想要诛杀他们。浑邪王、休屠王谋划投降汉朝。就在霍去病率军迎接的路上，休屠王忽然后悔，浑邪王杀掉了他，合并其部众投降了汉朝。武帝封浑邪王为漯阴侯。金日磾虽然贵为休屠王的太子，因其父不肯归降汉朝，与他的母亲阏氏、弟弟金伦一同被官府收为奴隶。又因其善于养马，十四岁时被送到黄门养马。金日磾凭借敦厚忠诚的性格及其聪明才智，实现了人生的逆袭。

一日，武帝在宫中宴游，诏令阅马助兴，见金日磾等数十人牵马经过殿下。金日磾身高八尺二寸，容貌壮丽，体格魁伟，将马养得膘肥体壮，觉得奇异而询问他。金日磾对答如流，谈吐自如。武帝很满意，当天就任命他为马监，后来又升其为侍中驸马都尉光禄大夫，在外陪乘武帝，入宫侍候左右。贵戚们都私下里抱怨曰："陛下妄得一胡儿，反贵重之！"①

"金日磾由于受到汉族先进文化的熏陶，常以忠孝礼义整齐家风，并以此来笃敬寤主。"② 金日磾的母亲病逝后，武帝为表彰其"教诲两子，

---

① 班固. 汉书·卷68·金日磾传 [M]. 北京：中华书局，1962：2960.

② 王震亚. 西汉少数民族政治家金日磾及其家世 [J]. 西北师大学报，1986（3）：118.

甚有法度"，下诏将她的画像挂在甘泉宫，署名为"休屠王阏氏"。金日磾每次看见画像都要跪拜哭泣一番，然后才离去。金日磾的两个儿子都很可爱，成为供汉武帝狎弄的孩童，经常侍候在武帝身边。他的长子行为不谨，因在殿下戏弄宫人而被金日磾杀掉。武帝大怒，但是内心很敬重金日磾为义杀子的行为。

当初，卫太子被江充陷害，莽何罗的弟弟莽通因在镇压卫太子叛乱中立有战功，被武帝封侯。后来武帝查明了卫太子的冤情，诛杀了江充的党羽宗族。莽何罗、莽通怕被牵连，趁武帝巡幸林光宫时密谋造反。当时，金日磾因为小疾在宫中休息。莽何罗、莽通及其小弟莽安成夜里假称武帝的诏书，杀掉领兵的使者，做好了发兵的准备。第二天早晨，莽何罗袖藏利刃从东厢房进入，看见金日磾，脸色大变，触碰到了宫中的宝瑟，惊呆不前。金日磾抱住莽何罗，大喊："莽何罗反！"① 武帝受惊起床，左右侍卫拔剑围攻莽何罗，武帝害怕误伤金日磾而制止了侍卫。金日磾抓住莽何罗的脖颈，将他扔到殿下，卫士们这才将莽何罗捆绑起来。金日磾由此以忠孝著称于世。

金日磾在武帝身边，数十年目不斜视。武帝赐给他的宫女，他不敢亲近。武帝想把他的女儿纳入后宫，也被拒绝。武帝病重，嘱托霍光辅佐太子，霍光推让于金日磾。金日磾说："臣外国人，不如光，且使匈奴轻汉。"② 于是被任命为霍光的副手。霍光为了稳固自己的地位，将女儿嫁给金日磾的嗣子金赏。武帝临终时留下遗诏，以擒拿莽何罗的功劳，封金日磾为秅侯，金日磾因为昭帝年少而不肯受封。一年多后，大将军霍光上奏昭帝封金日磾为侯，金日磾在病床上接受印绶。一天之后，去世，昭帝赐予明器和墓地，以轻车甲士为他送丧，谥号为敬侯。

金日磾的两个儿子——金赏和金建均在昭帝身边担任侍中，金赏担任奉车都尉，金建担任驸马都尉。后来金赏继承了侯爵，昭帝想要封金建为

---

① 班固. 汉书·卷68·金日磾传 [M]. 北京：中华书局，1962：2961.
② 班固. 汉书·卷68·金日磾传 [M]. 北京：中华书局，1962：2962.

侯，"谓霍将军曰：'金氏兄弟两人不可使俱两绶邪？'霍光对曰：'赏自嗣父为侯耳。'上笑曰：'侯不在我与将军乎？'光曰：'先帝之约，有功乃得封侯。'"①霍氏家族谋反，金赏上书休妻。宣帝同意了他的请求，只有他没被牵连。元帝时担任光禄勋，去世后，没有儿子继承爵位。平帝元始年间，封金建的孙子金当为秺侯，奉祀金日磾。

当初与金日磾一同投降汉朝的金伦，字少卿，担任黄门郎。去世后，他的儿子金安上被封为列侯。

金安上字子侯，敦厚有智慧，宣帝很喜欢他。因参与揭发楚王刘延寿谋反的阴谋，宣帝赐其爵关内侯，食邑三百户。霍氏谋反时，金安上传令关上宫门，拒绝霍氏进入宫廷，宣帝封其为都成侯。官至建章卫尉，去世后，谥号为敬侯。

金安上有四个儿子——金常、金敞、金岑、金明。金岑、金明均担任诸曹中郎将，金常担任光禄大夫。元帝即位，金敞担任骑都尉光禄大夫，中郎将侍中。元帝驾崩后，按照西汉惯例，皇帝的近臣都要到皇陵担任园郎。王太后以其素有忠孝之名，令其侍奉成帝，担任奉车水衡都尉，官至卫尉。金敞为人正直，成帝左右的人都很畏惧他。金敞病重，成帝派使者问他还有什么要求，金敞将他的弟弟金岑托付给成帝。成帝任命金岑为使主客，并任命金敞的儿子金涉为侍中。

金敞有三个儿子——金涉、金参、金饶。金涉通晓经术，廉洁忠贞。成帝时担任侍中骑都尉，统领三辅胡越骑兵。哀帝即位后，金涉担任奉车都尉，官至长信少府。金参则经常出使匈奴，曾任匈奴中郎将，越骑校尉，关内都尉，安定、东海太守。金饶担任越骑校尉。

金涉的两个儿子——金汤、金融都担任侍中诸曹将大夫。金涉的堂弟金钦因明习经书而受到重用，担任太子门大夫。哀帝即位之后，担任太中大夫给事中。哀帝的祖母傅太后驾崩，金钦主管丧葬事务，因办理得当，被提拔为泰山、弘农太守，颇有威名。平帝即位后，被任命为大司马司

---

① 班固．汉书·卷68·金日磾传［M］．北京：中华书局，1962：2962．

直、京兆尹。平帝年幼，王莽为平帝选择师友，金钦被任命为光禄大夫侍中，秩中二千石，封都成侯。

王莽诛杀平帝的外戚卫氏一族后，召见明礼少府宗伯凤进宫说为人后之义，下令公卿、将军、侍中、朝臣们都去聆听，内劝厉平帝，外堵塞百姓的议论。王莽以金日磾、金钦侯爵失传为由，封金钦奉祀金安上，金当奉祀金日磾。金当上书大行封母亲南为太夫人。金钦又建议金当为自己的祖父、父亲立庙。书曰："诏书陈日磾功，亡有赏语。当名为以孙继祖也，自当为父、祖父立庙。赏故国君，使大夫主其祭。"① 金钦的建议明显违背了王莽所宣扬的为人后之义，甄邯趁机弹劾金钦："钦幸得以通经术，超擢侍帷幄，重蒙厚恩，封袭爵号，知圣朝以世有为人后之谊。前遭故定陶太后背本逆天，孝哀不获厥福，乃者吕宽、卫宝复造奸谋，至于反逆，咸伏厥辜。太皇太后惩艾悼惧，逆天之咎，非圣诬法，大乱之殃，诚欲奉承天心，遵明圣制，专壹为后之谊，以安天下之命，数临正殿，延见群臣，讲习《礼经》。孙继祖者，谓亡正统持重者也。赏见嗣日磾，后成为君，持大宗重，则《礼》所谓'尊祖故敬宗'，大宗不可以绝者也。钦自知与当俱拜同谊，即数扬言殿省中，教当云云。当即如其言，则钦亦欲为父明立庙而不入夷侯常庙矣。进退异言，颇惑众心，乱国大纲，开祸乱原，诬祖不孝，罪莫大焉。尤非大臣所宜，大不敬。秺侯当上母南为太夫人，失礼不敬。"② 王莽将此事交给四辅、公卿、大夫、博士、议郎处理。金钦被关进诏狱后，因不堪受辱自杀，而甄邯却"以纲纪国体，亡所阿私，忠孝尤著，益封千户"。③ 王莽铲除金钦后，为塞天下人之口，封长信少府金涉的儿子右曹金汤为都成侯。金汤受封之日，连家都不敢回了，"以明为人后之谊"。④ 金钦的弟弟金尊官至九卿，封侯。

金日磾虽然是匈奴人，但长期生活在汉地，受到汉族文化的熏陶，忠

---

① 班固. 汉书·卷68·金日磾传 [M]. 北京：中华书局，1962：2965.
② 班固. 汉书·卷68·金日磾传 [M]. 北京：中华书局，1962：2965.
③ 班固. 汉书·卷68·金日磾传 [M]. 北京：中华书局，1962：2966.
④ 班固. 汉书·卷68·金日磾传 [M]. 北京：中华书局，1962：2966.

孝敦厚，深得武帝信任，成为武帝托孤重臣。他清廉自守，淡泊名利，谨小慎微，从不争权夺利，家教甚严。其家族历经七朝，人才辈出，荣宠不衰，为巩固汉帝国的统治秩序以及各民族间的团结安定，做出了重要的贡献。班固评论道："金日磾夷狄亡国，羁虏汉庭，而以笃敬寤主，忠信自著，勒功上将，传国后嗣，世名忠孝，七世内侍，何其盛也！"①

---

① 班固. 汉书·卷68·金日磾传［M］. 北京：中华书局，1962：2967.

富平侯张安世

张安世（？—前62），字子孺，杜陵（今陕西西安）人，张汤之子，年少时被荫任为郎官。他善于书法、熟悉图书，勤勉尽职。武帝到河东巡游，丢失了三匣图书，只有张安世记得所失图书中的内容，并记录了下来。武帝欣赏他的才华，提拔他为尚书令，迁为光禄大夫。张安世一改其父刻薄张扬的行事风格，毕生奉公尽职、谨慎笃行、韬光养晦，屹立三朝（武、昭、宣）而不倒。

昭帝即位后，大将军霍光执政，对他颇为重用。车骑将军上官安、左将军上官桀、御史大夫桑弘羊与盖长公主、燕王刘旦因谋反被诛杀后，霍光奏请任命张安世为右将军光禄勋，作为自己的副手。昭帝下诏曰："右将军光禄勋安世辅政宿卫，肃敬不怠，十有三年，咸以康宁。夫亲亲任贤，唐虞之道也，其封安世为富平侯。"①

昭帝驾崩之后，大将军霍光禀告太后，任命张安世为车骑将军，一同拥立昌邑王。因为昌邑王试图架空霍光，霍光又与张安世密谋废黜昌邑王，尊立宣帝。宣帝即位，下诏益封张安世一万六百户。诏曰："夫褒有德，赏有功，古今之通义也。车骑将军光禄勋富平侯安世，宿卫忠正，宣德明恩，勤劳国家，守职秉义，以安宗庙，其益封万六百户，功次大将军

---

① 班固. 汉书·卷59·张汤传［M］. 北京：中华书局，1962：2647.

光。"① 张安世的儿子张千秋、张延寿、张彭祖，都担任中郎将侍中。

　　大将军霍光去世后，御史大夫魏相上奏宣帝，推荐张安世为大将军，其子张延寿为光禄勋。奏曰："圣王褒有德以怀万方，显有功以劝百寮，是以朝廷尊荣，天下乡风。国家承祖宗之业，制诸侯之重，新失大将军，宜宣章盛德以示天下，显明功臣以填藩国。毋空大位，以塞争权，所以安社稷绝未萌也。车骑将军安世事孝武皇帝三十余年，忠信谨厚，勤劳政事，夙夜不怠，与大将军定策，天下受其福，国家重臣也，宜尊其位，以为大将军，毋令领光禄勋事，使专精神，忧念天下，思惟得失。安世子延寿重厚，可以为光禄勋，领宿卫臣。"② 张安世听说之后，惧怕引起宣帝的猜忌，便去朝见宣帝。他脱冠叩头曰："老臣耳妄闻，言之为先事，不言情不达，诚自量不足以居大位，继大将军后。唯天子财哀，以全老臣之命。"③ 宣帝笑曰："君言泰谦。君而不可，尚谁可者！"④ 宣帝任命张安世为大司马车骑将军，兼领尚书事。几个月之后，废除车骑将军屯兵，又任命其为卫将军。张安世统领两宫卫尉、城门、北军兵，掌管了长安以及宫廷宿卫。

　　宣帝采用明升暗降之法，任命霍禹为大司马，但废除了右将军的屯兵。一年后，霍禹因谋反被夷灭宗族。张安世的孙女张敬是霍氏亲族的夫人，应当被连坐。张安世因恐惧而憔悴不堪。宣帝怜惜他，赦免了张敬。张安世以大司马领尚书事主政决策，以周密谨慎而著称，没有任何的纰漏。每次决策之后，便称病离开；听到诏令，假装大惊，派官吏到丞相府询问详细情况，所以朝廷大臣都不知道他参与决策。

　　张安世曾经推荐某人做官，此人前来酬谢，张安世非常生气地与此人断绝来往。有一个郎官功劳较大，但是没有升迁，请张安世为自己说项，

　① 班固．汉书·卷59·张汤传［M］．北京：中华书局，1962：2647—2648.
　② 班固．汉书·卷59·张汤传［M］．北京：中华书局，1962：2648.
　③ 班固．汉书·卷59·张汤传［M］．北京：中华书局，1962：2648.
　④ 班固．汉书·卷59·张汤传［M］．北京：中华书局，1962：2648.

张安世拒绝道："君之功高，明主所知。人臣执事，何长短而自言乎！"①
张安世的幕府长史升迁，向张安世辞行。张安世向他询问自己的过失，长
史建言："将军为明主股肱，而士无所进，论者以为讥。"② 张安世认为：
"明主在上，贤不肖较然，臣下自修而已，何知士而荐之？"③

张安世不仅谨慎事上，还宽以待下。在担任光禄勋的时候，有一个醉
酒的郎官在殿上小便，主事官坚持依法处理。张安世说："何以知其不反
水浆邪？如何以小过成罪！"④ 张安世上书宣帝，让自己的儿子张延寿出京
任职，宣帝任命张延寿为北地太守。一年之后，宣帝可怜张安世年老，又
任命张延寿为太仆、左曹。

张安世的哥哥张贺是卫太子的宾客，卫太子自杀后，他的宾客大都被
下令处死。在张安世的请求下，张贺虽然得以免死，却被处以宫刑，后担
任掖庭令。当时宣帝以皇曾孙的身份被收养在掖庭，张贺因为伤感卫太子
无辜，所以悉心抚养。皇曾孙长大后，张贺教他读书明理，以自家财物为
他聘娶了许平君。宣帝追思张贺的恩情，追封他为恩德侯，设置二百家为
其守墓。张贺的儿子早死，便过继了张安世的小儿子张彭祖。宣帝小时曾
与张彭祖同席读书，便赐爵关内侯。张安世不仅拒绝对于张贺的封赏，又
请求将守冢户数减少至三十户。宣帝下诏曰："其为故掖廷令张贺置守冢
三十家。"⑤ 明年，宣帝又下诏曰："朕微眇时，故掖廷令张贺辅道朕躬，
修文学经术，恩惠卓异，厥功茂焉。《诗》云：'无言不雠，无德不报'其
封贺弟子侍中关内侯彭祖为阳都侯，赐贺谥曰阳都哀侯。"⑥ 张贺有一个七
岁的孙子张霸，被任命为散骑中郎将，赐爵关内侯，食邑三百户。张安世
认为父子封侯太过显赫，于是上书辞去俸禄。

---

① 班固．汉书·卷59·张汤传［M］．北京：中华书局，1962：2650.
② 班固．汉书·卷59·张汤传［M］．北京：中华书局，1962：2650.
③ 班固．汉书·卷59·张汤传［M］．北京：中华书局，1962：2650.
④ 班固．汉书·卷59·张汤传［M］．北京：中华书局，1962：2650.
⑤ 班固．汉书·卷59·张汤传［M］．北京：中华书局，1962：2651.
⑥ 班固．汉书·卷59·张汤传［M］．北京：中华书局，1962：2651—2652.

张安世极善理财，贵为公侯，食邑万户，但是身穿黑绨，他的夫人亲自纺绩。家奴七百人，经营产业，比大将军霍光还要富裕。

元康四年（前62年）春，张安世病重，上疏宣帝归还侯爵。宣帝拒绝道："将军年老被病，朕甚闵之。虽不能视事，折冲万里，君先帝大臣，明于治乱，朕所不及，得数问焉，何感而上书归卫将军富平侯印？薄朕忘故，非所望也！愿将军强餐食，近医药，专精神，以辅天年。"[1] 张安世不得已勉强处理政事，秋天去世。宣帝赠以印绶，以战车甲士送葬，谥号为敬侯。他的儿子张延寿嗣侯。

张延寿嗣侯之后，封国在陈留，一部分食邑在魏郡，租税收入每年达千余万。张延寿认为自己没有功德，数次上书请求减少封邑。宣帝认为张延寿有谦让之德，于是徙封平原郡，将所有的封邑合并为一国，食邑户不变，租税减半。张延寿去世后，谥号为爱侯。其子张勃嗣侯，担任散骑谏大夫。

元帝即位后，下诏列侯举茂材，张勃推举太官献丞陈汤。陈汤有罪，张勃受到牵连，被削除二百户。张勃去世后，谥号为缪侯。他的儿子张临嗣侯。

张临娶敬武公主。张临俭朴谦虚，每次登上阁殿都会感叹道："桑、霍为我戒，岂不厚哉！"[2] 临终前，将财产都送给故旧宗族，遗令薄葬，不起坟。去世后，他的儿子张放嗣侯。

鸿嘉年间，张放因为才思敏捷得到成帝的宠信。张放迎娶许皇后的弟弟平恩侯许嘉的女儿时，成帝赏赐甲第住宅以及大量的皇家器物服饰，号称天子娶妇，皇后嫁女。成帝任命张放担任侍中中郎将，监平乐屯兵，设置幕府，礼仪比于将军。

成帝的舅舅们忌恨张放受宠，经常在王太后面前诋毁他。每次发生灾异，大臣们便将此归咎于张放等人。于是丞相薛宣、御史大夫翟方进

---

① 班固.汉书·卷59·张汤传［M］.北京：中华书局，1962：2653.
② 班固.汉书·卷59·张汤传［M］.北京：中华书局，1962：2654.

奏曰：

放骄蹇纵恣，奢淫不制。前侍御史修等四人奉使至放家逐名捕贼，时放见在，奴从者闭门设兵弩射吏，距使者不肯内。知男子李游君欲献女，使乐府音监景武强求不得，使奴康等之其家，贼伤三人。又以县官事怨乐府游徼莽，而使大奴骏等四十余人群党盛兵弩，白昼入乐府攻射官寺，缚束长吏子弟，斫破器物，宫中皆犇走伏匿。莽自髡钳，衣赭衣，及守令史调等皆徒跣叩头谢放，放乃止。奴从者支属并乘权势为暴虐，至求吏妻不得，杀其夫，或患一人，妄杀其亲属，辄亡入放弟，不得，幸得勿治。放行轻薄，连犯大恶，有感动阴阳之咎，为臣不忠首，罪名虽显，前蒙恩。骄逸悖理，与背畔无异，臣子之恶，莫大于是，不宜宿卫在位。臣请免放归国，以销众邪之萌，厌海内之心。①

张放去世后，他的儿子张纯嗣侯。张纯恭敬俭约，熟悉汉家制度，颇有其祖张安世的遗风。建武年间官至大司空，刘秀将富平的武始乡封给张纯。

成帝年间，张安世的长子张千秋与霍光的儿子霍禹均担任中郎将，率兵跟随度辽将军范明友出击乌桓骑兵。回朝之后，大将军霍光询问张千秋乌桓山川、战斗形势，张千秋在地上画出地图，介绍战事，没有遗漏。霍光又问霍禹，霍禹答曰："皆有文书。"② 霍光感叹说："霍氏世衰，张氏兴矣！"③

张安世辅佐昭帝、宣帝的二十余年间，政治清明、百姓殷富、边境安宁。与霍光锋芒毕露、贪恃权势、睚眦必报不同，张安世知进退，匿名迹，远权势，居功不傲，深得三朝皇帝的信任。张安世善于教导子孙，张氏家族得以长盛不衰，"自宣、元以来为侍中、中常侍、诸曹散骑、列校

---

① 班固. 汉书·卷59·张汤传 [M]. 北京：中华书局，1962：2655.
② 班固. 汉书·卷59·张汤传 [M]. 北京：中华书局，1962：2657.
③ 班固. 汉书·卷59·张汤传 [M]. 北京：中华书局，1962：2657.

尉者凡十余人。功臣之世，唯有金氏、张氏，亲近宠贵，比于外戚"。① 安帝永初三年（109 年），张吉去世，无子国除。张氏前后传爵九代，历时一百八十余年。

---

① 班固．汉书·卷 59·张汤传［M］．北京：中华书局，1962：2657.

营平侯赵充国

赵充国（前137—前52），字翁孙，祖籍陇西上邽（今甘肃天水），后徙金城令居（今甘肃永登）。以六郡良家子弟，善于骑射，被编入羽林卫士。为人沉着勇敢，有谋略，通晓民族事务。

武帝时，赵充国以假司马的身份跟随贰师将军李广利出击匈奴，被匈奴骑兵重重围困。赵充国与一百多名骑兵作为先锋，突出重围，贰师将军李广利率兵跟随，于是得以脱围。李广利将情况上奏武帝，武帝亲自接见赵充国，任命他为中郎，后来升任车骑将军长史。

昭帝时，武都郡的氐人部落起兵，赵充国时任大将军、护军都尉，率兵出击，升任中郎将，率兵屯驻上谷，回到长安后担任水衡都尉。率军出击匈奴，俘获了匈奴西祁王，被提拔为后将军，兼领水衡都尉。

赵充国与大将军霍光拥立宣帝，以定策之功被封为营平侯。本始年间，担任蒲类将军，率三万骑兵讨伐匈奴，斩捕数百名匈奴骑兵，回到长安后担任后将军、少府。匈奴单于集结了十几万骑兵南下，到达符奚庐山，想要大举入侵。从匈奴逃亡的题除渠堂投降汉朝，并说出了匈奴单于的军事部署，汉朝派遣赵充国率领四万骑兵屯驻于边境的九个郡。匈奴单于听闻后，率军退去。

恰逢光禄大夫义渠安国出使羌族各部落，先零部的酋长希望在合适的时候渡过湟水北岸，到汉民还没有耕作的地方放牧。义渠安国擅自允诺后，向汉宣帝禀报。赵充国弹劾义渠安国犯不敬罪。随后，羌人渡过湟水，郡县不能阻止。元康三年（前63年），先零部落与各羌部落订立盟约，形成了一股强大的军事力量。宣帝询问赵充国应对之策，赵充国曰："羌人所以易制者，以其种自有豪，数相攻击，势不壹也。往三十余岁，西羌反时，亦先解仇合约攻令居，与汉相距，五六年乃定。至征和五年，先零豪封煎等通使匈奴，匈奴使人至小月氏，传告诸羌曰：'汉贰师将军众十余万人降匈奴，羌人为汉事苦。张掖、酒泉本我地，地肥美，可共击居之。'以此观匈奴欲与羌合，非一世也。间者匈奴困于西方，闻乌桓来保塞，恐兵复从东方起，数使使尉黎、危须诸国，设以子女貂裘，欲沮解之。其计不合。疑匈奴更遣使至羌中，道从沙阴地，出盐泽，过长坑，入穷水塞，南抵属国，与先零相直。臣恐羌变未止此，且复结联他种，宜及未然为之备"。① 一月之后，羌侯狼何果然派遣使者到匈奴去借兵，想要攻击鄯善、敦煌，"'羌''胡''合兵'形成的军事威胁可能直接导致'河西地空''河西四郡危'，丝绸之路交通形势当然会受到影响"。② 赵充国提出，必须派遣使者率领兵马监视诸羌部落，"狼何小月氏种在阳关西南，势不能独造此计，疑匈奴使已至羌中，先零、罕、开乃解仇作约。到秋马肥，变必起矣。宜遣使者行边兵豫为备，敕视诸羌，毋令解仇，以发觉其谋"。③ 宣帝任用好为大言的义渠安国作为使者监视诸羌。义渠安国到达后，马上斩杀了与匈奴勾通的先零等部落的首领三十多人，并率兵攻打他们的部落。义渠安国肆意杀戮的举措，导致了羌部落以及归义羌侯杨玉等人的恐惧，他们胁迫弱小的部落侵犯边塞，攻打城邑，杀死郡县长官，动摇了西汉对西羌的统治。义渠安国以骑都尉的身份率领三千骑兵出击羌兵，他们在浩亹被羌兵击败，损失了很多的辎重、兵器。义渠安国率兵退守令居。

当时赵充国已经七十多岁了，宣帝派御史大夫丙吉问谁可以领兵时，

① 班固. 汉书·卷69·赵充国传 [M]. 北京：中华书局，1962：2972—2973.
② 王子今. 赵充国击羌与丝绸之路交通保障 [J]. 甘肃社会科学，2020（2）：63—64.
③ 班固. 汉书·卷69·赵充国传 [M]. 北京：中华书局，1962：2973.

赵充国毛遂自荐曰："亡踰于老臣者矣。"宣帝派使者询问曰："将军度羌
虏何如？当用几人？"① 赵充国谨慎地说："百闻不如一见。兵难隃度，臣
愿驰至金城，图上方略。然羌戎小夷，逆天背畔，灭亡不久，愿陛下以属
老臣，勿以为忧。"②

　　赵充国到达金城后，用兵极为谨慎，在夜里派遣三个校的兵力，兵马
衔枚悄无声息地渡过黄河，在黄河岸边建筑营垒。等到天明的时候，赵充
国率主力渡过黄河。期间有小股羌骑兵往来于大军附近。赵充国令大军不
要贪图小利而出击，曰："吾士马新倦，不可驰逐。此皆骁骑难制，又恐
其为诱兵也。击虏以殄灭为期，小利不足贪。"③ 赵充国率兵夜至落都山，
召集军中的校尉司马，曰："吾知羌虏不能为兵矣。使虏发数千人守杜四
望狭中，兵岂得入哉！"④ 赵充国利用羌兵急于求战的心态，步步为营，非
常注重派遣骑兵进行侦察，先谋后动。羌兵数次挑战，赵充国均坚守而
不出。

　　赵充国的儿子右曹中郎将赵卬率领期门佽飞、羽林孤儿、胡越骑兵作
为分支部队驻守令居。羌兵四出断绝汉军粮道，宣帝诏令赵卬率领八校尉
与骁骑都尉、金城太守出击羌兵，疏通道路，占领黄河渡口。

　　罕、开部落的首领靡当儿派弟弟雕库告诉都尉，先零羌想要造反，过
了几天，先零羌果然反叛。由于雕库部落的很多人在先零部落中，都尉扣
留雕库作为人质。赵充国将雕库放回，让他告诉诸羌部落的首领："大兵
诛有罪者，明白自别，毋取并灭。天子告诸羌人，犯法者能相捕斩，除
罪。斩大豪有罪者一人，赐钱四十万，中豪十五万，下豪二万，大男三
千，女子及老小千钱，又以其所捕妻子财物尽与之。"⑤ 赵充国试图以利诱
诸羌部落相互攻杀，瓦解诸羌部落的联盟。

---

① 班固. 汉书·卷69·赵充国传［M］. 北京：中华书局，1962：2975.
② 班固. 汉书·卷69·赵充国传［M］. 北京：中华书局，1962：2975.
③ 班固. 汉书·卷69·赵充国传［M］. 北京：中华书局，1962：2975.
④ 班固. 汉书·卷69·赵充国传［M］. 北京：中华书局，1962：2976.
⑤ 班固. 汉书·卷69·赵充国传［M］. 北京：中华书局，1962：2977.

宣帝征发三辅、太常的弛刑徒，三河、颍川、沛郡、淮阳、汝南的材官，金城、陇西、天水、安定、北地、上郡的汉骑兵、羌骑兵，与武威、张掖、酒泉太守统领的军队，共计六万大军，准备围攻羌人。酒泉太守辛武贤上书曰："郡兵皆屯备南山，北边空虚，势不可久。或曰至秋冬乃进兵，此虏在竟外之册。今虏朝夕为寇，土地寒苦，汉马不能冬，屯兵在武威、张掖、酒泉万骑以上，皆多羸瘦。可益马食，以七月上旬赍三十日粮，分兵并出张掖、酒泉，合击罕、开在鲜水上者。虏以畜产为命，今皆离散，兵即分出，虽不能尽诛，宣夺其畜产，虏其妻子。复引兵还，冬复击之，大兵仍出，虏必震坏。"①

宣帝将辛武贤的上书交给赵充国，让他与校尉以下的军官商量。赵充国与长史董通年认为，辛武贤的计策是不现实的，建议擒贼先擒王，即先攻击诸羌中实力最为强大的先零部落："武贤欲轻引万骑，分为两道出张掖，回远千里。以一马自佗负三十日食，为米二斛四斗，麦八斛，又有衣装兵器，难以追逐。勤劳而至，虏必商军进退，稍引去，逐水草，入山林，随而深入，虏即据前险，守后阸，以绝粮道，必有伤危之忧，为夷狄笑，千载不可复。而武贤以为可夺其畜产，虏其妻子，此殆空言，非至计也。又武威县、张掖日勒皆当北塞，有通谷水草。臣恐匈奴与羌有谋，且欲大入，幸能要杜张掖、酒泉以绝西域，其郡兵尤不可发。先零首为畔逆，它种劫略，故臣愚册，欲捐罕、开暗昧之过，隐而勿章，先行先零之诛以震动之，宜悔过反善，因赦其罪，选择良吏知其俗者抚循和辑，此全师保胜安边之册。"② 公卿大臣们则认为先零之所以兵马强盛，是依靠罕、开的援助，因此坚持先剪除罕、开的势力。

辛武贤的计策迎合了宣帝与公卿大臣们急于求战的心态，宣帝于是任命侍中乐成侯许延寿为强弩将军，负责平羌事务，又任命酒泉太守辛武贤为破羌将军。宣帝下诏责备赵充国：

---

① 班固．汉书·卷69·赵充国传［M］．北京：中华书局，1962：2977.
② 班固．汉书·卷69·赵充国传［M］．北京：中华书局，1962：2978.

皇帝问后将军，甚苦暴露。将军计欲至正月乃击罕羌，羌人当获麦，已远其妻子，精兵万人欲为酒泉、敦煌寇。边兵少，民守保不得田作。今张掖以东粟石百余，刍槁束数十。转输并起，百姓烦扰。将军将万余之众，不早及秋共水草之利争其畜食，欲至冬，虏皆当畜食，多藏匿山中依险阻，将军士寒，手足皲瘃，宁有利哉？将军不念中国之费，欲以岁数而胜微，将军谁不乐此者！

今诏破羌将军武贤将兵六千一百人，敦煌太守快将二千人，长水校尉富昌、酒泉侯奉世将婼、月氏兵四千人，亡虑万二千人。赍三十日食，以七月二十二日击罕羌，入鲜水北句廉上，去酒泉八百里，去将军可千二百里。将军其引兵便道西并进，虽不相及，使虏闻东方北方兵并来，分散其心意，离其党与，虽不能殄灭，当有瓦解者。已诏中郎将卬将胡越俅飞射士步兵二校尉，益将军兵。

今五星出东方，中国大利，蛮夷大败。太白出高，用兵深入敢战者吉，弗敢战者凶。将军急装，因天时，诛不义，万下必全，勿复有疑。①

赵充国收到宣帝的诏书后，上书陈述千里奔袭的弊害，苦劝宣帝千万不要率先攻打罕、开二部：

臣窃见骑都尉安国前幸赐书，择羌人可使使罕，谕告以大军当至，汉不诛罕，以解其谋。恩泽甚厚，非臣下所能及。臣独私美陛下盛德至计亡已，故遣开豪雕库宣天子至德，罕、开之属皆闻知明诏。今先零羌杨玉将骑四千及煎巩骑五千，阻石山木，候便为寇，罕羌未有所犯。今置先零，先击罕，释有罪，诛亡辜，起壹难，就两害，诚非陛下本计也。

臣闻兵法"攻不足者守有余"，又曰"善战者致人，不致于人"。今罕羌欲为敦煌、酒泉寇，饬兵马，练战士，以须其至，坐得致敌之术，以逸击劳，取胜之道也。今恐二郡兵少不足以守，而发之行攻，释致虏之术而从为虏所致之道，臣愚以为不便。先零羌虏欲为背畔，故与罕、开解仇结

---

① 班固. 汉书·卷69·赵充国传 [M]. 北京：中华书局，1962：2980—2981.

约，然其私心不能亡恐汉兵至而罕、开背之也。臣愚以为其计常欲先赴罕、开之急，以坚其约，先击罕羌，先零必助之。今虏马肥，粮食方饶，击之恐不能伤害，适使先零得施德于罕羌，坚其约，合其党。虏交坚党合，精兵二万余人，迫胁诸小种，附著者稍众，莫须之属不轻得离也。如是，虏兵寝多，诛之用力数倍，臣恐国家忧累缘十年数，不二三岁而已。

臣得蒙天子厚恩，父子俱为显列。臣位至上卿，爵为列侯，犬马之齿七十六，为明诏填沟壑，死骨不朽，亡所顾念。独思惟兵利害至孰悉也，于臣之计，先诛先零已，则罕、开之属不烦兵而服矣。先零已诛，而罕、开不服，涉正月击之，得计之理，又其时也。以今进兵，诚不见其利，唯陛下裁察。①

宣帝赐玺书给赵充国，同意了他的计策。

赵充国率兵到达先零羌旧地。羌兵在此地屯聚已久，见到赵充国的大军后，便放弃了车辆辎重，想要渡过湟水。道路狭窄，赵充国就缓慢行军追赶敌人。赵充国说："此穷寇不可迫也。缓之则走不顾，急之则还致死。"② 羌兵渡水溺死者有数百人，投降及被斩首五百多人，俘获马牛羊十几万头，兵车四千多辆。赵充国率兵到达罕羌之地，令将士们不要烧毁羌民的村落，不得在羌人耕种的田地中割草放牧。罕羌人听说后，喜曰："汉果不击我矣！"③ 其首领靡忘派人来言："愿得还复故地。"④ 靡忘亲自归降，赵充国赐给他饮食，送他回去告谕部落的人。护军以下的军官都反对说："此反虏，不可擅遣。"⑤ 赵充国说："诸君但欲便文自营，非为公家忠计也。"⑥ 恰逢宣帝的玺书到达，命令将靡忘赎罪论处。

秋天，赵充国生病，宣帝赐其诏书曰："制诏后将军：闻苦脚胫、寒

① 班固．汉书·卷69·赵充国传［M］．北京：中华书局，1962：2981—2983.
② 班固．汉书·卷69·赵充国传［M］．北京：中华书局，1962：2983.
③ 班固．汉书·卷69·赵充国传［M］．北京：中华书局，1962：2983.
④ 班固．汉书·卷69·赵充国传［M］．北京：中华书局，1962：2983.
⑤ 班固．汉书·卷69·赵充国传［M］．北京：中华书局，1962：2983.
⑥ 班固．汉书·卷69·赵充国传［M］．北京：中华书局，1962：2983.

泄，将军年老加疾，一朝之变不可讳，朕甚忧之。今诏破羌将军诣屯所，
为将军副，急因天时大利，吏士锐气，以十二月击先零羌。即疾剧，留屯
毋行，独遣破羌、强弩将军。"① 当时投降的羌兵有一万多人，赵充国上书
建议撤回骑兵在湟中进行屯田，采用持久战，等待其困弊，一举进兵。奏
书还没有送走，宣帝进兵的诏书便到了。中郎将赵卬惧怕，派宾客劝谏赵
充国遵从宣帝进兵的旨意。宾客曰："诚令兵出，破军杀将以倾国家，将
军守之可也。即利与病，又何足争？一旦不合上意，遣绣衣来责将军，将
军之身不能自保，何国家之安？"② 赵充国坚持自己的屯田之议："是何言
之不忠也！本用吾言，羌虏得至是邪？往者举可先行羌者，吾举辛武贤，
丞相御史复白遣义渠安国，竟沮败羌。金城、湟中谷斛八钱，吾谓耿中
丞，籴二百万斛谷，羌人不敢动矣。耿中丞请籴百万斛，乃得四十万斛
耳。义渠再使，且费其半。失此二册，羌人故敢为逆。失之豪氂，差以千
里，是既然矣。今兵久不决，四夷卒有动摇，相因而起，虽有知者不能善
其后，羌独足忧邪！吾固以死守之，明主可为忠言。"③ 赵充国在屯田策中
具体阐明在湟中屯田的好处，称其不仅可消除天下徭役，还可充实巩固新
占领的湟中地区，从经济上削弱羌兵。奏曰：

　　臣闻兵者，所以明德除害也，故举得于外，则福生于内，不可不慎。
臣所将吏士马牛食，月用粮谷十九万九千六百三十斛，盐千六百九十三
斛，茭槁二十五万二百八十六石。难久不解，繇役不息，又恐它夷卒有不
虞之变，相因并起，为明主忧，诚非素定庙胜之册。且羌虏易以计破，难
用兵碎也，故臣愚以为击之不便。

　　计度临羌东至浩亹，羌虏故田及公田，民所未垦，可二千顷以上，其
间邮亭多坏败者。臣前部士入山，伐材木大小六万余枚，皆在水次。愿罢
骑兵，留弛刑应募，及淮阳、汝南步兵与吏私从者，合凡万二百八十一

① 班固. 汉书·卷69·赵充国传 [M]. 北京：中华书局，1962：2984.
② 班固. 汉书·卷69·赵充国传 [M]. 北京：中华书局，1962：2984.
③ 班固. 汉书·卷69·赵充国传 [M]. 北京：中华书局，1962：2984.

人，用谷月二万七千三百六十三斛，盐三百八斛，分屯要害处。冰解漕下，缮乡亭，浚沟渠，治湟狭以西道桥七十所，令可至鲜水左右。田事出，赋人二十晦。至四月草生，发郡骑及属国胡骑伉健各千，倅马什二，就草，为田者游兵。以充入金城郡，益积畜，省大费。今大司农所转谷至者，足支万人一岁食。谨上田处及器用簿，唯陛下裁许。①

宣帝下诏曰："言欲罢骑兵万人留田，即如将军之计，虏当何时伏诛? 兵当何时得决? 熟计其便，复奏。"② 赵充国再次上书阐明了屯田的十二种好处。书曰：

臣闻帝王之兵，以全取胜，是以贵谋而贱战。战而百胜，非善之善者也，故先为不可胜以待敌之可胜。蛮夷习俗虽殊于礼义之国，然其欲避害就利，爱亲戚，畏死亡，一也。今虏亡其美地荐草，愁于寄托远遁，骨肉离心，人有畔志，而明主般师罢兵，万人留田，顺天时，因地利，以待可胜之虏，虽未即伏辜，兵决可期月而望。羌虏瓦解，前后降者万七百余人，及受言去者凡七十辈，此坐支解羌虏之具也。

臣谨条不出兵留田便宜十二事：步兵九校，吏士万人，留屯以为武备，因田致谷，威德并行，一也。又因排折羌虏，令不得归肥饶之墬，贫破其众，以成羌虏相畔之渐，二也。居民得并田作，不失农业，三也。军马一月之食，度支田士一岁，罢骑兵以省大费，四也。至春省甲士卒，循河湟漕谷至临羌，以际羌虏，扬威武，传世折冲之具，五也。以闲暇时下所伐材，缮治邮亭，充入金城，六也。兵出，乘危徼幸，不出，令反畔之虏窜于风寒之地，离霜露疾疫瘃堕之患，坐得必胜之道，七也。亡经阻远追死伤之害，八也。内不损威武之重，外不令虏得乘间之势，九也。又亡惊动河南大开、小开使生它变之忧，十也。治湟狭中道桥，令可至鲜水，以制西域，信威千里，从枕席上过师，十一也。大费既省，繇役豫息，以

---

① 班固. 汉书·卷69·赵充国传［M］. 北京：中华书局，1962：2985—2986.

② 班固. 汉书·卷69·赵充国传［M］. 北京：中华书局，1962：2986.

戒不虞，十二也。留屯田得十二便，出兵失十二利。臣充国材下，犬马齿衰，不识长册，唯明诏博详公卿议臣采择。①

所谓"留田便宜十二事"，"实际上是赵充国平息羌乱的整体方略，并不仅仅限于解决大军的后勤补给问题，其目的是希望通过留屯坚守来促成西羌经济的衰败、内部矛盾激化，最终实现西部边疆的长治久安"。② 宣帝又忧虑大军撤退之后，羌兵卷土重来，袭击屯田者，杀掠百姓。赵充国又上奏说，只要留下一万士兵屯田，修筑好壁垒壕沟、瞭望木楼，足以抵御羌兵各部。奏曰：

臣闻兵以计为本，故多算胜少算。先零羌精兵今余不过七八千人，失地远客，分散饥冻。罕、开、莫须又颇暴略其赢弱畜产，畔还者不绝，皆闻天子明令相捕斩之赏。臣愚以为虏破坏可日月冀，远在来春，故曰兵决可期月而望。窃见北边自敦煌至辽东万一千五百余里，乘塞列隧有吏卒数千人，虏数大众攻之而不能害。今留步士万人屯田，地势平易，多高山远望之便，部曲相保，为堑垒木樵，校联不绝，便兵弩，饬斗具。烽火幸通，势及并力，以逸待劳，兵之利者也。臣愚以为屯田内有亡费之利，外有守御之备。骑兵虽罢，虏见万人留田为必禽之具，其土崩归德，宜不久矣。从今尽三月，虏马赢瘦，必不敢捐其妻子于他种中，远涉河山而来为寇。又见屯田之士精兵万人，终不敢复将其累重还故地。是臣之愚计，所以度虏且必瓦解其处，不战而自破之册也。至于虏小寇盗，时杀人民，其原未可卒禁。臣闻战不必胜，不苟接刃；攻不必取，不苟劳众。诚令兵出，虽不能灭先零，亶能令虏绝不为小寇，则出兵可也。即今同是而释坐胜之道，从乘危之势，往终不见利，空内自罢敝，贬重而自损，非所以视蛮夷也。又大兵一出，还不可复留，湟中亦未可空，如是，繇役复发也。

① 班固．汉书·卷69·赵充国传［M］．北京：中华书局，1962：2987—2988.

② 李大龙．"屯田"并非赵充国治羌政策的核心内容［J］．中国边疆史地研究，2010（4）：18.

且匈奴不可不备，乌桓不可不忧。今久转运烦费，倾我不虞之用以澹一隅，臣愚以为不便。校尉临众幸得承威德，奉厚币，拊循众羌，谕以明诏，宜皆乡风。虽其前辞尝曰"得亡效五年"，宜亡它心，不足以故出兵。

臣窃自惟念，奉诏出塞，引军远击，穷天子之精兵，散车甲于山野，虽亡尺寸之功，犹得避慊之便，而亡后咎余责，此人臣不忠之利，非明主社稷之福也。臣幸得奋精兵，讨不义，久留天诛，罪当万死。陛下宽仁，未忍加诛，令臣数得孰计。愚臣伏计孰甚，不敢避斧钺之诛，昧死陈愚，唯陛下省察。①

宣帝每次都将赵充国的奏章交给公卿大臣们讨论，赞同赵充国计策的人从最初的十分之三最后达到十分之八。丞相魏相不得不承认："臣愚不习兵事利害，后将军数画军册，其言常是，臣任其计可必用也。"② 宣帝最终同意在湟中屯田，诏曰："皇帝问后将军，上书言羌虏可胜之道，今听将军，将军计善。其上留屯田及当罢者人马数。将军强食，慎兵事，自爱！"③ 但是宣帝始终不放心湟中地区的安全，下诏破羌将军辛武贤、强弩将军许延寿、中郎将赵卬共同出击羌人。强弩将军许延寿降服了四千羌兵，破羌将军辛武贤斩杀了两千羌兵，中郎将赵卬斩杀降服了两千羌兵，赵充国又降服了五千羌兵。宣帝下诏撤军，只留下赵充国在湟中屯田。

次年五月，赵充国以反叛羌兵主力已经被消灭为由提出："羌本可五万人军，凡斩首七千六百级，降者三万一千二百人，溺河湟饥饿死者五六千人，定计遗脱与煎巩、黄羝俱亡者不过四千人。羌靡忘等自诡必得，请罢屯兵。"④ 宣帝同意后，赵充国率兵凯旋。

赵充国以国家大义为重，不阿从权贵。他的好友浩星赐劝他将击败羌兵的功劳归于宣帝宠信的外戚强弩将军许延寿以及破羌将军辛武贤。浩星

① 班固. 汉书·卷69·赵充国传［M］. 北京：中华书局，1962：2989—2990.
② 班固. 汉书·卷69·赵充国传［M］. 北京：中华书局，1962：2990—2991.
③ 班固. 汉书·卷69·赵充国传［M］. 北京：中华书局，1962：2992.
④ 班固. 汉书·卷69·赵充国传［M］. 北京：中华书局，1962：2992.

赐曰：“众人皆以破羌、强弩出击，多斩首获降，虏以破坏。然有识者以为虏势穷困，兵虽不出，必自服矣。将军即见，宜归功于二将军出击，非愚臣所及。如此，将军计未失也”①。赵充国断然拒绝道：“吾年老矣，爵位已极，岂嫌伐一时事以欺明主哉！兵势，国之大事，当为后法。老臣不以余命壹为陛下明言兵之利害，卒死，谁当复言之者？”② 宣帝罢免破羌将军辛武贤，任命赵充国担任后将军兼卫尉。

同年秋天，若零、离留、且种、儿库四个羌族部落共同出兵，斩杀了先零部的首领犹非、杨玉，羌部落首领弟泽、阳雕、良儿、靡忘率部众四千多人投降了汉朝。宣帝封若零、弟泽二人为帅众王，离留、且种二人为侯，儿库为君，阳雕为言兵侯，良儿为君，靡忘为献牛君。设置金城属国来安置这些投降的羌兵。

宣帝下诏命公卿大臣举荐能够担任护羌校尉的人，公卿们举荐辛武贤的小弟弟辛汤。赵充国上奏：“汤使酒，不可典蛮夷。不如汤兄临众。”③ 宣帝便下诏重新任用辛汤的哥哥辛临众。辛临众因病被免官后，公卿们再次举荐辛汤。辛汤因醉酒而激怒了羌人，羌人再次反叛。

破羌将军辛武贤在军中时曾与中郎将赵卬闲聊。赵卬说：“车骑将军张安世始尝不快上，上欲诛之，卬家将军以为安世本持橐簪笔，事孝武帝数十年，见谓忠谨，宜全度之。安世用是得免。”④ 后来辛武贤因赵充国上书而被贬任酒泉郡守，便心怀怨恨，上书告发赵卬泄露宫廷秘密。赵卬后来因闯入赵充国幕府扰乱屯兵被治罪，最终自杀。

赵充国请求辞官，宣帝赐给他安车驷马，六十斤黄金。朝廷关于边疆问题的讨论，常常请他参与谋划。甘露二年（前52年）去世，谥号为壮侯。其侯爵传子至孙赵钦，赵钦娶敬武公主。公主没有儿子，便教唆赵钦的良人习将别人之子冒充己子。赵钦去世后，赵岑继承了侯爵，习成为太

① 班固. 汉书·卷69·赵充国传 [M]. 北京：中华书局，1962：2992.
② 班固. 汉书·卷69·赵充国传 [M]. 北京：中华书局，1962：2992.
③ 班固. 汉书·卷69·赵充国传 [M]. 北京：中华书局，1962：2993.
④ 班固. 汉书·卷69·赵充国传 [M]. 北京：中华书局，1962：2993—2994.

夫人。赵岑的亲生父母不断索求钱财，以致怀恨告发此事。赵岑因不是赵钦的亲生儿子而被免除侯爵。平帝元始中，封赵充国的曾孙赵伋为营平侯。

宣帝时，赵充国因为功德与霍光相当，其图像被陈列在未央宫中。成帝时，西羌发生警报，成帝召黄门郎扬雄在赵充国的画像旁题写道：

> 明灵惟宣，戎有先零。先零昌狂，侵汉西疆。汉命虎臣，惟后将军，整我六师，是讨是震。既临其域，谕以威德，有守矜功，谓之弗克。请奋其旅，于罕之羌，天子命我，从之鲜阳。营平守节，娄奏封章，料敌制胜，威谋靡亢。遂克西戎，还师于京，鬼方宾服，罔有不庭。昔周之宣，有方有虎，诗人歌功，乃列于《雅》。在汉中兴，充国作武，赳赳桓桓，亦绍厥后。①

赵充国以古稀之龄率军西征，针对羌骑兵机动性强、战力强悍的特点，稳扎稳打，采取坚壁清野、分化瓦解、笼络人心、拉拢上层、招降为主等策略。倡议屯田，一方面，解决了军队的后勤补给；另一方面，占据河湟谷地的肥沃之地，削弱西羌的经济实力，以最小的代价使西羌归服，维护了汉帝国的统一。其和平羁縻的民族政策为后世所效法。其重国家大义、轻个人私利的高尚品德、远大的政治眼光、坚持真理的气节，为后世所景仰。

---

① 班固. 汉书·卷69·赵充国传 [M]. 北京：中华书局，1962：2995.

义成侯甘延寿

甘延寿（？—前25），字君况，北地郁郅（今甘肃庆城县）人。初以良家子，善于骑射被选入羽林军中，后升为郎官。又因搏斗优异，入选期门。由车骑将军许嘉推荐，担任郎中谏大夫，后担任西域都护骑都尉。

宣帝时，匈奴内乱，郅支单于与呼韩邪单于为了获得汉帝国的支持，都派遣自己的儿子到长安做人质。后来呼韩邪单于来到长安朝见元帝并称臣，郅支单于乘机率骑兵袭取了匈奴西方的土地，又攻取了西方的呼偈、坚昆、丁令三部，实力大增。初元四年（前45年），郅支单于派遣使节进贡，并表示愿意内附汉朝，但条件是带走在长安做侍子的儿子。朝廷商议派遣卫司马谷吉去护送使者以及侍子。御史大夫贡禹、博士匡衡认为，《春秋》之义"许夷狄者不壹而足"，① 郅支单于并未归于王化，而且距汉遥远，难以控制，应该令使者将其子送至边界。谷吉上书言："中国与夷狄有羁縻不绝之义，今既养全其子十年，德泽甚厚，空绝而不送，近从塞还，示弃捐不畜，使无乡从之心。弃前恩，立后怨，不便。议者见前江乃始无应敌之数，知勇俱困，以致耻辱。即豫为臣忧。臣幸得建强汉之节，承明圣之诏，宣谕厚恩，不宜敢桀。若怀禽兽，加无道于臣，则单于长婴大罪，必遁逃远舍，不敢近边。没一使以安百姓，国之计，臣之愿也。愿

---

① 班固. 汉书·卷70·傅常郑甘陈段传［M］. 北京：中华书局，1962：3008.

送至庭。"① 元帝将谷吉的上书交给群臣讨论，贡禹坚持认为谷吉前往一定会招惹事端。果如贡禹、匡衡所料，郅支单于怒杀谷吉等人。

呼韩邪单于得到了汉的支持，兵锋日盛，郅支单于为了避其锋芒，率军西至康居，与康居互为犄角，共抗汉朝。康居王将女儿嫁给郅支单于，郅支单于也将女儿嫁给康居王。郅支单于数次向康居王借兵出击乌孙，在西方拓地千里。后来，郅支单于因为没有得到康居王的礼遇，便怒杀了康居王的女儿及贵人、民众数百人。后又派遣使者向阖苏、大宛等西域国家征收财物。汉朝三次派遣使者到达康居，索要谷吉等人的尸体。郅支多次羞辱汉使者，不肯交回尸体。

建昭三年（前36年），甘延寿与陈汤出镇西域。陈汤沉着、壮勇、有谋略，渴望建立不世之功。与甘延寿谋划曰："夷狄畏服大种，其天性也。西域本属匈奴，今郅支单于威名远闻，侵陵乌孙、大宛，常为康居画计，欲降服之。如得此二国，北击伊列，西取安息，南排月氏、山离乌弋，数年之间，城郭诸国危矣。且其人剽悍，好战伐，数取胜，久畜之，必为西域患。郅支单于虽所在绝远，蛮夷无金城强弩之守，如发屯田吏士，驱从乌孙众兵，直指其城下，彼亡则无所之，守则不足自保，千载之功可一朝而成也。"② 甘延寿提出奏请元帝。陈汤认为："国家与公卿议，大策非凡所见，事必不从。"③ 甘延寿犹豫不决。陈汤一人假传诏令，征发西域诸国兵马、戊己校尉屯田兵士。甘延寿听说之后，想要制止，陈汤拔剑威胁，甘延寿只好听从陈汤的建议，部署兵马，增加了扬威、白虎、合骑三校兵力，组成了四万多人的汉胡混合军团。甘延寿、陈汤又上疏承认自己矫诏发兵的行为。

甘延寿、陈汤率军分道出击，一共为六校兵力，其中三校兵走西域南道，越过葱领，到达大宛；另外三校兵马由甘延寿自己率领，从温宿国出

---

① 班固. 汉书·卷70·傅常郑甘陈段传［M］. 北京：中华书局，1962：3008—3009.
② 班固. 汉书·卷70·傅常郑甘陈段传［M］. 北京：中华书局，1962：3010.
③ 班固. 汉书·卷70·傅常郑甘陈段传［M］. 北京：中华书局，1962：3010.

发，走北道进入赤谷城，经过乌孙，到达康居边界。此时，康居副王抱阗率领数千骑兵进犯赤谷城，残杀乌孙一千多人，抢掠了大量的牲畜和财产，又突袭了汉军的辎重部队。甘延寿、陈汤派胡人骑兵出击，初战告捷，斩杀康居骑兵四百六十人，将其所抢掠的四百七十名乌孙百姓交还给乌孙大昆弥，俘获的牲畜则补充给军队作为军粮。

进入康居东部边界后，甘延寿、陈汤严禁士兵抢掠百姓。暗中召见了康居贵族屠墨，与他饮酒结盟，分化郅支单于的同盟。又从小道进兵，在距离单于城六十里的地方安营扎寨。又捕获了康居贵族开牟，从他那里获取了郅支单于兵力分布的情况。

第二天，在离郅支单于城三十里的地方安营。郅支单于看到汉军从天而降，派遣使者问汉兵为何而来。甘延寿、陈汤对曰："单于上书言居困厄，愿归计强汉，身入朝见。天子哀闵单于弃大国，屈意康居，故使都护将军来迎单于妻子，恐左右惊动，故未敢至城下。"[1] 甘延寿、陈汤又叱责郅支单于："我为单于远来，而至今无名王大人见将军受事者，何单于忽大计，失客主之礼也！兵来道远，人畜罢极，食度且尽，恐无以自还，愿单于与大臣审计策。"[2]

甘延寿、陈汤在郅支单于城边的都赖水上安营布阵。郅支单于在城上插满五彩旗帜，令几百人披着铠甲在城上守备，又派出一百多名骑兵奔驰于城下。城上的匈奴士兵向汉军挑衅："斗来！"一百多名匈奴骑兵突袭汉军大营，营内汉军拉满弓弩，骑兵退却。甘延寿、陈汤令士兵射击城门的匈奴骑兵、步兵，匈奴骑兵、步兵不得已进入城内。单于城外有木城，匈奴人从木城中向外射箭，杀伤了大量的汉军。汉军用柴草烧毁了木城。夜里，数百名匈奴骑兵突围，全被汉军射死。

当初，郅支单于已经逃出城外，由于怀疑康居人已做汉军的内应，又听说西域诸国都派军协助汉军围攻自己，便重新退回单于城。郅支单于亲

---

① 班固. 汉书·卷70·傅常郑甘陈段传 [M]. 北京：中华书局，1962：3012.
② 班固. 汉书·卷70·傅常郑甘陈段传 [M]. 北京：中华书局，1962：3012.

自披上铠甲站在城楼上，他的几十个阏氏夫人也都用弓箭射杀汉军。郅支单于被射中了鼻子，夫人们也大都被射死。郅支单于骑马转入内城。半夜，外城被汉军攻破，匈奴士兵全部退入内城。当时康居派出一万骑兵屯驻在城外，试图与匈奴里应外合夹击汉军。夜里，康居兵数次偷袭汉营，均被击败，康居兵退却。汉军从四面推着盾牌，攻入内城中。郅支单于率匈奴男女一百多人坚守内宫。汉军攻入内宫，郅支单于被杀死。此役共斩杀阏氏、太子、名王以下一千五百一十八人，俘虏了一百四十五人，降服了一千多人。

甘延寿、陈汤向元帝上书报捷："臣闻天下之大义，当混为一，昔有唐虞，今有强汉。匈奴呼韩邪单于已称北藩，唯郅支单于叛逆，未伏其辜，大夏之西，以为强汉不能臣也。郅支单于惨毒行于民，大恶通于天。臣延寿、臣汤将义兵，行天诛，赖陛下神灵，阴阳并应，天气精明，陷陈克敌，斩郅支首及名王以下。宜县头槁街蛮夷邸间，以示万里，明犯强汉者，虽远必诛。"① 车骑将军许嘉、右将军王商认为，"春秋夹谷之会，优施笑君，孔子诛之，方盛夏，首足异门而出。宜县十日乃埋之"。② 元帝同意了许嘉、王商的意见。

当初，中书令石显想要把姐姐嫁给甘延寿，被甘延寿拒绝后心怀怨恨。丞相匡衡、御史大夫繁延寿厌恶甘延寿、陈汤的矫诏行为。在如何封赏甘延寿、陈汤的事宜上，石显、匡衡认为："延寿、汤擅兴师矫制，幸得不诛，如复加爵土，则后奉使者争欲乘危徼幸，生事于蛮夷，为国招难，渐不可开。"③ 元帝碍于匡衡、石显的反对，迟迟没有封赏二人。

宗正刘向上书称，甘延寿、陈汤以胡击胡，不烦汉师，不费汉粮，消灭郅支单于，实为大功，虽然矫诏，但功大于过，应当封赏爵位，以劝勉将士。书曰：

---

①　班固．汉书·卷70·傅常郑甘陈段传［M］．北京：中华书局，1962：3015.
②　班固．汉书·卷70·傅常郑甘陈段传［M］．北京：中华书局，1962：3015.
③　班固．汉书·卷70·傅常郑甘陈段传［M］．北京：中华书局，1962：3016.

郅支单于囚杀使者吏士以百数，事暴扬外国，伤威毁重，群臣皆闵焉。陛下赫然欲诛之，意未尝有忘。西域都护延寿，副校尉汤承圣指，倚神灵，总百蛮之君，揽城郭之兵，出百死，入绝域，遂蹈康居，屠五重城，搴歙侯之旗，斩郅支之首，县旌万里之外，扬威昆山之西，扫谷吉之耻，立昭明之功，万夷慑伏，莫不惧震。呼韩邪单于见郅支已诛，且喜且惧，乡风驰义，稽首来宾，愿守北藩，累世称臣。立千载之功，建万世之安，群臣之勋莫大焉。昔周大夫方叔、吉甫为宣王诛猃狁而百蛮从，其《诗》曰："嘽嘽焞焞，如霆如雷，显允方叔，征伐猃狁，蛮荆来威。"《易》曰："有嘉折首，获匪其丑。"言美诛首恶之人，而诸不顺者皆来从也。今延寿、汤所诛震，虽《易》之折首、《诗》之雷霆不能及也。论大功者不录小过，举大美者不疵细瑕。《司马法》曰"军赏不逾月"，欲民速得为善之利也。盖急武功，重用人也。吉甫之归，周厚赐之，其《诗》曰："吉甫燕喜，既多受祉，来归自镐，我行永久。"千里之镐犹以为远，况万里之外，其勤至矣！延寿、汤既未获受祉之报，反屈捐命之功，久挫于刀笔之前，非所以劝有功厉戎士也。昔齐桓公前有尊周之功，后有灭项之罪，君子以功覆过而为之讳行事。贰师将军李广利捐五万之师，靡亿万之费，经四年之劳，而仅获骏马三十匹，虽斩宛王毋鼓之首，犹不足以复费，其私罪恶甚多。孝武以为万里征伐，不录其过，遂封拜两侯、三卿、二千石百有余人。今康居国强于大宛，郅支之号重于宛王，杀使者罪甚于留马，而延寿、汤不烦汉士，不费斗粮，比于贰师，功德百之。且常惠随欲击之乌孙，郑吉迎自来之日逐，犹皆裂土受爵。故言威武勤劳则大于方叔、吉甫，列功覆过则优于齐桓、贰师，近事之功则高于安远、长罗，而大功未著，小恶数布，臣窃痛之！宜以时解县通籍，除过勿治，尊宠爵位，以劝有功。①

刘向的上书，使元帝下诏封赏二人。诏曰："匈奴郅支单于背畔礼义，

---

①　班固. 汉书·卷70·傅常郑甘陈段传［M］. 北京：中华书局，1962：3017—3018.

留杀汉使者、吏士，甚逆道理，朕岂忘之哉！所以优游而不征者，重动师众，劳将帅，故隐忍而未有云也。今延寿、汤睹便宜，乘时利，结城郭诸国，擅兴师矫制而征之，赖天地宗庙之灵，诛讨郅支单于，斩获其首，及阏氏贵人名王以下千数。虽逾义干法，内不烦一夫之役，不开府库之臧，因敌之粮以赡军用，立功万里之外，威震百蛮，名显四海。为国除残，兵革之原息，边竟得以安。然犹不免死亡之患，罪当在于奉宪，朕甚闵之！其赦延寿、汤罪，勿治。"① 公卿大臣们提出，按照汉军法捕斩单于令进行封赏。丞相匡衡、中书令石显反对道："郅支本亡逃失国，窃号绝域，非真单于。"② 元帝综合各方意见后，封甘延寿为义成侯，陈汤为关内侯，食邑各三百户，均赐予黄金一百斤。任命甘延寿为长水校尉，陈汤为射声校尉。后来甘延寿又升任城门校尉、护军都尉，在任上去世。

甘延寿鉴于郅支单于对西域诸国以及汉西北边郡的威胁，率领西域诸国士兵及汉屯兵千里奔袭，采用分化瓦解与军事进攻相结合的策略，攻灭郅支单于，彻底解除了匈奴对于西北边疆的威胁，维护了西域的安定及西汉对西域的统治。此后数十年间，西域再无大的战乱，东西交通畅通，汉与西域的经济文化交流日益密切。汉派往西域的使者"未尝不陈郅支之诛以扬汉国之盛"。③

---

①　班固. 汉书·卷70·傅常郑甘陈段传［M］. 北京：中华书局，1962：3019—3020.
②　班固. 汉书·卷70·傅常郑甘陈段传［M］. 北京：中华书局，1962：3020.
③　班固. 汉书·卷70·傅常郑甘陈段传［M］. 北京：中华书局，1962：3027.

扶阳侯韦贤

　　韦贤（前149—前60），字长孺，鲁国邹（今山东邹城）人。其祖先汉初大儒韦孟曾担任楚元王刘交的师傅，后来又做楚夷王刘郢客及楚王刘戊的师傅。刘戊荒淫无道，韦孟作诗劝谏。

　　韦贤为人质朴，一心向学，通晓《礼》《尚书》，教授《诗经》，被称为邹鲁大儒。后来被任命为博士、给事中、光禄大夫詹事、大鸿胪。宣帝即位，韦贤因参与谋划，被赐爵关内侯，被升为长信少府。本始三年（前71年），因老成持重，被霍光举荐，接替蔡义担任丞相，被封扶阳侯，食邑七百户。地节三年（前67年），霍光去世一年后，因老病辞官，宣帝赐其一百斤黄金和一处府第。丞相辞职归家是从韦贤开始的。韦贤八十二岁时去世，谥号为节侯。

　　韦贤有四个儿子：长子韦方山担任高寝令，早逝；次子韦弘，官至东海太守；第三个儿子韦舜，在鲁地留守坟墓祠堂；小儿子韦玄成，因通晓经术官至丞相。关于韦氏家族，邹鲁流行一句谚语：“遗子黄金满籯，不如一经。”①

　　韦玄成字少翁，凭借父亲的恩荫被任命为郎官、常侍散骑。继承父亲的经学事业，卑礼下士，在士人中颇有盛名。以通晓经学担任谏大夫、大河都尉。

---

　　①　班固. 汉书·卷73·韦贤传［M］. 北京：中华书局，1962：3107.

　　韦弘担任太常丞，掌管皇室园陵，犯下不少过错。宣帝怕他因罪贬黜，无法继承侯爵，令他辞去官位。韦弘拒不辞官。韦贤病重时，韦弘因罪被捕，韦贤不肯指定嗣侯人选。韦贤的门生博士义倩等与韦氏宗族的人假托韦贤的命令，立大河都尉韦玄成为继承人。宣帝将韦玄成征至长安，办完丧事之后，命其承袭爵位，韦玄成佯装狂病不遵行诏书。大鸿胪上奏，宣帝命丞相、御史大夫查验此事。案事丞相史劝其嗣侯："古之辞让，必有文义可观，故能垂荣于后。今子独坏容貌，蒙耻辱，为狂痴，光曜晻而不宣。微哉！子之所托名也。仆素愚陋，过为宰相执事，愿少闻风声。不然，恐子伤高而仆为小人也。"① 韦玄成的朋友侍郎章也上疏言："圣王贵以礼让为国，宜优养玄成，勿枉其志，使得自安衡门之下。"② 韦玄成不得已接受了扶阳侯爵。宣帝欣赏他的节操，任命他为河南太守。韦弘担任泰山都尉，升为东海太守。

　　几年之后，韦玄成又被任命为未央卫尉，升任太常，后又因与平通侯杨恽交好而被免官。韦玄成以列侯陪祀孝惠庙，应当在早晨入庙。因为天下雨，他没有乘坐驷马车，而是骑马到庙下，被主管官员弹劾。与韦玄成同辈的几个王侯都被削爵为关内侯。韦玄成叹息曰："吾何面目以奉祭祀！"③ 又作诗自责曰：

　　赫矣我祖，侯于豕韦，赐命建伯，有殷以绥。厥绩既昭，车服有常，朝宗商邑，四牡翔翔。德之令显，庆流于裔，宗周至汉，群后历世。

　　肃肃楚傅，辅翼元、夷，厥驷有庸，惟慎惟祗。嗣王孔佚，越迁于邹，五世圹僚，至我节侯。

　　惟我节侯，显德遐闻，左右昭、宣，五品以训。既耇致位，惟懿惟奂，厥赐祁祁，百金洎馆。国彼扶阳，在京之东，惟帝是留，政谋是从。绎绎六辔，是列是理，威仪济济，朝享天子。天子穆穆，是宗是师，四方

---

① 班固. 汉书·卷73·韦贤传 [M]. 北京：中华书局，1962：3109.
② 班固. 汉书·卷73·韦贤传 [M]. 北京：中华书局，1962：3109.
③ 班固. 汉书·卷73·韦贤传 [M]. 北京：中华书局，1962：3110.

遐尔，观国之辉。

茅土之继，在我俊兄，惟我俊兄，是让是形。于休厥德，于赫有声，致我小子，越留于京。惟我小子，不肃会同，婧彼车服，黜此附庸。

赫赫显爵，自我队之；微微附庸，自我招之。谁能忍愧，寄之我颜；谁将遐征，从之夷蛮。于赫三事，匪俊匪作，于蔑小子，终焉其度。谁谓华高，企其齐而；谁谓德难，厉其庶而。嗟我小子，于贰其尤，队彼令声，申此择辞。四方群后，我监我视，威仪车服，唯肃是履！①

当初，宣帝宠姬张婕妤的儿子淮阳宪王刘钦通晓法律，聪明通达，很受宣帝欣赏，宣帝有意立他为太子。但太子刘奭是皇后许广平所生，宣帝不忍废黜，便任命韦玄为淮阳中尉，让他以礼仪感化教育刘钦不要争夺皇位。甘露三年（前51年），与太子太傅萧望之及其他的儒生在石渠阁辩论五经，并回答宣帝的询问。元帝即位后，任命韦玄成为少府，后升为太子太傅，又升为御史大夫。永光年间，代替于定国担任丞相，又被封为扶阳侯，荣耀一时。韦玄成作诗记录自己这十年的艰难历程，并警戒自己的子孙。诗曰：

于肃君子，既令厥德，仪服此恭，棣棣其则。咨余小子，既德靡逮，曾是车服，荒嫚以队。

明明天子，俊德烈烈，不遂我遗，恤我九列。我既兹恤，惟凤惟夜，畏忌是申，供事靡惰。天子我监，登我三事，顾我伤队，爵复我旧。

我既此登，望我旧阶，先后兹度，涟涟孔怀。司直御事，我熙我盛；群公百僚，我嘉我庆。于异卿士，非同我心，三事惟艰，莫我肯矜。赫赫三事，力虽此毕，非我所度，退其罔日。昔我之队，畏不此居，今我度兹，戚戚其惧。

嗟我后人，命其靡常，靖享尔位，瞻仰靡荒。慎尔会同，戒尔车服，无婧尔仪，以保尔域。尔无我视，不慎不整；我之此复，惟禄之幸。于戏

① 班固．汉书·卷73·韦贤传［M］．北京：中华书局，1962：3110—3112.

后人，惟肃惟栗。无忝显祖，以蕃汉室！①

　　韦玄成担任丞相期间，正值许、史外戚当权，石显用事，虽在政治上无所作为，但对宗庙礼制进行了重大改革。高祖时，诏令各诸侯王在自己的都城中建立太上皇庙。孝惠帝时把高帝庙奉为太祖庙，景帝时将孝文庙奉为太宗庙，诏令郡国都要建立太祖、太宗庙。宣帝本始三年（前71年），又将孝武庙尊为世宗庙，武帝所巡守的郡国都要建立世宗庙。在六十八个郡国中，一共有一百六十七所先帝庙。而在京师长安，从高祖以下至宣帝，共有一百七十六座宗庙。陵园中又有寝殿、便殿。每天在寝殿进行祭祀，每月在宗庙进行祭祀，每一季在便殿进行祭祀。在寝殿进行的祭祀，每天四次上供祭食；一年在宗庙祭祀二十五次；一年在偏殿祭祀四次。每月抬着先皇帝的衣冠出游一次。而昭灵后、武哀王、昭哀后、孝文太后、孝昭太后、卫思后、戾太子、戾后也都有园邑陵寝。一年当中的祭祀，负责贡食的就有二万四千四百五十五人，护卫的士兵有四万五千一百二十九人，祝人、宰人、乐人共一万二千一百四十七人。因此，每年在宗庙祭祀方面的花费要用亿万来计算。元帝时期，土地兼并日趋严重，政治日趋腐败，阶级矛盾日益尖锐，战事频发，国库收入锐减，改革宗庙制度成为当务之急。

　　贡禹上奏元帝："古者天子七庙，今孝惠、孝景庙皆亲尽，宜毁。及郡国庙不应古礼，宜正定。"② 元帝同意了他的建议。韦玄成于永光四年（前40年），与御史大夫郑弘、太子太傅严彭祖、少府欧阳地余、谏大夫尹更始等七十人联合上奏停止在郡国修建先帝宗庙："臣闻祭，非自外至者也，繇中出，生于心也。故唯圣人为能飨帝，孝子为能飨亲。立庙京师之居，躬亲承事，四海之内各以其职来助祭，尊亲之大义，五帝三王所共，不易之道也。《诗》云：'有来雍雍，至止肃肃，相维辟公，天子穆

　　① 　班固. 汉书·卷73·韦贤传 ［M］. 北京：中华书局, 1962：3113—3114.

　　② 　班固. 汉书·卷73·韦贤传 ［M］. 北京：中华书局, 1962：3116.

穆.'《春秋》之义，父不祭于支庶之宅，君不祭于臣仆之家，王不祭于下土诸侯。臣等愚以为宗庙在郡国，宜无修，臣请勿复修."①元帝同意后，撤销了昭灵后、武哀王、昭哀后、卫思后、戾太子、戾后的陵园，并裁减守陵兵卒。

次年，韦玄成等又上奏依据五庙迭毁制度，撤除太上皇庙、孝惠庙。奏曰："祖宗之庙世世不毁，继祖以下，五庙而迭毁。今高皇帝为太祖，孝文皇帝为太宗，孝景皇帝为昭，孝武皇帝为穆，孝昭皇帝与孝宣皇帝俱为昭。皇考庙亲未尽。太上、孝惠庙皆亲尽，宜毁。太上庙主宜瘗园，孝惠皇帝为穆，主迁于太祖庙，寝园皆无复修."②元帝同意。

韦玄成又根据古礼嫡庶之别，建议不再修复孝文太后、孝昭太后的陵寝园邑。韦玄成曰："古者制礼，别尊卑贵贱，国君之母非適不得配食，则荐于寝，身没而已。陛下躬至孝，承天心，建祖宗，定迭毁，序昭穆，大礼既定，孝文太后、孝昭太后寝祠园宜如礼勿复修."③元帝同意。

韦玄成虽然在持重守正方面不如他的父亲，但文采超过了他的父亲。韦玄成于建昭三年（前36年）去世，谥号为共侯。韦贤在昭帝时徙家到平陵，韦玄成又迁徙到杜陵。韦玄成病重时，通过使者转告元帝："不胜父子恩，愿乞骸骨，归葬父墓."④元帝答应了他的请求。

汉代是儒学发展的重要时期，由于汉武帝"罢黜百家，独尊儒术"，儒学思想逐渐成为统治思想。察举制度、博士弟子制度以经学作为取仕标准，大量儒生进入了帝国的庙堂。韦贤对《诗经》做出了全新的阐释，形成了别具特色的韦氏之学。韦贤以《诗》授昭帝，深受昭、宣二帝的信任，封侯拜相。韦贤深谙功成身退之道，开创宰相致仕的先河。韦贤深识"诗礼传家"的重要性，认为在重儒的时代风潮之下，经学才是一个家族长盛不衰的根本。其子韦玄成继承家学，虽然因卷入政治斗争而被免职除

① 班固.汉书·卷73·韦贤传［M］.北京：中华书局，1962：3117.
② 班固.汉书·卷73·韦贤传［M］.北京：中华书局，1962：3120.
③ 班固.汉书·卷73·韦贤传［M］.北京：中华书局，1962：3120—3121.
④ 班固.汉书·卷73·韦贤传［M］.北京：中华书局，1962：3115.

国，但是凭借经明行修，拜相封侯。韦玄成死后，其子韦宽嗣侯。韦宽去世后，其子韦育嗣侯。韦育去世后，其子韦沈嗣侯。韦玄成的哥哥韦方山的儿子韦安世历任郡守、大鸿胪、长乐卫尉。而东海太守韦弘的儿子韦赏也以《诗》见长。哀帝做定陶王时，韦赏担任定陶太傅。哀帝即位后，韦赏担任大司马车骑将军，位列三公，赐爵为关内侯，食邑千户。韦氏宗族官至二千石者多达十余人，韦氏宗族由此成为著名的西汉望族。

高平侯魏相

魏相（？—前59），字弱翁，祖籍济阴定陶（山东菏泽定陶区），后迁徙到平陵。自幼勤奋好学，博览群书，尤其精通《易经》，被推举为贤良方正，以对策高中，担任茂陵令。茂陵被魏相治理得非常好。

后升任河南太守，刚正不阿，不徇私情，令豪强十分畏惧。丞相车千秋去世后，他的儿子担任洛阳武库令，听闻魏相治下严厉，深恐获罪，便主动辞官。魏相派掾史去追赶，他始终不肯回郡。魏相感叹道："大将军闻此令去官，必以为我用丞相死不能遇其子。使当世贵人非我，殆矣！"① 大将军霍光写信责备魏相："幼主新立，以为函谷京师之固，武库精兵所聚，故以丞相弟为关都尉，子为武库令。今河南太守不深惟国家大策，苟见丞相不在而斥逐其子，何浅薄也！"② 后来又有人告发魏相滥杀无辜，霍光命人调查。河南郡在长安的二三千戌卒在道路上拦住霍光，愿意再留守长安一年来赎魏相的罪过。河南百姓一万多人守在函谷关旁想要入关上书，函谷关吏上书给霍光。霍光因为武库令的事情，将魏相关押在廷尉狱。恰逢朝廷大赦，昭帝下诏让魏相代理茂陵令。后升任扬州刺史，考察郡国的守相，贬退了许多人。光禄大夫丙吉认为魏相为政锋芒太露，便写

---

① 班固. 汉书·卷74·魏相传［M］. 北京：中华书局，1962：3133.
② 班固. 汉书·卷74·魏相传［M］. 北京：中华书局，1962：3133—3134.

信劝诫："朝廷已深知弱翁治行，方且大用矣。愿少慎事自重，臧器于身。"① 魏相于是收敛了自己的锋芒。两年之后，魏相被任命为谏大夫，后来又担任河南太守。

宣帝即位后，任命魏相为大司农，后又升任御史大夫。大将军霍光去世后，宣帝任命霍光的儿子霍禹为右将军，侄子霍山掌管尚书事务。魏相通过平恩侯许嘉上书，向宣帝力陈剪除霍氏的必要性。书曰："《春秋》讥世卿，恶宋三世为大夫，及鲁季孙之专权，皆危乱国家。自后元以来，禄去王室，政繇冢宰。今光死，子复为大将军，兄子秉枢机，昆弟诸婿据权势，在兵官。光夫人显及诸女皆通籍长信宫，或夜诏门出入，骄奢放纵，恐寖不制。宜有以损夺其权，破散阴谋，以固万世之基，全功臣之世。"②西汉旧例，上书皇帝的人都要书写两份奏章，其中一份为副本，统领尚书的人先打开副本审阅，如果内容不当，便将正本扣留。魏相又通过平恩侯许嘉上书，废去上书副本制度。宣帝下诏任命魏相为给事中，参与决策。在魏相的谋划下，宣帝罢免了霍禹、霍云、霍山的官爵。魏相代替韦贤担任丞相，封高平侯，食邑八百户。霍氏矫太后诏，斩杀魏相，废宣帝。事情被发觉，霍氏被夷族。

魏相虽然辅助宣帝铲除了霍氏集团，但是依然奉行霍光休养生息的国策。元康年间，匈奴派骑兵攻击汉在西域屯田的军队。宣帝与后将军赵充国等商量，趁匈奴衰落之际出兵攻击匈奴右地，使匈奴不敢再窥伺西域。魏相上书反对曰："臣闻之，救乱诛暴，谓之义兵，兵义者王；敌加于己，不得已而起者，谓之应兵，兵应者胜；争恨小故，不忍愤怒者，谓之忿兵，兵忿者败；利人土地货宝者，谓之贪兵，兵贪者破；恃国家之大，矜民人之众，欲见威于敌者，谓之骄兵，兵骄者灭：此五者，非但人事，乃天道也。间者匈奴尝有善意，所得汉民辄奉归之，未有犯于边境，虽争屯田车师，不足致意中。今闻诸将军欲兴兵入其地，臣愚不知此兵何名者

---

① 班固. 汉书·卷74·魏相传［M］. 北京：中华书局，1962：3134.
② 班固. 汉书·卷74·魏相传［M］. 北京：中华书局，1962：3134—3135.

也。今边郡困乏，父子共犬羊之裘，食草莱之实，常恐不能自存，难于动兵。'军旅之后，必有凶'，言民以其愁苦之气，伤阴阳之和也。出兵虽胜，犹有后忧，恐灾害之变因此以生。今郡国守相多不实选，风俗尤薄，水旱不时。案今年计，子弟杀父兄、妻杀夫者，凡二百二十二人，臣愚以为此非小变也。今左右不忧此，乃欲发兵报纤介之忿于远夷，殆孔子所谓'吾恐季孙之忧不在颛臾而在萧墙之内'也。愿陛下与平昌侯、乐昌侯、平恩侯及有识者详议乃可。"① 宣帝最终没有发兵。

魏相明习《易经》，注重奉行汉朝旧制，并屡次陈述汉兴以来的国家方略，及名臣贾谊、晁错、董仲舒的奏疏。他认为朝廷的当务之急在于力本农、增积聚。魏相曰："臣闻明主在上，贤辅在下，则君安虞而民和睦。臣相幸得备位，不能奉明法，广教化，理四方，以宣圣德。民多背本趋末，或有饥寒之色，为陛下之忧，臣相罪当万死。臣相知能浅薄，不明国家大体，时用之宜，惟民终始，未得所繇。窃伏观先帝圣德仁恩之厚，勤劳天下，垂意黎庶，忧水旱之灾，为民贫穷发仓廪，振乏馁；遣谏大夫博士巡行天下，察风俗，举贤良，平冤狱，冠盖交道；省诸用，宽租赋，弛山泽波池，禁秼马酤酒贮积：所以周急继困，慰安元元，便利百姓之道甚备。臣相不能悉陈，昧死奏故事诏书凡二十三事。臣谨案王法必本于农而务积聚，量入制用以备凶灾，亡六年之畜，尚谓之急。元鼎二年，平原、渤海、太山、东郡溥被灾害，民饿死于道路。二千石不豫虑其难，使至于此，赖明诏振捄，乃得蒙更生。今岁不登，谷暴腾踊，临秋收敛犹有乏者，至春恐甚，亡以相恤。西羌未平，师旅在外，兵革相乘，臣窃寒心，宜蚤图其备。唯陛下留神元元，帅繇先帝盛德以抚海内。"② 宣帝施行了他的主张。

魏相又以《易阴阳》及《明堂月令》之说为依据，请求宣帝顺从阴阳之道，效法自然天地，设置掌管春夏秋冬四季的四个大臣。魏相曰："臣

① 班固. 汉书·卷74·魏相传［M］. 北京：中华书局，1962：3136.
② 班固. 汉书·卷74·魏相传［M］. 北京：中华书局，1962：3137—3138.

相幸得备员，奉职不修，不能宣广教化。阴阳未和，灾害未息，咎在臣等。臣闻《易》曰：'天地以顺动，故日月不过，四时不忒；圣王以顺动，故刑罚清而民服。'天地变化，必繇阴阳，阴阳之分，以日为纪。日冬夏至，则八风之序立，万物之性成，各有常职，不得相干。东方之神太昊，乘《震》执规司春；南方之神炎帝，乘《离》执衡司夏；西方之神少昊，乘《兑》执矩司秋；北方之神颛顼，乘《坎》执权司冬；中央之神黄帝，乘《坤》《艮》执绳司下土。兹五帝所司，各有时也。东方之卦不可以治西方，南方之卦不可以治北方。春兴《兑》治则饥，秋兴《震》治则华，冬兴《离》治则泄，夏兴《坎》治则雹。明王谨于尊天，慎于养人，故立羲和之官以乘四时，节授民事。君动静以道，奉顺阴阳，则日月光明，风雨时节，寒暑调和。三者得叙，则灾害不生，五谷熟，丝麻遂，中木茂，鸟兽蕃，民不夭疾，衣食有余。若是，则君尊民说，上下亡怨，政教不违，礼让可兴。夫风雨不时，则伤农桑；农桑伤，则民饥寒；饥寒在身，则亡廉耻，寇贼奸宄所繇生也。臣愚以为阴阳者，王事之本，群生之命，自古贤圣未有不繇者也。天子之义，必纯取法天地，而观于先圣。高皇帝所述书《天子所服第八》曰：'大谒者臣章受诏长乐宫，曰：令群臣议天子所服，以安治天下。相国臣何、御史大夫臣昌谨与将军臣陵、太子太傅臣通等议：春夏秋冬天子所服，当法天地之数，中得人和。故自天子王侯有土之君，下及兆民，能法天地，顺四时，以治国家，身亡祸殃，年寿永究，是奉宗庙安天下之大礼也。臣请法之。中谒者赵尧举春，李舜举夏，儿汤举秋，贡禹举冬，四人各职一时。大谒者襄章奏，制曰：可。'孝文皇帝时，以二月施恩惠于天下，赐孝弟力田及罢军卒，祠死事者，颇非时节。御史大夫朝错时为太子家令，奏言其状。臣相伏念陛下恩泽甚厚，然而灾气未息，窃恐诏令有未合当时者也。愿陛下选明经通知阴阳者四人，各主一时，时至明言所职，以和阴阳，天下幸甚！"① 其与汉初曹参、陈平等人"因循为用""与民休息"的黄老主张契合。宣帝采纳了他的建议。

---

① 班固．汉书·卷74·魏相传［M］．北京：中华书局，1962：3139—3140.

　　魏相励精图治，兴办文教，发展生产，整顿吏治，堪称一代贤相。魏相虽然以明《易》而著称，但是其政治理念中充斥着儒、道、法三家合一的思想，与宣帝"汉家自有制度，本以霸王道杂之"的治国思想颇为契合。魏相担任丞相九年，神爵三年（前59年）去世，谥号为宪侯。他的儿子魏弘嗣侯，魏弘甘露年间有罪，被削爵为关内侯。

博阳侯丙吉

　　丙吉（？—前55），字少卿，鲁国（今山东曲阜）人。初任鲁国狱史，积累功劳，慢慢升迁至廷尉右监。后来因犯法而丢官，又做了州从事。武帝末年，发生了巫蛊之祸，丙吉以原廷尉属官而被武帝征召参与审理巫蛊之事。当时皇曾孙刘病已刚刚几个月大，因是卫太子的孙子而被关押，丙吉选择几个厚道谨慎的女犯人保护养育皇曾孙。丙吉故意拖延，使巫蛊案好几年都没有判决。后元二年（前87年），武帝病重，望气的人说长安的监狱中有天子之气，武帝于是派遣使者将长安所有监狱中的在押犯人全部杀掉。内者令郭穰在夜里赶到郡邸狱，丙吉关闭大门，曰："皇曾孙在。他人亡辜死者犹不可，况亲曾孙乎！"① 双方对峙到天明，郭穰回到宫中向武帝报告。武帝大悟，曰："天使之也。"② 于是大赦天下，狱中被关押的人也得以生还。皇曾孙数次病危，丙吉均为其医治。此外，还供给其衣食用度。

　　后来丙吉担任车骑将军市令，又升任大将军长史。大将军霍光很器重他，任命他担任光禄大夫、给事中。昭帝驾崩后，没有后嗣，霍光派遣丙吉迎接昌邑王刘贺。刘贺即位后，因与霍光争权被废。霍光与车骑将军张安世等商量帝位的继承人。丙吉力荐皇曾孙刘病已。其曰："将军事孝武皇帝，受襁褓之属，任天下之寄，孝昭皇帝早崩亡嗣，海内忧惧，欲亟闻

---

① 班固. 汉书·卷74·丙吉传［M］. 北京：中华书局，1962：3142.
② 班固. 汉书·卷74·丙吉传［M］. 北京：中华书局，1962：3142.

156

嗣主，发丧之日以大谊立后，所立非其人，复以大谊废之，天下莫不服焉。方今社稷宗庙群生之命在将军之壹举。窃伏听于众庶，察其所言，诸侯宗室在位列者，未有所闻于民间也。而遗诏所养武帝曾孙名病已在掖庭外家者，吉前使居郡邸时见其幼少，至今十八九矣，通经术，有美材，行安而节和。愿将军详大议，参以蓍龟，岂宜褒显，先使入侍，令天下昭然知之，然后决定大策，天下幸甚!"① 霍光尊立皇曾孙为帝，派遣宗正刘德与丙吉将皇曾孙迎至掖庭。宣帝即位之初，赐丙吉关内侯爵。

丙吉为人深沉宽厚，从不对外人提起自己对宣帝的恩情，所以朝廷都不知道他的功劳。地节三年（前67年），宣帝任命丙吉为太子太傅，几个月之后，升任御史大夫。当时，掖庭有一个叫则的宫婢令其丈夫上书，陈述自己曾经有保护、养育宣帝的功劳。宣帝命掖庭令查验这件事，则供称当年是丙吉令她去照顾宣帝的。掖庭令带着则到御史府面见丙吉。丙吉否定了则的供词："汝尝坐养皇曾孙不谨督笞，汝安得有功？独渭城胡组、淮阳郭徵卿有恩耳。"② 丙吉于是分别上奏胡组、郭徵卿的功劳。下诏丙吉寻找胡组、郭徵卿。因二人均已离世，于是厚赏她们的子孙。下诏免则为平民，赐钱十万。宣帝这才知道了丙吉的旧恩，下诏丞相封其为博阳侯。诏曰："朕微眇时，御史大夫吉与朕有旧恩，厥德茂焉。《诗》不云乎？'亡德不报。'其封吉为博阳侯，邑千三百户。"③ 将要分封的时候，丙吉患病，宣帝赶紧派人在床前封授。丙吉痊愈后，上书坚决谢绝封侯。宣帝回答曰："朕之封君，非空名也，而君上书归侯印，是显朕之不德也。方今天下少事，君其专精神，省思虑，近医药，以自持。"④ 五年之后，替代魏相担任丞相。

丙吉出身于狱法小吏，通过学习《诗》《礼》而通晓大义。担任丞相后，宽容大度，喜好礼让，颇有无为而治之风。其掾史有监守自盗或者不

① 班固. 汉书·卷74·丙吉传［M］. 北京：中华书局，1962：3143.
② 班固. 汉书·卷74·丙吉传［M］. 北京：中华书局，1962：3144.
③ 班固. 汉书·卷74·丙吉传［M］. 北京：中华书局，1962：3144.
④ 班固. 汉书·卷74·丙吉传［M］. 北京：中华书局，1962：3145.

称职的，便给他们休长假，使其自己离职。有的宾客告诉丙吉："君侯为汉相，奸吏成其私，然无所惩艾。"① 丙吉曰："夫以三公之府有案吏之名，吾窃陋焉。"② 三公府不审理官吏，从丙吉开始。

对于自己的掾史属官，丙吉总是替他们掩恶扬善。丙吉有一个驭吏嗜酒如命，数次失职，甚至因醉酒吐在了车上。西曹主吏想要治他的罪，丙吉说："以醉饱之失去士，使此人将复何所容？西曹但忍之，此不过污丞相车茵耳。"③ 因此，没有惩治他。这个驭吏是边郡人，熟知边塞警备诸事。有一次外出时，刚好看见骑兵拿着红白相间的信囊飞奔而过。驭吏跟随骑兵去打听消息，了解到匈奴骑兵入侵云中、代郡，立即回府向丙吉汇报了此事。驭吏曰："恐虏所入边郡，二千石长吏有老病不任兵马者，宜可豫视。"④ 不久，宣帝下诏召集丞相、御史大夫，询问匈奴骑兵入侵边郡的情况。丙吉详细地予以回答。御史大夫因不了解详情而被宣帝谴责。丙吉慨叹："士亡不可容，能各有所长。向使丞相不先闻驭吏言，何见劳勉之有？"⑤

有一次，丙吉外出时，碰上有人打群架，数名死伤者横陈于路边。丙吉却不过问，掾史很奇怪。丙吉继续前行，碰见有人赶牛，牛喘着气吐舌头。丙吉停下，派骑吏询问："逐牛行几里矣？"⑥ 有的掾史讥讽丙吉不问人而问牛，丙吉曰："民斗相杀伤，长安令、京兆尹职所当禁备逐捕，岁竟丞相课其殿最，奏行赏罚而已。宰相不亲小事，非所当于道路问也。方春少阳用事，未可大热，恐牛近行用暑故喘，此时气失节，恐有所伤害也。三公典调和阴阳，职当忧，是以问之。"⑦ 掾史们称赞丙吉是个具有大格局的丞相。

五凤三年（前55年）春，丙吉病重，宣帝亲自到病榻前问候丙吉。

---

① 班固. 汉书·卷74·丙吉传 [M]. 北京：中华书局，1962：3145.
② 班固. 汉书·卷74·丙吉传 [M]. 北京：中华书局，1962：3145.
③ 班固. 汉书·卷74·丙吉传 [M]. 北京：中华书局，1962：3146.
④ 班固. 汉书·卷74·丙吉传 [M]. 北京：中华书局，1962：3146.
⑤ 班固. 汉书·卷74·丙吉传 [M]. 北京：中华书局，1962：3146.
⑥ 班固. 汉书·卷74·丙吉传 [M]. 北京：中华书局，1962：3147.
⑦ 班固. 汉书·卷74·丙吉传 [M]. 北京：中华书局，1962：3147.

宣帝曰："君即有不讳，谁可以自代者?"① 丙吉谨慎辞谢道："群臣行能，明主所知，愚臣无所能识。"② 宣帝再三询问后，丙吉推荐了杜延年、于定国、陈万年三人。丙吉曰："西河太守杜延年明于法度，晓国家故事，前为九卿十余年，今在郡治有能名。廷尉于定国执宪详平，天下自以不冤。太仆陈万年事后母孝，惇厚备于行止。此三人能皆在臣右，唯上察之。"③ 丙吉去世后，御史大夫黄霸担任丞相，宣帝征召西河太守杜延年担任御史大夫。由于杜延年因年老而请求辞职，于是任命廷尉于定国为御史大夫。黄霸去世后，于定国担任丞相，太仆陈万年担任御史大夫。由于三人都很称职，宣帝认为丙吉有知人之明。

丙吉去世后，谥号为定侯，他的儿子丙显嗣侯。甘露年间，丙显因犯罪而被削爵为关内侯，官至卫尉太仆。丙显去世后，其子丙昌嗣爵关内侯。

成帝时整理旧功，以丙吉旧恩最重。鸿嘉元年（前 20 年），成帝下诏丞相御史曰："盖闻褒功德，继绝统，所以重宗庙，广贤圣之路也。故博阳侯吉以旧恩有功而封，今其祀绝，朕甚怜之。夫善善及子孙，古今之通谊也，其封吉孙中郎将关内侯昌为博阳侯，奉吉后。"④ 丙吉的封国在断绝三十二年之后又恢复了。王莽时国绝。

博阳侯丙吉谦慎笃敬，深沉宽厚，从不对外宣扬对宣帝的抚育、举荐之功。其虽出身狱吏，但抓住时代风潮，研习《诗》《礼》，通晓大义。担任丞相后，处处以宽大为怀，替属官掾史掩恶扬善。他继承魏相的休养生息之政，为"昭宣中兴"的出现做出了重要的贡献，从而成为中兴名臣。班固评论道："近观汉相，高祖开基，萧、曹为冠，孝宣中兴，丙、魏有声。是时黜陟有序，众职修理，公卿多称其位，海内兴于礼让。览其行事，岂虚乎哉!"⑤

---

① 班固. 汉书·卷74·丙吉传 [M]. 北京：中华书局，1962：3147.
② 班固. 汉书·卷74·丙吉传 [M]. 北京：中华书局，1962：3148.
③ 班固. 汉书·卷74·丙吉传 [M]. 北京：中华书局，1962：3148.
④ 班固. 汉书·卷74·丙吉传 [M]. 北京：中华书局，1962：3150.
⑤ 班固. 汉书·卷74·丙吉传 [M]. 北京：中华书局，1962：3151.

建成侯黄霸

　　黄霸（？—前51），字次公，淮阳阳夏（今河南太康）人。其家因为是豪强而被迁徙到云陵。黄霸年少时就学习律令，武帝末年以待诏捐钱，被任命为侍郎谒者，因其兄弟犯法而被弹劾免官。后来又捐谷给沈黎郡，被任命为左冯翊二百石卒史。左冯翊因为黄霸是捐财做官，出身不正，命他负责郡内钱粮的出入之数。因为廉洁公正，故被升为河东均输长，又被察举廉吏，担任河南太守丞。黄霸善于观察，思维敏捷，熟悉公文法令，担任郡丞时，处理政事合于律法，顺应人心，太守很信任他，吏民也很敬爱他。

　　自武帝末年始，官吏争相用法深刻。昭帝年幼即位，大将军霍光辅政，大臣之间争权夺利。霍光消灭上官桀、上官安、桑弘羊、盖长公主、燕王刘旦后，遵行武帝时期的法度，以刑罚来控制群臣。因此，官吏们以严酷执法为能事，而黄霸却以温和宽容而著称于世。

　　宣帝即位后，听说黄霸执法廉平，任命他为廷尉正。他数次裁决疑难案件，廷尉府中都称赞他判得公平。代理丞相长史期间，因在公卿会议中，明知长信少府夏侯胜有非议宣帝诏书的大不敬言行，却不检举弹劾而被免官，被关押在廷尉监狱。黄霸因此在狱中跟从夏侯胜学习《尚书》。夏侯胜出狱后，又担任谏大夫，让左冯翊宋畸举荐黄霸为贤良。在夏侯胜的举荐下，被任命为扬州刺史。三年之后，宣帝下诏曰："制诏御史：其以贤良高第扬州刺史霸为颍川太守，秩比二千石。"①

宣帝多次颁发恩泽诏书，有的官吏并不向百姓传达。太守黄霸派品行优秀的官吏去属县宣布诏令，令百姓知道宣帝的恩泽。黄霸派邮亭乡官圈养鸡猪，来赡养鳏夫寡妇、贫穷的人；制定条令法教，发给各方父老、师帅、伍长，通过他们颁行于百姓。劝导百姓多做善事，杜绝奸恶，耕作蚕桑，节约使用资财货物，养牲畜，种树木。公事像米盐一样细密琐碎杂乱，但黄霸竭尽全力加以推行。黄霸经常询问不同的吏民，以便相互参考检验。黄霸派一位年长的官吏去秘密调查民情，该官吏不敢在邮亭住宿，在道路旁吃饭时，一只乌鸦飞过来抢走了他手里的肉。官吏回来拜谒黄霸，黄霸曰："甚苦！食于道旁乃为乌所盗肉。"② 官吏惊惧，对黄霸丝毫不敢隐瞒。郡中有些鳏寡孤独死后无钱安葬，乡中小吏上书黄霸请求安置。黄霸告诉乡吏某处的大树可以做棺材，某亭的小猪可以用来祭祀，官吏前往，果然如黄霸所言。吏民都称黄霸为神明。盗贼也只好转到别郡。

黄霸先推行教化，然后再行诛罚，十分维护下属官吏。许县县丞年老耳聋，督邮上报黄霸辞退他。黄霸曰："许丞廉吏，虽老，尚能拜起送迎，正颇重听，何伤？且善助之，毋失贤者意。"③ 有人问其缘故，黄霸曰："数易长吏，送故迎新之费及奸吏缘绝簿书盗财物，公私费耗甚多，皆当出于民，所易新吏又未必贤，或不如其故，徒相益为乱。凡治道，去其泰甚者耳。"④

黄霸以内明外宽得到了民众和属吏的拥护，政绩堪称天下第一。宣帝任命他为代理京兆尹，俸禄二千石。后因征发民众修理驰道没有事先向朝廷禀报，又征发骑士到北军导致马少士多而影响军队出击，故接连被贬官。宣帝下诏令他重归颍川担任太守，但是俸禄与秩次被降为八百石。八年后，黄霸为迎合宣帝渴望祥瑞的心态，上书宣称颍川郡出现了许多凤

① 班固. 汉书·卷89·循吏传［M］. 北京：中华书局，1962：3629.
② 班固. 汉书·卷89·循吏传［M］. 北京：中华书局，1962：3630.
③ 班固. 汉书·卷89·循吏传［M］. 北京：中华书局，1962：3631.
④ 班固. 汉书·卷89·循吏传［M］. 北京：中华书局，1962：3631.

凰、神雀。宣帝下诏称颂黄霸曰："颍川太守霸，宣布诏令，百姓向化，孝子弟弟贞妇顺孙日以众多，田者让畔，道不拾遗，养视鳏寡，赡助贫穷，狱或八年亡重罪囚，吏民向于教化，兴于行谊，可谓贤人君子矣。《书》不云乎？'股肱良哉！'其赐爵关内侯，黄金百斤，秩中二千石。"① 几个月后，宣帝任命黄霸为太子太傅，后升任御史大夫。

五凤二年（前56年），黄霸替代丙吉担任丞相，封建成侯，食邑六百户。黄霸担任丞相时，能力方面不如丙吉、魏相，政绩名声不如在郡中。京兆尹张敞家的鹖雀飞到了丞相府，黄霸认为是神雀，想作为祥瑞呈报宣帝。张敞弹劾黄霸曰："窃见丞相请与中二千石博士杂问郡国上计长吏守丞，为民兴利除害成大化条其对，有耕者让畔，男女异路，道不拾遗，及举孝子弟弟贞妇者为一辈，先上殿，举而不知其人数者次之，不为条教者在后叩头谢。丞相虽口不言，而心欲其为之也。长吏守丞对时，臣敞舍有鹖雀飞止丞相府屋上，丞相以下见者数百人。边吏多知鹖雀者，问之，皆阳不知。丞相图议上奏曰：'臣问上计长吏守丞以兴化条，皇天报下神雀。'后知从臣敞舍来，乃止。郡国吏窃笑丞相仁厚有知略，微信奇怪也。昔汲黯为淮阳守，辞去之官，谓大行李息曰：'御史大夫张汤怀诈阿意，以倾朝廷，公不早白，与俱受戮矣。'息畏汤，终不敢言。后汤诛败，上闻黯与息语，乃抵息罪而秩黯诸侯相，取其思竭忠也。臣敞非敢毁丞相也，诚恐群臣莫白，而长吏守丞畏丞相指，归舍法令，各为私教，务相增加，浇淳散朴，并行伪貌，有名亡实，倾摇解怠，甚者为妖。假令京师先行让畔异路，道不拾遗，其实亡益廉贪贞淫之行，而以伪先天下，固未可也；即诸侯先行之，伪声轶于京师，非细事也。汉家承敝通变，造起律令，所以劝善禁奸，条贯详备，不可复加。宜令贵臣明饬长吏守丞，归告二千石，举三老、孝弟、力田、孝廉、廉吏务得其人，郡事皆以义法令捡式，毋得擅为条教；敢挟诈伪以奸名誉者，必先受戮，以正明好恶。"② 宣

---

① 班固. 汉书·卷89·循吏传［M］. 北京：中华书局，1962：3631—3632.

② 班固. 汉书·卷89·循吏传［M］. 北京：中华书局，1962：3632—3633.

帝采纳了张敞的建议，派侍中将张敞的奏书宣读给掌管上计的官吏。黄霸非常惭愧。

乐陵侯史高深受宣帝器重，显赫一时。黄霸为稳固权位，越权举荐史高担任太尉。宣帝派尚书责问黄霸："太尉官罢久矣，丞相兼之，所以偃武兴文也。如国家不虞，边境有事，左右之臣皆将率也。夫宣明教化，通达幽隐，使狱无冤刑，邑无盗贼，君之职也。将相之官，朕之任焉。侍中乐陵侯高帷幄近臣，朕之所自亲，君何越职而举之?"① 黄霸脱冠谢罪。汉兴以来，若论治理地方官吏百姓，黄霸是当之无愧的第一。

黄霸担任了五年丞相，甘露三年（前51年）去世，谥号为定侯。黄霸死后，乐陵侯史高担任大司马。黄霸的儿子黄赏嗣侯，担任关都尉。黄赏去世后，他的儿子黄辅嗣侯，担任卫尉九卿。黄辅去世后，他的儿子黄忠嗣侯。王莽时封国断绝。

建成侯黄霸出身于文法吏，后跟随大儒夏侯胜学习《尚书》。黄霸在地方任职时，执法公平，勤勤恳恳，兢兢业业，注重教化，体察民情，爱惜民力，关心民众生活，重视发展经济，以外宽内明得到了民众和属吏的爱戴和拥护。"自汉兴，言治民吏，以霸为首"。② 黄霸长于治理郡县，成为西汉著名的循吏，为西汉的中兴做出了重要贡献。担任丞相之后，为政过于苛细，其政绩远逊于魏相、丙吉。

---

① 班固. 汉书·卷89·循吏传［M］. 北京：中华书局，1962：3634.
② 班固. 汉书·卷89·循吏传［M］. 北京：中华书局，1962：3634.

西平侯于定国

  于定国（? —前40），字曼倩，东海郯（今山东郯城）人。他的父亲于公曾任县狱吏、郡决曹，判案公正，经他判决的人均无怨恨。郡中的百姓为他建立了生祠，名曰于公祠。

  东海郡有个孝妇，年轻守寡，没有子女，恭敬谨慎地奉养着婆婆。婆婆想要她改嫁，她始终不肯。婆婆告诉邻居："孝妇事我勤苦，哀其亡子守寡。我老，久累丁壮，奈何?"① 后来婆婆自杀，孝妇的小姑上告县官："妇杀我母。"② 县吏逮捕了孝妇，孝妇坚称没有杀害婆婆。在县吏的严刑逼供下，孝妇被屈打成招。于公认为这个妇人奉养了婆婆十几年，必不会杀害婆婆，便和太守据理力争。但太守固执己见，于公只好抱着判决书痛哭，然后称病辞职。太守最终以谋杀婆婆的罪名，判处孝妇死刑。郡中大旱三年。新任太守上任，询问大旱的原因，于公曰："孝妇不当死，前太守强断之，咎党在是乎?"③ 新任太守亲自祭祀孝妇的坟墓，表彰她的孝行。不久，天降大雨，五谷丰收。郡中的吏民更加敬重于公。

  于定国从小便跟随于公学习律令。于公死后，于定国担任狱吏、郡决曹，后来担任廷尉史。因才能出众而被推举为侍御史，后又升任御史中

---

 ① 班固. 汉书·卷71·于定国传［M］. 北京：中华书局，1962：3041.
 ② 班固. 汉书·卷71·于定国传［M］. 北京：中华书局，1962：3041.
 ③ 班固. 汉书·卷71·于定国传［M］. 北京：中华书局，1962：3042.

丞。昌邑王征即位后"行淫乱"，于定国上书劝谏。昌邑王被废后，宣帝即位，大将军霍光上书破格提拔规谏过昌邑王的大臣，于定国被任命为光禄大夫、平尚书事，得到宣帝的重用。几年之后，改任水衡都尉，又被破格提拔为廷尉。

于定国顺应儒学独尊的时代浪潮，拜师学习《春秋》，亲手拿着经书，面向北方行弟子礼。他为人谦虚谨慎，敬重精通经术的儒士，礼贤下士，故士人们都称赞他。于定国断案公允，体恤鳏寡孤独，对于未能明确定罪的罪犯均从轻处罚。朝廷上下都称赞曰："张释之为廷尉，天下无冤民；于定国为廷尉，民自以不冤。"① 于定国饮酒数石而不醉，饮酒之后判案更加精明。

甘露年间，于定国接替黄霸担任丞相，被封为西平侯。元帝即位后，因为于定国是老臣，所以很敬重他。元帝即位之初，关东诸郡国常常发生水旱灾害，大量流民进入函谷关，不少士人将其归咎于公卿大臣。元帝数次召见丞相、御史大夫，根据他们的职责责备他们："恶吏负贼，妄意良民，至亡辜死。或盗贼发，吏不亟追而反系亡家，后不敢复告，以故浸广。民多冤结，州郡不理，连上书者交于阙廷。二千石选举不实，是以在位多不任职。民田有灾害，吏不肯除，收趣其租，以故重困。关东流民饥寒疾疫，已诏吏转漕，虚仓廪开府藏相振救，赐寒者衣，至春犹恐不赡。今丞相、御史将欲何施以塞此咎？悉意条状，陈朕过失。"② 于定国上书谢罪。

永光元年（前43年），春天下霜，夏天寒冷，太阳暗而无光，元帝下诏责备公卿："郎有从东方来者，言民父子相弃。丞相、御史案事之吏匿不言邪？将从东方来者加增之也？何以错缪至是？欲知其实。方今年岁未可预知也，即有水旱，其忧不细。公卿有可以防其未然，救其已然者不？

① 班固．汉书·卷71·于定国传［M］．北京：中华书局，1962：3043.
② 班固．汉书·卷71·于定国传［M］．北京：中华书局，1962：3043—3044.

各以诚对，毋有所讳。”① 于定国惶恐不安，上书弹劾自己，上缴侯印。元帝下诏挽留：“君相朕躬，不敢怠息，万方之事，大录于君。能毋过者，其唯圣人。方今承周秦之敝，俗化陵夷，民寡礼谊，阴阳不调，灾咎之发，不为一端而作，自圣人推类以记，不敢专也，况于非圣者乎！日夜惟思所以，未能尽明。经曰：‘万方有罪，罪在朕躬。’君虽任职，何必颛焉？其勉察郡国守相群牧，非其人者毋令久贼民。永执纲纪，务悉聪明，强食慎疾。”② 于定国坚决辞官。元帝便赐给他六十斤黄金以及安车驷马，让他回到自己的府第。七十多岁去世后，谥号为安侯。

他的儿子于永嗣侯。于永年少时因嗜酒而多有过失，将近三十岁的时候开始修养品行。依靠父亲的荫泽而被任命为侍中中郎将、长水校尉。于定国死后，于永以礼服丧，以孝而闻名，于是以列侯担任散骑光禄勋，官至御史大夫，娶宣帝的长女馆陶公主刘施。于永死后，他的儿子于恬嗣侯。

西平侯于定国出身于狱吏，精于律法，而后学习《春秋》，礼贤下士，在士人中拥有很高的威望。他秉承公孙弘以“《春秋》之义决狱”的思想，执法廉平，深得宣帝的赏识，得以封侯拜相。元帝即位后，于定国面对愈演愈烈的土地兼并浪潮、频发的自然灾害、日益尖锐的阶级矛盾，一筹莫展，以病辞职，得以寿终。

---

① 班固．汉书·卷71·于定国传［M］．北京：中华书局，1962：3044—3045．

② 班固．汉书·卷71·于定国传［M］．北京：中华书局，1962：3045．

乐安侯匡衡

匡衡，字稚圭，东海承（今山东枣庄）人。祖上世代耕作，少时因家贫常常做雇工以贴补家用。能说《诗》，儒生们赞美他："无说《诗》，匡鼎来；匡说《诗》，解人颐。"①

匡衡参加射策考试时，因所答内容不合甲科，只被任命为太常掌故，后来被外调为平原郡文学。许多学者上书推举匡衡，说他精通经典，当世无双，不应在远离京师的地方做官。宣帝下诏派太子太傅萧望之、少府梁丘贺前往询问，匡衡用《诗》来回答，深得他们的赞许。萧望之上奏宣帝匡衡精通经学，文采灿然。但是宣帝奉行"霸王道杂之"的治国策略，并没有提拔他。皇太子却非常喜欢匡衡的奏对。

元帝即位之初，外戚乐陵侯史高担任大司马车骑将军，领尚书事，萧望之做他的副手。萧望之是当世大儒，又曾任元帝的师傅，元帝很信任他。史高不问政事，徒有虚位，与萧望之有了闲隙。长安令杨兴乘机向史高推荐匡衡，曰："将军以亲戚辅政，贵重于天下无二，然众庶论议令问休誉不专在将军者何也？彼诚有所闻也。以将军之莫府，海内莫不卬望，而所举不过私门宾客，乳母子弟，人情忽不自知，然一夫窃议，语流天下。夫富贵在身而列士不誉，是有狐白之裘而反衣之也。古人病其若此，故卑体劳心，以求贤为务。传曰：以贤难得之故因曰事不待贤，以食难得

---

① 班固. 汉书·卷81·匡衡传［M］. 北京：中华书局，1962：3331.

之故而曰饱不待食，或之甚者也。平原文学匡衡材智有余，经学绝伦，但以无阶朝廷，故随牒在远方。将军诚召置幕府，学士歙然归仁，与参事议，观其所有，贡之朝廷，必为国器，以此显示众庶，名流于世。"① 史高辟举匡衡为议曹史，并向元帝推荐匡衡。元帝任命匡衡为郎中，后升任博士、给事中，匡衡自此进入了朝廷中枢。

　　这时出现了日蚀、地震等灾异现象，元帝向群臣询问这些灾异与政治得失之间的关系。匡衡上疏曰：

　　臣闻五帝不同礼，三王各异教，民俗殊务，所遇之时异也。陛下躬圣德，开太平之路，闵愚吏民触法抵禁，比年大赦，使百姓得改行自新，天下幸甚。臣窃见大赦之后，奸邪不为衰止，今日大赦，明日犯法，相随入狱，此殆导之未得其务也。盖保民者，"陈之以德义"，"示之以好恶"，观其失而制其宜，故动之而和，绥之而安。今天下俗贪财贱义，好声色，上侈靡，廉耻之节薄，淫辟之意纵，纲纪失序，疏者逾内，亲戚之恩薄，婚姻之党隆，苟合徼幸，以身设利。不改其原，虽岁赦之，刑犹难使错而不用也。

　　臣愚以为宜壹旷然大变其俗。孔子曰："能以礼让为国乎，何有？"朝廷者，天下之桢干也。公卿大夫相与循礼恭让，则民不争；好仁乐施，则下不暴；上义高节，则民兴行；宽柔和惠，则众相爱。四者，明王之所以不严而成化也。何者？朝有变色之言，则下有争斗之患；上有自专之士，则下有不让之人；上有克胜之佐，则下有伤害之心；上有好利之臣，则下有盗窃之民：此其本也。今俗吏之治，皆不本礼让，而上克暴，或忮害好陷人于罪，贪财而慕势，故犯法者众，奸邪不止，虽严刑峻法，犹不为变。此非其天性，有由然也。

　　臣窃考《国风》之诗，《周南》《召南》被贤圣之化深，故笃于行而廉于色。郑伯好勇，而国人暴虎；秦穆贵信，而士多从死；陈夫人好巫，

　───────────────

　　① 班固. 汉书·卷81·匡衡传 [M]. 北京：中华书局，1962：3332.

而民淫祀；晋侯好俭，而民畜聚；太王躬仁，邻国贵恕。由此观之，治天下者审所上而已。今之伪薄忮害，不让极矣。臣闻教化之流，非家至而人说之也。贤者在位，能者布职，朝廷崇礼，百僚敬让。道德之行，由内及外，自近者始，然后民知所法，迁善日进而不自知。是以百姓安，阴阳和，神灵应，而嘉祥见。《诗》曰："商邑翼翼，四方之极；寿考且宁，以保我后生。"此成汤所以建至治，保子孙，化异俗而怀鬼方也。今长安天子之都，亲承圣化，然其习俗无以异于远方，郡国来者无所法则，或见侈靡而放效之。此教化之原本，风俗之枢机，宜先正者也。

臣闻天人之际，精祲有以相荡，善恶有以相推，事作乎下者象动乎上，阴阳之理各应其感，阴变则静者动，阳蔽则明者晻，水旱之灾随类而至。今关东连年饥馑，百姓乏困，或至相食，此皆生于赋敛多，民所共者大，而吏安集之不称之效也。陛下祗畏天戒，哀闵元元，大自减损，省甘泉、建章宫卫，罢珠崖，偃武行文，将欲度唐虞之隆，绝殷周之衰也。诸见罢珠崖诏书者，莫不欣欣，人自以将见太平也。宜遂减宫室之度，省靡丽之饰，考制度，修外内，近忠正，远巧佞，放郑卫，进《雅》《颂》，举异材，开直言，任温良之人，退刻薄之吏，显洁白之士，昭无欲之路，览《六艺》之意，察上世之务，明自然之道，博和睦之化，以崇至仁，匡失俗，易民视，令海内昭然咸见本朝之所贵，道德弘于京师，淑问扬乎疆外，然后大化可成，礼让可兴也。①

匡衡在上疏中痛陈风俗衰颓、重利轻廉、奢靡盛行、纲纪失序等现象后，依据儒家经典，倡议变易风俗，并提出了以上化下、层层教化的思想。他还提出皇帝要以身作则，任贤用能，罢免酷吏，宣扬礼乐，广开言路，推行仁政，让道德风气遍及整个国家。元帝升迁匡衡为光禄大夫、太子少傅。

元帝喜好文辞与儒术，对于宣帝时期的政治格局做了很大的改动，大

---

① 班固. 汉书·卷81·匡衡传 [M]. 北京：中华书局，1962：3333—3337.

有矫枉过正之嫌。此外，元帝对傅昭仪和她的儿子定陶王刘康的宠爱，远远超过了皇后、太子。匡衡又上疏曰：

臣闻治乱安危之机，在乎审所用心。盖受命之王务在创业垂统传之无穷，继体之君心存于承宣先王之德而褒大其功。昔者成王之嗣位，思述文武之道以养其心，休烈盛美皆归之二后而不敢专其名，是以上天歆享，鬼神佑焉。其《诗》曰：'念我皇祖，陟降廷止。'言成王常思祖考之业，而鬼神佑助其治也。

陛下圣德天覆，子爱海内，然阴阳未和，奸邪未禁者，殆论议者未丕扬先帝之盛功，争言制度不可用也，务变更之，所更或不可行，而复复之，是以群下更相是非，吏民无所信。臣窃恨国家释乐成之业，而虚为此纷纷也。愿陛下详览统业之事，留神于遵制扬功，以定群下之心。《大雅》曰："无念尔祖，聿修厥德。"孔子著之《孝经》首章，盖至德之本也。传曰："审好恶，理情性，而王道毕矣。"能尽其性，然后能尽人物之性；能尽人物之性，可以赞天地之化。治性之道，必审己之所有余，而强其所不足。盖聪明疏通者戒于大察，寡闻少见者戒于雍蔽，勇猛刚强者戒于大暴，仁爱温良者戒于无断，湛静安舒者戒于后时，广心浩大者戒于遗忘。必审己之所当戒，而齐之以义，然后中和之化应，而巧伪之徒不敢比周而望进。唯陛下戒所以崇圣德。

臣又闻室家之道修，则天下之理得，故《诗》始《国风》，《礼》本《冠》《婚》。始乎《国风》，原情性而明人伦也；本乎《冠》《婚》，正基兆而防未然也。福之兴莫不本乎室家，道之衰莫不始乎梱内。故圣王必慎妃后之际，别适长之位。礼之于内也，卑不隃尊，新不先故，所以统人情而理阴气也。其尊适而卑庶也，适子冠乎阼，礼之用醴，众子不得与列，所以贵正体而明嫌疑也。非虚加其礼文而已，乃中心与之殊异，故礼探其情而见之外也。圣人动静游燕，所亲物得其序；得其序，则海内自修，百姓从化。如当亲者疏，当尊者卑，则佞巧之奸因时而动，以乱国家。故圣人慎防其端，禁于未然，不以私恩害公义。陛下圣德纯备，莫不修正，则天下无为而治。《诗》云："于以四方，克定厥家。"传曰："正家而天下定矣。"①

匡衡利用《诗经》《孝经》来劝谏元帝遵循先帝的制度，保持政治举措的连续性；尊重嫡系，卑贱庶系，不要因为宠爱傅昭仪与定陶王刘康而破坏了家国大义。

匡衡担任太子少傅期间，总能依据经义来发表自己对朝廷大事的意见，被元帝任命为光禄勋、御史大夫。建昭三年（前36年），接替韦玄成担任丞相，被封为乐安侯，食邑六百户。

成帝即位之初，王氏外戚专权，成帝沉迷于酒色，耽于游宴。匡衡劝谏成帝唯有言行举止符合道德礼仪，才能移风易俗，树立治理国家的根基，强化皇帝的威权。匡衡曰：

陛下秉至孝，哀伤思慕不绝于心，未有游虞弋射之宴，诚隆于慎终追远，无穷已也。窃愿陛下虽圣性得之，犹复加圣心焉。《诗》云"茕茕在疚"，言成王丧毕思慕，意气未能平也，盖所以就文武之业，崇大化之本也。

臣又闻之师曰："妃匹之际，生民之始，万福之原。"婚姻之礼正，然后品物遂而天命全。孔子论《诗》以《关雎》为始，言太上者民之父母，后夫人之行不侔乎天地，则无以奉神灵之统而理万物之宜。故《诗》："窈窕淑女，君子好仇。"言能致其贞淑，不贰其操，情欲之感无介乎容仪，宴私之意不形乎动静，夫然后可以配至尊而为宗庙主。此纲纪之首，王教之端也，自上世已来，三代兴废，未有不由此者也。愿陛下详览得失盛衰之效以定大基，采有德，戒声色，近严敬，远技能。

窃见圣德纯茂，专精《诗》《书》，好乐无厌。臣衡材驽，无以辅相善义，宣扬德音。臣闻六经者，圣人所以统天地之心，著善恶之归，明吉凶之分，通人道之正，使不悖于其本性者也。故审六艺之指，则天人之理可

---

① 班固．汉书·卷81·匡衡传［M］．北京：中华书局，1962：3338—3340.

得而和，草木昆虫可得而育，此永永不易之道也。及《论语》《孝经》，圣人言行之要，宜究其意。

臣又闻圣王之自为动静周旋，奉天承亲，临朝享臣，物有节文，以章人伦。盖钦翼祗栗，事天之容也；温恭敬逊，承亲之礼也；正躬严恪，临众之仪也；嘉惠和说，镌下之颜也。举错动作，物遵其仪，故形为仁义，动为法则。孔子曰："德义可尊，容止可观，进退可度，以临其民，是以其民畏而爱之，则而象之。"《大雅》云："敬慎威仪，惟民之则。"诸侯正月朝觐天子，天子惟道德，昭穆穆以视之，又观以礼乐，镌醴乃归。故万国莫不获赐祉福，蒙化而成俗。今正月初幸路寝，临朝贺，置酒以镌万方，传曰"君子慎始"，愿陛下留神动静之节，使群下得望盛德休光，以立基桢，天下幸甚！①

匡衡虽然在治礼作乐、移风易俗方面颇有建树，但是在政治方面乏善可陈。元帝在位期间，中书令石显得到重用，丞相韦玄成以及匡衡都不敢违背他的意思。成帝即位后，石显被废黜，匡衡与御史大夫甄谭一同上奏弹劾石显及其党羽。司隶校尉王尊弹劾匡衡首鼠两端，曰："衡、谭居大臣位，知显等专权势，作威福，为海内患害，不以时白奏行罚，而阿谀曲从，附下罔上，无大臣辅政之义。既奏显等，不自陈不忠之罪，而反扬著先帝任用倾覆之徒，罪至不道。"② 匡衡惧怕，上书谢罪，并称病请求告老还乡，上缴丞相乐安侯印绶。成帝回答曰："君以道德修明，位在三公，先帝委政，遂及朕躬。君遵修法度，勤劳公家，朕嘉与君同心合意，庶几有成。今司隶校尉尊妄诋欺，加非于君，朕甚闵焉。方下有司问状，君何疑而上书归侯乞骸骨，是章朕之未烛也。传不云乎？'礼义不愆，何恤人之言！'君其察焉。专精神，近医药，强食自爱。"③ 又赐给他上等酒、牛。匡衡得以继续处理政事。成帝因为刚刚即位，褒扬和优待老臣，但是

---

① 班固．汉书·卷81·匡衡传 [M]．北京：中华书局，1962：3341—3344.
② 班固．汉书·卷81·匡衡传 [M]．北京：中华书局，1962：3344.
③ 班固．汉书·卷81·匡衡传 [M]．北京：中华书局，1962：3345.

大臣们都赞成王尊的意见。匡衡心中惶恐不安，每当有水旱灾发生时便请求辞官归乡，成帝每每下诏抚慰他。后来，匡衡的儿子越骑校尉匡昌酒后杀人，被抓入诏狱。匡昌的官属与匡昌的弟弟匡且谋划劫狱营救匡昌。事情被发觉后，匡衡脱冠赤脚向成帝请罪，成帝没有问罪。不久之后，有官员上奏匡衡偷盗土地，匡衡最终被免官。

匡衡的封地在临淮郡僮县乐安乡，共有田地三千一百顷，南边以闽佰为界。初元元年（前48年），临淮郡的地图误把闽佰当作平陵佰。长达十年的时间里，匡衡在临淮郡的封地比真正的封地多了四百顷。建始元年（前32年），临淮郡重新确定郡国边界，重新统计田亩并另造簿册，重绘郡图，并将此事报告给丞相府。在匡衡的默许下，临淮郡将四百顷的土地划给了乐安国。匡衡还派遣从史到僮县，将这四百顷土地上的田租谷千余石运送到自己家里。司隶校尉骏、少府兼廷尉忠弹劾匡衡："衡监临盗所主守直十金以上。《春秋》之义，诸侯不得专地，所以壹统尊法制也。衡位三公，辅国政，领计簿，知郡实，正国界，计簿已定而背法制，专地盗土以自益，及赐、明阿承衡意，猥举郡计，乱减县界，附下罔上，擅以地附益大臣，皆不道。"① 成帝免匡衡为庶人。匡衡终死于家。他的儿子匡咸也因通晓经书，官至九卿。其后代多担任博士。

乐安侯匡衡出身贫苦，笃志于学，精通《诗经》，在儒生中具有极高的威望。元帝即位后，他依据《孝经》《诗经》提出了许多移风易俗、治礼作乐方面的建议与方略，深受元帝的赏识，得以封侯拜相。匡衡在政治上少有作为，元帝时，宦官石显专权，他党于石显。成帝即位后，面对王氏外戚专权，亦无所作为。终因侵吞临淮四百顷土地而被免相除国。

---

① 班固. 汉书·卷81·匡衡传［M］. 北京：中华书局，1962：3346.

安昌侯张禹

　　张禹（？—前5），字子文，河内轵（今河南济源）人，到他父亲时全家迁徙到莲勺（今陕西渭南）。张禹还是孩童的时候，经常跟随家人到集市上，喜欢观看那些看相、占卜的人。时间久了，就懂得识别蓍草、八卦，常常在旁边说出卦象的意思。占卜的人很喜欢他，又认为他相貌不凡，于是对张禹的父亲说："是儿多知，可令学经。"① 张禹长大后到长安学习，跟从沛郡的施雠学习《易》，又跟从琅邪王阳、胶东庸生学习《论语》。精习经书之后，他就讲学授徒，被举荐为郡文学。甘露年间，儒生们推荐张禹，宣帝下诏派太子太傅萧望之询问他。张禹用《易》及《论语》的大义回答萧望之的提问。萧望之很欣赏他，上奏张禹明习经学，有师法传承，可以试用做官。但是宣帝没有回复，张禹仍任原职。很久之后，试官为博士。初元中，元帝立皇太子，命博士郑宽中以《尚书》教授太子，郑宽中推荐张禹精通《论语》。元帝下诏张禹以《论语》教授太子，升迁为光禄大夫。几年之后，张禹被外放为东平内史。

　　成帝即位后，将张禹、郑宽中征到长安，因以前的师傅旧恩被赐予关内侯的爵位，郑宽中食八百户，张禹食六百户。成帝任命张禹为诸吏光禄大夫，秩中二千石，给事中，领尚书事，参与枢机。当时成帝的舅舅阳平侯王凤为大将军，专制朝政。成帝年少，爱好经学，敬重张禹。张禹与王凤共

---

　　① 　班固. 汉书·卷81·张禹传［M］. 北京：中华书局，1962：3347.

同掌管尚书，内心恐惧，数次托病上书请求辞职，避免与王凤发生冲突。成帝回复："朕以幼年执政，万机惧失其中，君以道德为师，故委国政。君何疑而数乞骸骨，忽忘雅素，欲避流言？朕无闻焉。君其固心致思，总秉诸事，推以孳孳，无违朕意。"① 成帝赐给张禹黄金百斤、牛、上等好酒，太官供给饮食，令御医看病，派使者慰问。张禹惶恐不安，只得继续处理政事。河平四年（前25年），张禹代替王商担任丞相，被封为安昌侯。

张禹做了六年丞相，鸿嘉元年（前20年），张禹又因病请求辞职，成帝最终同意。成帝赐给他安车驷马，一百斤黄金，允许他回到在长安的府第，以列侯的身份在初一、十五的时候朝见皇帝，并授予他特进的衔号，按照丞相的礼节来对待他，增加四百户的封邑。成帝又前后赏赐了他数千万钱。

张禹在经济上颇为积极，全力经营农业与工商业。显贵的时候，在泾水、渭水流域购买了四百顷的上等田地，还有其他很多财物。张禹本人精通音乐，生活奢侈淫逸，经常在长安的豪华府第中演奏丝、竹、筑、弦等乐器。

张禹年老时，自己修建墓地祠室，上书向成帝请求平陵肥牛亭之地，成帝将这块地方赐给了张禹，下诏平陵迁徙肥牛亭到其他地方。曲阳侯王根劝谏成帝："此地当平陵寝庙衣冠所出游道，禹为师傅，不遵谦让，至求衣冠所游之道，又徒坏旧亭，重非所宜。孔子称'赐爱其羊，我爱其礼'，宜更赐禹它地。"② 成帝拒绝了王根的建议，坚持将肥牛亭赐给张禹。王根于是怨恨张禹，数次在成帝面前诋毁他，成帝反而更加敬重张禹。张禹每次得病，成帝都派使者询问他的情况。有一次，成帝亲自去问候张禹时，张禹向成帝进言："老臣有四男一女，爱女甚于男，远嫁为张掖太守萧咸妻，不胜父子私情，思与相近。"③ 成帝不仅迁任萧咸为弘农太守，还任命张禹的小儿子为黄门郎、给事中。

---

① 班固. 汉书·卷81·张禹传 [M]. 北京：中华书局，1962：3348.
② 班固. 汉书·卷81·张禹传 [M]. 北京：中华书局，1962：3350.
③ 班固. 汉书·卷81·张禹传 [M]. 北京：中华书局，1962：3350.

张禹虽然辞官归家，依然以特进的身份做成帝的老师。成帝永始、元延年间，频繁发生日蚀和地震，官民多讥讽都是王氏外戚所导致的。成帝心中恐惧，亲自到张禹府中，屏退左右，将官民对于王氏的意见告诉张禹。张禹考虑到自己年老，子孙又孤弱，而且与曲阳侯王根素有仇怨，便为王氏外戚开脱曰："春秋二百四十二年间，日蚀三十余，地震五，或为诸侯相杀，或夷狄侵中国。灾变之异深远难见，故圣人罕言命，不语怪神。性与天道，自子赣之属不得闻，何况浅见鄙儒之所言！陛下宜修政事以善应之，与下同其福喜，此经义意也。新学小生，乱道误人，宜无信用，以经术断之。"① 曲阳侯王根以及其他王氏外戚听说了张禹的进言，都去拜访张禹。

成帝驾崩之后，张禹又侍候哀帝，建平二年（前5）去世，谥号为节侯。张禹有四个儿子，长子张宏继承了侯爵，官至太常。张宏的三个弟弟均担任校尉散骑诸曹。

张禹以明习《易经》《论语》进入汉帝国的庙堂，成为成帝的老师。他将成帝在学习《论语》时提出的疑难问题记录下来，编成《论语章句》一书献给成帝。当时鲁扶卿、夏侯胜、王阳、萧望之、韦玄成都传授《论语》，各家所讲的篇章次序不同，观点也颇有不同。张禹先拜王阳为师，后又跟从庸生学习，博采众长，自成一家。由于张禹官至丞相，其学说颇为流行，儒生们都说："欲不为《论》，念张文。"② 张禹担任丞相之后，无所作为，为保爵禄而党于王氏。且身为丞相，不能正身率下，反而经营货殖，大肆兼并关中肥沃土地，生活奢侈淫逸，恶化了当时的政治局势与阶级矛盾。班固评论张禹："以儒宗居宰相位，服儒衣冠，传先王语，其酝藉可也，然皆持禄保位，被阿谀之讥。彼以古人之迹见绳，乌能胜其任乎！"③

---

① 班固. 汉书·卷81·张禹传 [M]. 北京：中华书局，1962：3351.
② 班固. 汉书·卷81·张禹传 [M]. 北京：中华书局，1962：3352.
③ 班固. 汉书·卷81·张禹传 [M]. 北京：中华书局，1962：3366.

高阳侯薛宣

　　薛宣，字赣君，东海郯（今山东郯城）人。年轻时曾担任廷尉书佐、都船狱史、大司农斗食属官。后被察举廉吏，被任命为不其县丞。琅邪太守赵贡巡视到不其县，非常欣赏薛宣的才能，带领他一同巡视各县。到达郡府之后，赵贡令妻子、儿子与薛宣见面，嘱托薛宣："赣君至丞相，我两子亦中丞相史。"① 后来薛宣又被察举廉吏，升任乐浪都尉丞。薛宣先被幽州刺史举为茂材，担任宛句令。后被大将军王凤举荐为长安令，政绩斐然，颇有声名。因为熟悉文书法令，担任御史中丞。

　　成帝即位之初，薛宣担任御史中丞，在宫殿中执法，在朝廷外统领各州刺史。西汉末年，刺史开始超越"六条"的权力范围，干预地方政务，薛宣发觉了这一苗头，便上书成帝，要求裁制刺史权力。书曰："陛下至德仁厚，哀闵元元，躬有日仄之劳，而亡佚豫之乐，允执圣道，刑罚惟中，然而嘉气尚凝，阴阳不和，是臣下未称，而圣化独有不洽者也。臣窃伏思其一端，殆吏多苛政，政教烦碎，大率咎在部刺史，或不循守条职，举错各以其意，多与郡县事，至开私门，听谗佞，以求吏民过失，谴呵及细微，责义不量力。郡县相迫促，亦内相刻，流至众庶。是故乡党阙于嘉宾之欢，九族忘其亲亲之恩，饮食周急之厚弥衰，送往劳来之礼不行。夫人道不通，则阴阳否隔，和气不兴，未必不由此也。《诗》云：'民之失

---

　　① 班固. 汉书·卷83·薛宣传［M］. 北京：中华书局，1962：3385.

德，干糇以愆。'鄙语曰：'苛政不亲，烦苦伤恩。'方刺史奏事时，宜明申敕，使昭然知本朝之要务。臣愚不知治道，唯明主察焉。"① 成帝采纳了他的建议。

薛宣尽忠职守，屡次上书谈论政事，并弹劾、举荐了大量的官员。后来被外放为临淮太守，政教大行，颇有政绩。陈留郡爆发农民起义后，成帝调任薛宣为陈留太守，平定了此次起义，官民都很敬重他。因功代理左冯翊，一年之后正式担任左冯翊。

高陵令杨湛、栎阳令谢游贪婪狡猾，朝廷数次派遣二千石官员调查他们，都没有什么结果。薛宣担任左冯翊后，表面上对他们礼敬备至，暗地里调查他们的罪过，获得了他们索取与接受贿赂的证据。薛宣不动声色，亲自写信给杨湛："吏民条言君如牒，或议以为疑于主守盗。冯翊敬重令，又念十金法重，不忍相暴章。故密以手书相晓，欲君自图进退，可复伸眉于后。即无其事，复封还记，得为君分明之。"② 杨湛自知薛宣已经掌握了自己贪赃的证据，便解下印绶交给官吏，并写信感谢薛宣。薛宣又写信给谢游："告栎阳令：吏民言令治行烦苛，适罚作使千人以上；贼取钱财数十万，给为非法；卖买听任富吏，贾数不可知。证验以明白，欲遣吏考案，恐负举者，耻辱儒士，故使掾平镌令。孔子曰：'陈力就列，不能者止。'令详思之，方调守。"③ 谢游收到信后，也解下印绶离开。

薛宣知人善任。其治下的频阳县与上郡、西河接壤，民风剽悍，多有盗贼。频阳令薛恭是一个孝子，却没有治理百姓的能力；粟邑位于山谷中，民众质朴，容易管理，县令尹赏颇有治民能力，薛宣命令尹赏与薛恭换县而治。数月之后，两个县都被治理得井井有条。薛宣移送文书劝勉二人："昔孟公绰优于赵魏而不宜滕薛，故或以德显，或以功举，'君子之道，焉可怃也！'属县各有贤君，冯翊垂拱蒙成。愿勉所职，卒功业。"④

---

① 班固. 汉书·卷83·薛宣传 [M]. 北京：中华书局，1962：3386.
② 班固. 汉书·卷83·薛宣传 [M]. 北京：中华书局，1962：3387.
③ 班固. 汉书·卷83·薛宣传 [M]. 北京：中华书局，1962：3388.
④ 班固. 汉书·卷83·薛宣传 [M]. 北京：中华书局，1962：3389.

薛宣获知郡中官员与百姓的罪名后，马上告诉他们的长吏，使长吏们自行处罚。他晓谕长吏们："府所以不自发举者，不欲代县治，夺贤令长名也。"① 长吏们既高兴又畏惧，感谢薛宣将恩惠让给自己。

薛宣做官赏罚分明，在任上制定的大多是爱人、宽仁、利人的举措。池阳令举荐狱掾王立为廉吏，薛宣还没来得及召见，就听说王立接受了犯人家的金钱。薛宣责令池阳县令调查此事，原来是王立的妻子私自接受了犯人家的一万六千钱，王立并不知情。薛宣听说之后，移送文书给池阳令曰："县所举廉吏狱掾王立，家私受赇，而立不知，杀身以自明。立诚廉士，甚可闵惜！其以府决曹掾书立之枢，以显其魂。府掾史素与立相知者，皆予送葬。"②

薛宣注重仪容威严，举止大方文雅，郡中的官吏和百姓都称赞他。升任少府后，因勤于供职而受到称赞。

御史大夫于永去世后，谷永上疏推荐薛宣担任御史大夫。书曰："帝王之德莫大于知人，知人则百僚任职，天工不旷。故皋陶曰：'知人则哲，能官人。'御史大夫内承本朝之风化，外佐丞相统理天下，任重职大，非庸材所能堪。今当选于群卿，以充其缺。得其人则万姓欣喜，百僚说服；不得其人则大职堕斁，王功不兴。虞帝之明，在兹壹举，可不致详！窃见少府宣，材茂行洁，达于从政，前为御史中丞，执宪毂下，不吐刚茹柔，举错时当；出守临淮、陈留，二郡称治；为左冯翊，崇教养善，威德并行，众职修理，奸轨绝息，辞讼者历年不至丞相府，赦后余盗贼什分三辅之一。功效卓尔，自左内史初置以来未尝有也。孔子曰：'如有所誉，其有所试。'宣考绩功课，简在两府，不敢过称以奸欺诬之罪。臣闻贤材莫大于治人，宣已有效。其法律任廷尉有余，经术文雅足以谋王体，断国论；身兼数器，有'退食自公'之节。宣无私党游说之助，臣恐陛下忽于《羔羊》之诗，舍公实之臣，任华虚之誉，是用越职，陈宣行能，唯陛下

---

① 班固. 汉书·卷83·薛宣传 [M]. 北京：中华书局，1962：3390.
② 班固. 汉书·卷83·薛宣传 [M]. 北京：中华书局，1962：3390.

留神考察。"① 成帝于是任命薛宣为御史大夫。

几个月之后，薛宣取代张禹担任丞相，成帝以千户封其为高阳侯。薛宣践行当年的诺言，任命赵贡的两个儿子为丞相史。薛宣担任丞相之后，规定"府辞讼例不满万钱不为移书"，② 降低了诉讼效率，由此受到弹劾。成帝喜好儒术，而薛宣因为不擅长经学，所以受到成帝的冷落。

广汉郡爆发农民起义后，薛宣派掾史督促镇压，但是没有成效。邛成太后驾崩后，官吏又乘机赋敛百姓，闹得民怨沸腾。成帝下达了册免薛宣的诏书。诏曰："君为丞相，出入六年，忠孝之行，率先百僚，朕无闻焉。朕既不明，变异数见，岁比不登，仓廪空虚，百姓饥馑，流离道路，疾疫死者以万数，人至相食，盗贼并兴，群职旷废，是朕之不德而股肱不良也。乃者广汉群盗横恣，残贼吏民，朕恻然伤之，数以问君，君对辄不如其实。西州鬲绝，几不为郡。三辅赋敛无度，酷吏并缘为奸，侵扰百姓，诏君案验，复无欲得事实之意。九卿以下，咸承风指，同时陷于谩欺之辜，咎繇君焉！有司法君领职解嫚，开谩欺之路，伤薄风化，无以帅示四方。不忍致君于理，其上丞相高阳侯印绶，罢归。"③

薛宣担任丞相时，翟方进担任丞相司直。薛宣认为翟方进有宰相之才，便数次提拔他。翟方进成为丞相后，感念薛宣的恩情，极力向成帝推荐薛宣熟悉文法制度。于是，成帝又恢复了他的高阳侯爵位，加特进衔，位次安昌侯张禹，兼管尚书事务，再次参与决策。几年后，受定陵侯淳于长的牵连而被免官归家。

薛宣有两个弟弟——薛明和薛修。薛宣的后母常常跟从薛修居住。薛宣担任丞相时，薛修担任临菑令。后母病死，薛修辞官服丧，并完成了三年之丧。当时哀帝刚刚即位，博士申咸担任给事中，数次上奏弹劾薛宣不供养母亲，不服丧，不应以列侯身份参与朝政。当时薛宣的儿子薛况担任

① 班固. 汉书·卷83·薛宣传 [M]. 北京：中华书局，1962：3391—3392.
② 班固. 汉书·卷83·薛宣传 [M]. 北京：中华书局，1962：3393.
③ 班固. 汉书·卷83·薛宣传 [M]. 北京：中华书局，1962：3393.

右曹侍郎，便贿赂门客杨明在宫门外砍伤申咸，致使申咸身上有八处重伤。

对于薛况的惩处，朝廷内部有两种不同的意见，御史中丞等奏曰："况朝臣，父故宰相，再封列侯，不相救丞化，而骨肉相疑，疑咸受修言以谤毁宣。咸所言皆宣行迹，众人所共见，公家所宜闻。况知咸给事中，恐为司隶举奏宣，而公令明等迫切宫阙，要遮创戮近臣于大道人众中，欲以鬲塞聪明，杜绝论议之端。桀黠无所畏忌，万众讙哗，流闻四方，不与凡民忿怒争斗者同。臣闻敬近臣，为近主也。礼，下公门，式路马，君畜产且犹敬之。《春秋》之义，意恶功遂，不免于诛，上浸之源不可长也。况首为恶，明手伤，功意俱恶，皆大不敬。明当以重论，及况皆弃市。"① 廷尉直认为："律曰：'斗以刃伤人，完为城旦，其贼加罪一等，与谋者同罪。'诏书无以诋欺成罪。传曰：'遇人不以义而见疻者，与痏人之罪钧，恶不直也。'咸厚善修，而数称宣恶，流闻不谊，不可谓直。况以故伤咸，计谋已定，后闻置司隶，因前谋而趣明，非以恐咸为司隶故造谋也。本争私变，虽于掖门外伤咸道中，与凡民争斗无异。杀人者死，伤人者刑，古今之通道，三代所不易也。孔子曰：'必也正名。'名不正，则至于刑罚不中；刑罚不中，而民无所错手足。今以况为首恶，明手伤为大不敬，公私无差。《春秋》之义，原心定罪。原况以父见谤发忿怒，无它大恶。加诋欺，辑小过成大辟，陷死刑，违明诏，恐非法意，不可施行。圣王不以怒增刑。明当以贼伤人不直，况与谋者皆爵减完为城旦。"② 丞相孔光、大司空师丹认同御史中丞的建议，将军以下到博士、议郎则赞成廷尉直的建议。哀帝最终采纳了廷尉直的意见，减薛况罪一等，将其迁徙至敦煌。薛宣受到牵连，被免为庶人，回到东海郡，老死于家。

高阳侯薛宣虽然经术浅薄，但颇具吏能，善于治民，政绩斐然，故能从书佐小吏一步步升任丞相。担任丞相后，为政琐碎，缺乏宏才大略。面

---

① 班固. 汉书·卷83·薛宣传［M］. 北京：中华书局，1962：3395.

② 班固. 汉书·卷83·薛宣传［M］. 北京：中华书局，1962：3395—3396.

对王氏外戚专权、土地兼并、政治腐败、灾荒频发、农民起义的冲击，薛宣始终一筹莫展，最终被成帝罢黜。虽然在翟方进的荐举下，哀帝重新起用薛宣，但由于受到儿子薛况的牵连，罢官免爵，终老于家。班固评论道："薛宣、朱博皆起佐史，历位以登宰相。宣所在而治，为世吏师，及居大位，以苛察失名，器诚有极也。"①

---

① 班固. 汉书·卷83·薛宣传［M］. 北京：中华书局，1962：3409.

高陵侯翟方进

翟方进（？—前7），字子威，汝南上蔡（今河南上蔡）人。其父翟公爱好学问，担任郡文学。翟方进十二三岁的时候，因父亲去世而无法继续学习，在太守府担任小史，多次被太守的掾史辱骂。翟方进很悲伤，于是到汝南蔡父处相面。蔡父告诉他："小史有封侯骨，当以经术进，努力为诸生学问。"①翟方借口生病回到家中，告诉后母想到京师长安学习经学。他的后母哀怜他幼小，于是跟随他到达长安，靠织鞋供他读书。他跟从博士学习《春秋》，苦读十几年后，通晓经书，聚徒讲学。以射策甲科的资格担任郎官。后被举为明经，升任议郎。

胡常与翟方进均研习《春秋》。胡常虽是前辈，但是声誉却不如翟方进，经常在讲论经义的时候批判翟方进。翟方进知道后，派门生到胡常那里请教经学的问题。久而久之，胡常知道这是翟方进尊重自己，于是放下成见。二人成为朋友。

河平年间，翟方进升任博士，后又升任朔方刺史。巡查地方，颇有威名。后来升为丞相司直，敢于弹劾。在一次跟随成帝去甘泉宫的路上，他的马车不慎进入驰道中。司隶校尉陈庆弹劾翟方进，没收了他的车马。后来陈庆在甘泉宫中与廷尉范延寿交谈，自道："行事以赎论，今尚书持我

① 班固. 汉书·卷84·翟方进传［M］. 北京：中华书局，1962：3411.

事来，当于此决。前我为尚书时，尝有所奏事，忽忘之，留月余。"① 翟方进听闻后，弹劾陈庆泄露尚书秘事："案庆奉使刺举大臣，故为尚书，知机事周密壹统，明主躬亲不解。庆有罪未伏诛，无恐惧心，豫自设不坐之比。又暴扬尚书事，言迟疾无所在，亏损圣德之聪明，奉诏不谨，皆不敬，臣谨以劾。"② 陈庆于是被免官。

汉例，司隶校尉官位在丞相司直以下，刚被任命时，需拜谒丞相府、御史府。在朝会的时候，司隶校尉的位次在中二千石前，与丞相司直共同迎接丞相、御史大夫。涓勋被任命为司隶校尉后，不肯拜见丞相、御史大夫。后在朝会时，又傲慢无礼。翟方进暗中观察涓勋，发现他私自拜访光禄勋辛庆忌出来时碰见成帝的舅成都侯王商。涓勋下车站在一边，等到王商过后才上车。于是翟方进弹劾涓勋身为国家重臣有失礼制，因曰："臣闻国家之兴，尊尊而敬长，爵位上下之礼，王道纲纪。《春秋》之义，尊上公谓之宰，海内无不统焉。丞相进见圣主，御坐为起，在舆为下。群臣宜皆承顺圣化，以视四方。勋吏二千石，幸得奉使，不遵礼仪，轻谩宰相，贱易上卿，而又讪节失度，邪谄无常，色厉内荏。堕国体，乱朝廷之序，不宜处位。臣请下丞相免勋。"③ 成帝于是将涓勋贬为昌陵令。翟方进一年内罢免了两个司隶校尉，威震朝廷。丞相薛宣非常赏识翟方进，并时常告诫掾史："谨事司直，翟君必在相位，不久。"④

当时经营昌陵，建造皇陵城邑，成帝近臣贵戚子弟的宾客多承包修建工程。翟方进派掾史查验时，发现他们贪污了数千万，成帝任命他为京兆尹。翟方进在任上打击豪强，长安的豪强们都害怕他。其好友胡常写信规劝他："窃闻政令甚明，为京兆能，则恐有所不宜。"⑤ 此后，翟方进在治民方面逐渐宽缓。

① 班固. 汉书·卷84·翟方进传 [M]. 北京：中华书局，1962：3412.
② 班固. 汉书·卷84·翟方进传 [M]. 北京：中华书局，1962：3412.
③ 班固. 汉书·卷84·翟方进传 [M]. 北京：中华书局，1962：3414.
④ 班固. 汉书·卷84·翟方进传 [M]. 北京：中华书局，1962：3415.
⑤ 班固. 汉书·卷84·翟方进传 [M]. 北京：中华书局，1962：3416.

永始二年（前 15 年），升任御史大夫。几个月之后，丞相薛宣因益州广汉农民起义、筹办太皇太后丧事不利，被免为庶人。翟方进也被贬为执金吾。丞相位置空缺二十余日后，大臣们多举荐翟方进，成帝提拔他为丞相，封高陵侯，食邑千户。翟方进后母去世，翟方进服丧三十六日后，开始处理政事。他任职丞相后公正廉洁，执法苛刻，牧守九卿多被其弹劾。陈咸、朱博、萧育、逢信、孙闳，都是长安的世家子弟。翟方进依据法令打击这些世家子弟，成为成帝打击世家子弟以及平衡王氏外戚的重要人物。

陈咸从元帝初年，开始担任御史中丞，显名于朝廷。成帝即位后，被提拔为部刺史，又历任楚国、北海、东郡三郡太守。阳朔年间，京兆尹王章深责大臣，而推荐琅邪太守冯野王为大将军，东郡太守陈咸担任御史大夫。当时，翟方进只是一个小小的博士。后翟方进担任京兆尹，陈咸担任少府，二人相交。逢信已从郡守升任京兆尹、太仆、卫尉，从政资历在翟方进之上。御史大夫空缺时，三个人都在候选之列，而翟方进最终成为御史大夫。翟方进受到丞相薛宣的牵连而被治罪时，成帝派五个二千石官员诘责薛宣、翟方进，逢信、陈咸皆在其中，翟方进受到二人的弹劾。因为二人与陈汤相交，陈汤又深得大将军王凤、王音的赏识，所以翟方进未敢轻举妄动。王音死后，王商成为大司马，以罪将陈汤免职，陈咸、逢纪由此失去了王氏外戚这座靠山。翟方乘机弹劾他们："邪枉贪污，营私多欲。皆知陈汤奸佞倾覆，利口不轨，而亲交赂遗，以求荐举。后为少府，数馈遗汤。信、咸幸得备九卿，不思尽忠正身，内自知行辟亡功效，而官媚邪臣，欲以徼幸，苟得亡耻。孔子曰：'鄙夫可与事君也与哉！'咸、信之谓也。过恶暴见，不宜处位，臣请免以示天下。"[1] 成帝免除了陈咸、逢信的官职。

两年后，成帝下诏举荐方正直言之士，红阳侯王立举荐陈咸对策，成帝任命陈咸为光禄大夫给事中。翟方进又上书弹劾陈咸和王立："咸前为

---

① 班固. 汉书·卷 84·翟方进传［M］. 北京：中华书局，1962：3418.

九卿，坐为贪邪免，自知罪恶暴陈，依托红阳侯立徼幸，有司莫敢举奏。冒浊苟容，不顾耻辱，不当蒙方正举，备内朝臣。"① 成帝下诏免去陈咸的官职，但没有处置红阳侯王立。

　　几年后，皇太后姐姐的儿子侍中卫尉定陵侯淳于长有罪被杀，事情牵连到红阳侯王立。翟方进弹劾王立："怀奸邪，乱朝政，欲倾误要主上，狡猾不道，请下狱。"② 成帝遣王立就国。翟方进又弹劾王立的党羽：

　　立素行积为不善，众人所共知。邪臣自结，附托为党，庶几立与政事，欲获其利。今立斥逐就国，所交结尤著者，不宜备大臣，为郡守。案后将军朱博、巨鹿太守孙闳、故光禄大夫陈咸与立交通厚善，相与为腹心，有背公死党之信，欲相攀援，死而后已；皆内有不仁之性，而外有俊材，过绝人伦，勇猛果敢，处事不疑，所居皆尚残贼酷虐，苛刻惨毒以立威，而亡纤介爱利之风。天下所共知，愚者犹惑。孔子曰："人而不仁如礼何！人而不仁如乐何！"言不仁之人，亡所施用；不仁而多材，国之患也。此三人皆内怀奸猾，国之所患，而深相与结，信于贵戚奸臣，此国家大忧，大臣所宜没身而争也。昔季孙行父有言曰："见有善于君者爱之，若孝子之养父母也；见不善者诛之，若鹰鹯之逐鸟爵也。"翅翼虽伤，不避也。贵戚强党之众诚难犯，犯之，众敌并怨，善恶相冒。臣幸得备宰相，不敢不尽死。请免博、闳、咸归故郡，以销奸雄之党，绝群邪之望。③

　　而后他又弹劾淳于长的党羽，"条奏长所厚善京兆尹孙宝、右扶风萧育，刺史二千石以上免二十余人"。④ 翟方进勇于弹劾，对于抑制王氏专权起到了一定的作用。

　　翟方进通晓《穀梁春秋》《左氏春秋》、天文星历，其学生中较为突出

①　班固. 汉书·卷84·翟方进传 [M]. 北京：中华书局，1962：3419.
②　班固. 汉书·卷84·翟方进传 [M]. 北京：中华书局，1962：3419.
③　班固. 汉书·卷84·翟方进传 [M]. 北京：中华书局，1962：3419—3420.
④　班固. 汉书·卷84·翟方进传 [M]. 北京：中华书局，1962：3421.

的有国师公刘歆、长安令田终术。

绥和二年（前7年）春，火星进入心宿天域。翟方进为相十年，树敌颇多，大臣纷纷上书要求翟方进承担责任。

上遂赐册曰："皇帝问丞相：君有孔子之虑，孟贲之勇，朕嘉与君同心一意，庶几有成。惟君登位，于今十年，灾害并臻，民被饥饿，加以疾疫溺死，关门牡开，失国守备，盗贼党辈。吏民残贼，殴杀良民，断狱岁岁多前。上书言事，交错道路，怀奸朋党，相为隐蔽，皆亡忠虑，群下凶凶，更相嫉妒，其咎安在？观君之治，无欲辅朕富民便安元元之念。间者郡国谷虽颇孰，百姓不足者尚众，前去城郭，未能尽还，夙夜未尝忘焉。朕惟往时之用，与今一也，百僚用度各有数。君不量多少，一听群下言，用度不足，奏请一切增赋，税城郭堧及园田，过更，算马牛羊，增益盐铁，变更无常。朕既不明，随奏许可。后议者以为不便，制诏下君，君云卖酒酤。后请止，未尽月复奏议令卖酒酤。朕诚怪君，何持容容之计，无忠固意，将何以辅朕帅道群下？而欲久蒙显尊之位，岂不难哉！传曰：'高而不危，所以长守贵也。'欲退君位，尚未忍。君其孰念详计，塞绝奸原，忧国如家，务便百姓以辅朕。朕既已改，君其自思，强食慎职。使尚书令赐君上尊酒十石，养牛一，君审处焉。"[1]

翟方进被逼自杀。成帝派遣九卿册赠以丞相高陵侯印绶，赐予皇室的明器，少府准备丧事。成帝多次前往吊唁，礼赐多于其他丞相。谥号为恭侯。长子翟宣继承爵位。

翟方进以儒学缘饰法律，深得成帝器重。数次弹劾王氏外戚，成为成帝制约王氏外戚的重要力量。但因为心胸过于狭窄，睚眦必报，导致树敌过多，最终被迫自杀。

翟宣，字太伯，行为笃厚，精通经术，颇有君子之风。担任过关都尉、南郡太守。

---

① 班固. 汉书·卷84·翟方进传［M］. 北京：中华书局，1962：3422—3423.

翟方进最小的儿子叫翟义，字文仲，以荫任郎官，后来升任诸曹。二十岁时就担任南阳都尉。宛城令刘立与曲阳侯王立有联姻，在州郡颇有威名，轻视翟义。翟义巡行到达宛城时，丞相史在传舍休息。刘立拿着酒菜去拜谒丞相史，恰巧翟义也到了传舍，小吏告诉刘立都尉已经来了，刘立谈笑自如，并不迎接。翟义大怒，以监守自盗十斤黄金、杀害无辜的罪名，命部掾夏恢等逮捕刘立并送到邓县的监狱。夏恢认为刘立经营地方多年，恐怕有人营救他。翟义命人用囚车载着刘立在宛城示众，再送到邓县监狱。翟义因此威震南阳。

后来翟义因触犯律法而被免官，后又历任弘农太守、河内太守、青州牧。治理地方颇有威名，后被任命为东郡太守。

平帝驾崩后，王莽成为摄皇帝，其代汉之心昭然若揭。翟义担忧汉室将亡，于是与他的外甥上蔡陈丰密谋："新都侯摄天子位，号令天下，故择宗室幼稚者以为孺子，依托周公辅成王之义，且以观望，必代汉家，其渐可见。方今宗室衰弱，外无强蕃，天下倾首服从，莫能亢捍国难。吾幸得备宰相子，身守大郡，父子受汉厚恩，义当为国讨贼，以安社稷。欲举兵西诛不当摄者，选宗室子孙辅而立之。设令时命不成，死国埋名，犹可以不惭于先帝。今欲发之，乃肯从我乎？"① 陈丰以壮勇而闻名，同意辅助翟义发兵。

翟义与东郡都尉刘宇、严乡侯刘信、武平侯刘璜合谋，在九月都试日（如淳曰："太守、都尉、令长、丞尉会都试，课殿最也。"②）斩杀观令，宣布起兵反对王莽。严乡侯刘信是东平王刘云的儿子。刘云被杀，刘信的哥哥刘开明嗣位为王，去世后没有儿子，刘信的儿子刘匡被立为王。翟义进入东平国，拥立刘信为皇帝。翟义自任为大司马柱天大将军，任命东平王傅苏隆为丞相，中尉皋丹为御史大夫，正式建立政权。向各郡国发布檄文，讨伐王莽。各郡国纷纷响应，到山阳郡时翟义的军队多达十几万。

---

① 班固. 汉书·卷84·翟方进传［M］. 北京：中华书局，1962：3426.
② 班固. 汉书·卷84·翟方进传［M］. 北京：中华书局，1962：3427.

　　王莽派出大量汉军精锐，在陈留菑县击败翟义，进而将翟义围困于圉城。翟义与刘信弃军逃亡。翟义在固始县被捕获，在陈都市被分尸。王莽全部毁坏了翟义的府第，并以污水泼之。发掘翟方进以及在汝南的翟家先祖坟墓，烧毁了他们的棺枢，夷灭翟义的三族亲戚。

阳乡侯朱博

朱博，字子元，杜陵（今陕西西安）人。家境贫寒，年少时担任亭长，后来升为郡功曹。刚直侠义，喜欢交游，与前将军萧望之的儿子萧育、御史大夫陈万年的儿子陈咸结为好友。当时各个皇陵所在的县都属于太常，朱博以太常掾被察举廉洁，担任安陵丞。后辞官到京兆任曹史列掾，出长安担任督邮、书掾。政绩颇佳，深受郡中吏民称赞。

陈咸担任御史中丞期间，因为泄露宫中言论而被关进了监狱。朱博辞去官职，偷偷进入廷尉府中，打听陈咸的案件。陈咸被拷打至重伤后，朱博伪称医生得见陈咸，详细了解到陈咸所犯罪行。朱博从狱中出来后，改换姓名，替陈咸受刑，使陈咸免除了死罪。陈咸被判出狱后，朱博以重朋友之义而闻名于世，担任郡功曹。

成帝即位之后，大将军王凤专权，任命陈咸为大将军长史。陈咸乘机又推荐萧育、朱博进入大将军幕府。王凤很欣赏朱博，举荐朱博担任栎阳令。朱博后来又调任云阳令、平陵令、长安令。长安被朱博治理得很好，升任冀州刺史。

朱博巡行郡县时，几百个吏民拦路告状，把官府都挤满了。刺史从事请求朱博处理完这些案件再去他处。朱博下令车驾准备出发，自己在车上接见告状者，派刺史从事告诉吏民："欲言县丞尉者，刺史不察黄绶，各自诣郡。欲言二千石墨绶长吏者，行部还，诣治所。其民为吏所冤，及言盗贼辞讼事，各使属其部从事。"① 数百名告状者尽数散去。朱博事后追查，果然是刺史从事教唆官民聚集。朱博杀掉了这个从事后，州郡吏民都十分畏惧他。后来朱博调任并州刺史、护漕都尉，升任琅邪太守。

齐郡人士性情迟缓，以自夸涵养名声。朱博刚刚任职，右曹掾史都告假称病。朱博询问缘故，有的人回答："惶恐！故事二千石新到，辄遣吏存问致意，乃敢起就职。"② 朱博怒拍几案："观齐儿欲以此为俗邪！"③ 于是召见各曹史书佐以及其他小吏，择优录用，并罢黜了装病的掾史，让他们戴着白巾走出郡府，郡中大惊。门下掾赣遂为当地著老大儒，门生有数百人，拜见朱博时行动迟缓。朱博让主簿教习赣遂如何跪拜，一直到熟练为止，曰："赣老生不习吏礼，主簿且教拜起，闲习乃止。"④ 朱博看不惯儒生的宽衣大裤，又命功曹："官属多褒衣大裙，不中节度，自今掾史衣皆令去地三寸。"⑤ 朱博讨厌儒生，每到一郡就撤销议曹，曰："岂可复置谋曹邪！"⑥ 朱博对儒吏说："如太守汉吏，奉三尺律令以从事耳，亡奈生所言圣人道何也！且持此道归，尧舜君出，为陈说之。"⑦

朱博顺应汉末豪强崛起的趋势，命各县任用当地豪强担任大吏。县中如果有事，朱博便移送文书责成他们办理。若豪强们竭尽全力，便厚赏他们；若心怀欺诈，便施行惩罚。因此，各地的豪强都服从他。姑幕县有八个人报仇杀人，都没有被抓获。朱博口述檄文："府告姑幕令丞：言贼发不得，有书。檄到，令丞就职，游徼王卿力有余，如律令！"⑧ 游徼王卿得到檄文之后惶恐不安，昼夜抓捕，终于捕获了五人。朱博又移送文书表扬

① 班固．汉书·卷83·朱博传［M］．北京：中华书局，1962：3399.
② 班固．汉书·卷83·朱博传［M］．北京：中华书局，1962：3400.
③ 班固．汉书·卷83·朱博传［M］．北京：中华书局，1962：3400.
④ 班固．汉书·卷83·朱博传［M］．北京：中华书局，1962：3400.
⑤ 班固．汉书·卷83·朱博传［M］．北京：中华书局，1962：3400.
⑥ 班固．汉书·卷83·朱博传［M］．北京：中华书局，1962：3400.
⑦ 班固．汉书·卷83·朱博传［M］．北京：中华书局，1962：3400.
⑧ 班固．汉书·卷83·朱博传［M］．北京：中华书局，1962：3401.

他："王卿忧公甚效！檄到，赏伐阅诣府。部掾以下亦可用，渐尽其余矣。"①

朱博由于政绩突出而代理左冯翊，一年之后正式任职。他治理左冯翊，多用武力与狡诈，但同时宽容对待下属，使他们竭忠尽智。

朱博升任大司农一年之后，因犯小过错而被贬为犍为太守。此前南蛮首领若儿屡次聚兵对抗官府，朱博以若儿的兄弟作为内应，突袭杀死了若儿，郡中清静。朱博后来被调任山阳太守，因病被免官。后被任命为光禄大夫，升任廷尉。朱博怕被官属欺骗，对正监典法掾史曰："廷尉本起于武吏，不通法律，幸有众贤，亦何忧！然廷尉治郡断狱以来且二十年，亦独耳剽日久，三尺律令，人事出其中。掾史试与正监共撰前世决事吏议难知者数十事，持以问廷尉，得为诸君覆意之。"② 正监向朱博陈述疑狱，朱博判定案件刑罚的轻重，十个能说中八九个，官属们都佩服朱博的才略。

几年以后，朱博升任后将军，依附于红阳侯王立。王立因罪归国后，朱博也被弹劾免官。哀帝即位后，先是起用朱博担任光禄大夫，后来又升其为京兆尹、大司空。

何武担任大司空时，与丞相翟方进上奏成帝，改刺史为州牧，赋予其高于郡守的秩次与权力。书曰："古选诸侯贤者以为州伯，《书》曰'咨十有二牧'，所以广聪明，烛幽隐也。今部刺史居牧伯之位，秉一州之统，选弟大吏，所荐位高至九卿，所恶立退，任重职大。《春秋》之义，用贵治贱，不以卑临尊。刺史位下大夫，而临二千石，轻重不相准，失位次之序。臣请罢刺史，更置州牧，以应古制。"③ 成帝同意了二人的意见。何武此举极大地扩展了刺史的职权，增强了地方的离心力，不利于皇权的加强与国家的稳定。朱博上奏哀帝，要求罢州牧，恢复刺史。奏曰："汉家至德溥大，宇内万里，立置郡县。部刺史奉使典州，督察郡国吏民安宁。故

① 班固. 汉书·卷83·朱博传［M］. 北京：中华书局，1962：3401.
② 班固. 汉书·卷83·朱博传［M］. 北京：中华书局，1962：3404.
③ 班固. 汉书·卷83·朱博传［M］. 北京：中华书局，1962：3406.

事，居部九岁举为守相，其有异材功效著者辄登擢，秩卑而赏厚，咸劝功乐进。前丞相方进奏罢刺史，更置州牧，秩真二千石，位次九卿。九卿缺，以高弟补，其中材则苟自守而已，恐功效陵夷，奸轨不禁。臣请罢州牧，置刺史如故。"① 哀帝同意。

朱博在政治上的崛起依靠的是王氏外戚的支持。哀帝即位后，王氏外戚受到极大打击，丁、傅外戚乘机崛起，朱博转而投靠了傅太后。哀帝的祖母定陶傅太后想要取得皇太后的封号，傅太后的堂弟高武侯傅喜与丞相孔光、大司空师丹联名反对。傅太后的另一个堂弟孔乡侯傅晏联合朱博以推广孝道为由，上书为傅太后求得了皇太后的尊号。在傅太后的压力下，哀帝免去了师丹的大司空职务，任命朱博为大司空。朱博乘机弹劾丞相孔光与大司马傅喜："丞相光志在自守，不能忧国；大司马喜至尊至亲，阿党大臣，无益政治。"② 哀帝免去了傅喜的职务，将孔光贬为庶人，任命朱博为丞相，封阳乡侯，食邑二千户。朱博上书谦让道："故事封丞相不满千户，而独臣过制，诚惭惧，愿还千户。"③ 哀帝同意。

傅太后派孔乡侯傅晏暗示朱博，令他继续弹劾傅喜。朱博与御史大夫赵玄共同上奏弹劾傅喜、何武。奏曰："喜、武前在位，皆无益于治，虽已退免，爵土之封非所当得也。请皆免为庶人。"④ 哀帝深知这是朱博、赵玄秉承傅太后的旨意而为，下诏左将军彭宣弹劾朱博等。诏曰："博宰相，玄上卿，晏以外亲封位特进，股肱大臣，上所信任，不思竭诚奉公，务广恩化，为百寮先，皆知喜、武前已蒙恩诏决，事更三赦，博执左道，亏损上恩，以结信贵戚，背君乡臣，倾乱政治，奸人之雄，附下罔上，为臣不忠不道；玄知博所言非法，枉义附从，大不敬；晏与博议免喜，失礼不敬。臣请诏谒者召博、玄、晏诣廷尉诏狱。"⑤ 哀帝减赵玄死罪三等，削去

① 班固. 汉书·卷83·朱博传 [M]. 北京：中华书局，1962：3406.
② 班固. 汉书·卷83·朱博传 [M]. 北京：中华书局，1962：3407.
③ 班固. 汉书·卷83·朱博传 [M]. 北京：中华书局，1962：3407.
④ 班固. 汉书·卷83·朱博传 [M]. 北京：中华书局，1962：3407.
⑤ 班固. 汉书·卷83·朱博传 [M]. 北京：中华书局，1962：3407—3408.

了傅晏四分之一的户邑，命谒者持符节召丞相朱博到廷尉诏狱。朱博自杀后，封国被废除。

朱博刚直侠义，善于交友，宾客满门。在儒家教化治民的大背景下，他以法治吏民，颇有政绩。朱博廉正节俭，不管是做亭长还是做丞相，几案上从不超过三个杯盘。但他不通经术，以刑武为威，无法获得士大夫集团的支持，最终自杀国除。班固评论道："博驰骋进取，不思道德，已亡可言，又见孝成之世委任大臣，假借用权。世主已更，好恶异前，复附丁、傅，称顺孔乡。事发见诘，遂陷诬罔，辞穷情得，仰药饮鸩。孔子曰：'久矣哉，由之行诈也！'博亦然哉！"①

① 班固. 汉书·卷83·朱博传 [M]. 北京：中华书局，1962：3409.

新甫侯王嘉

王嘉（？—前2），字公仲，平陵（今陕西咸阳）人。以明经射策甲科担任郎官，因守卫殿门失职而被免官。由光禄勋察廉为南陵丞，复察廉为长陵尉。成帝鸿嘉年间，被举敦朴能直言，被成帝召见于宣室。因回答政治得失，被破格提拔为太中大夫。后来又担任九江、河南太守，很有名声。后来被征召至长安担任大鸿胪，调任京兆尹，升为御史大夫。建平三年（前4年），接替平当担任丞相，被封新甫侯，加授食邑一千一百户。

王嘉刚毅正直，有威严，哀帝很敬重他。哀帝刚刚即位，想要匡正成帝的政治。王嘉上书请求哀帝不拘一格延揽人才，培养国家之栋梁。书曰：

臣闻圣王之功在于得人。孔子曰："材难，不其然与！""故继世立诸侯，象贤也。"虽不能尽贤，天子为择臣，立命卿以辅之。居是国也，累世尊重，然后士民之众附焉，是以教化行而治功立。今之郡守重于古诸侯，往者致选贤材，贤材难得，拔擢可用者，或起于囚徒。昔魏尚坐事系，文帝感冯唐之言，遣使持节赦其罪，拜为云中太守，匈奴忌之。武帝擢韩安国于徒中，拜为梁内史，骨肉以安。张敞为京兆尹，有罪当免，黠吏知而犯敞，敞收杀之，其家自冤，使者覆狱，劾敞贼杀人，上逮捕不下，会免，亡命数十日，宣帝征敞拜为冀州刺史，卒获其用。前世非私此三人，贪其材器有益于公家也。

　　孝文时，吏居官者或长子孙，以官为氏，仓氏、库氏则仓库吏之后也。其二千石长吏亦安官乐职，然后上下相望，莫有苟且之意。其后稍稍变易，公卿以下传相促急，又数改更政事，司隶、部刺史察过悉劾，发扬阴私，吏或居官数月而退，送故迎新，交错道路。中材苟容求全，下材怀危内顾，壹切营私者多。二千石益轻贱，吏民慢易之。或持其微过，增加成罪，言于刺史、司隶，或至上书章下；众庶知其易危，小失意则有离畔之心。前山阳亡徒苏令等从横，吏士临难，莫肯伏节死义，以守相威权素夺也。孝成皇帝悔之，下诏书，二千石不为纵，遣使者赐金，尉厚其意，诚以为国家有急，取办于二千石，二千石尊重难危，乃能使下。

　　孝宣皇帝爱其良民吏，有章劾，事留中，会赦壹解。故事，尚书希下章，为烦扰百姓，证验系治，或死狱中，章文必有"敢告之"字乃下。唯陛下留神于择贤，记善忘过，容忍臣子，勿责以备。二千石、部刺史、三辅县令有材任职者，人情不能不有过差，宜可阔略，令尽力者有所劝。此方今急务，国家之利也。前苏令发，欲遣大夫使逐问状，时见大夫无可使者，召蓝屋令尹逢拜为谏大夫遣之。今诸大夫有材能者甚少，宜豫畜养可成就者，则士赴难不爱其死；临事仓卒乃求，非所以明朝廷也。①

　　王嘉乘机举荐了儒者公孙光、满昌及萧咸、薛修等二千石官员中有声名的人。

　　此时发生了息夫躬、孙宠通过中常侍宋弘上书告发东平王刘云谋反的事件。哀帝假称董贤参与告发，打算封其为侯，但又担心丞相王嘉反对，于是派皇后的父亲孔乡侯傅晏拿着诏书给丞相御史。王嘉与御史大夫贾延上书委婉地反对封侯董贤。书曰："窃见董贤等三人始赐爵，众庶匈匈，咸曰贤贵，其余并蒙恩，至今流言未解。陛下仁恩于贤等不已，宜暴贤等本奏语言，延问公卿大夫博士议郎，考合古今，明正其义，然后乃加爵土；不然，恐大失众心，海内引领而议。暴平其事，必有言当封者，在陛

――――――――――――――

　　①　班固．汉书·卷86·王嘉传［M］．北京：中华书局，1962：3489—3491．

下所从；天下虽不说，咎有所分。不独在陛下。前定陵侯淳于长初封，其事亦议。大司农谷永以长当封，众人归咎于永，先帝不独蒙其讥。臣嘉、臣延材驽不称，死有余责。知顺指不迕，可得容身须臾，所以不敢者，思报厚恩也。"① 哀帝暂时放弃了封侯董贤的打算。但几个月后，下诏强行封董贤、孙宠、息夫躬为侯。诏曰："朕居位以来，寝疾未瘳，反逆之谋相连不绝，贼乱之臣近侍帷幄。前东平王云与后谒祝诅朕，使侍医伍宏等内侍案脉，几危社稷，殆莫甚焉！昔楚有子玉得臣，晋文为之侧席而坐；近事，汲黯折淮南之谋。今云等至有图弑天子逆乱之谋者，是公卿股肱莫能悉心务聪明以销厌未萌之故。赖宗庙之灵，侍中驸马都尉贤等发觉以闻，咸伏厥辜。《书》不云乎？'用德章厥善。'其封贤为高安侯、南阳太守宠为方阳侯、左曹光禄大夫躬为宜陵侯。"②

几个月之后发生日食，王嘉乘机上书哀帝，指出日食乃是由哀帝过分宠信董贤引起的。

臣闻咎繇戒帝舜曰："亡教逸欲有国，兢兢业业，一日二日万机。"箕子戒武王曰："臣无有作威作福，亡有玉食；臣之有作威作福玉食，害于而家，凶于而国，人用侧颇僻，民用僭忒。"言如此则逆尊卑之序，乱阴阳之统，而害及王者，其国极危。国人倾仄不正，民用僭差不壹，此君不由法度，上下失序之败也。武王躬履此道，隆至成康。自是以后，纵心恣欲，法度陵迟，至于臣弑君，子弑父。父子至亲，失礼患生，何况异姓之臣？孔子曰："道千乘之国，敬事而信，节用而爱人，使民以时。"孝文皇帝备行此道，海内蒙恩，为汉太宗。孝宣皇帝赏罚信明，施与有节，记人之功，忽于小过，以致治平。孝元皇帝奉承大业，温恭少欲，都内钱四十万万，水衡钱二十五万万，少府钱十八万万。尝幸上林，后宫冯贵人从临兽圈。猛兽惊出，贵人前当之，元帝嘉美其义，赐钱五万。掖庭见亲，有

---

① 班固. 汉书·卷86·王嘉传［M］. 北京：中华书局，1962：3492.

② 班固. 汉书·卷86·王嘉传［M］. 北京：中华书局，1962：3492—3493.

加赏赐，属其人勿众谢。示平恶偏，重失人心，赏赐节约。是时外戚资千万者少耳，故少府水衡见钱多也。虽遭初元、永光凶年饥馑，加有西羌之变，外奉师旅，内振贫民，终无倾危之忧，以府臧内充实也。孝成皇帝时，谏臣多言燕出之害，及女宠专爱，耽于酒色，损德伤年，其言甚切，然终不怨怒也。宠臣淳于长、张放、史育，育数贬退，家资不满千万，放斥逐就国，长榜死于狱。不以私爱害公义，故虽多内讥，朝廷安平，传业陛下。

陛下在国之时，好《诗》《书》，上俭节，征来所过道上称诵德美，此天下所以回心也。初即位，易帷帐，去锦绣，乘舆席缘绨缯而已。共皇寝庙比比当作，忧闵元元，惟用度不足，以义割恩，辄且止息，今始作治。而驸马都尉董贤亦起官寺上林中，又为贤治大第，开门乡北阙，引王渠灌园池，使者护作，赏赐吏卒，甚于治宗庙。贤母病，长安厨给祠具，道中过者皆饮食。为贤治器，器成，奏御乃行，或物好，特赐其工，自贡献宗庙三宫，犹不至此。贤家有宾婚及见亲，诸官并共，赐及仓头奴婢，人十万钱。使者护视，发取市物，百贾震动，道路讙哗，群臣惶惑。诏书罢苑，而以赐贤二千余顷，均田之制从此堕坏。奢僭放纵，变乱阴阳，灾异众多，百姓讹言，持筹相惊，被发徒跣而走，乘马者驰，天惑其意，不能自止。或以为筹者策失之戒也。陛下素仁智慎事，今而有此大讥。

孔子曰："危而不持，颠而不扶，则将安用彼相矣！"臣嘉幸得备位，窃内悲伤不能通愚忠之信；身死有益于国，不敢自惜。唯陛下慎己之所独乡，察众人之所共疑。往者宠臣邓通、韩嫣骄贵失度，逸豫无厌，小人不胜情欲，卒陷罪辜。乱国亡躯，不终其禄，所谓爱之适足以害之者也。宜深览前世，以节贤宠，全安其命。①

哀帝开始对王嘉不满，反而更加宠爱董贤。

当初，廷尉梁相与丞相长史、御史中丞等共同审理东平王刘云的案

---

①　班固. 汉书·卷86·王嘉传［M］. 北京：中华书局，1962：3494—3497.

件，梁相怀疑刘云案有冤情，上书朝廷汇集公卿大臣重新审理。尚书令鞠谭、尚书仆射宗伯凤亦表示赞同。哀帝下诏免去梁相等人的官职。几个月后朝廷大赦，王嘉上奏举荐梁相："相计谋深沉，谭颇知雅文，凤经明行修，圣王有计功除过，臣窃为朝廷惜此三人。"① 哀帝很不高兴。

哀帝祖母傅太后驾崩，哀帝假托傅太后的遗诏，令王太后下诏丞相、御史大夫，加封董贤二千户，赏赐孔乡侯、汝昌侯、阳新侯。王嘉将诏书封还，并以阴阳灾异之说劝谏哀帝及王太后停止对董贤、傅晏、王商的赏赐。王嘉曰：

臣闻爵禄土地，天之有也。《书》云："天命有德，五服五章哉！"王者代天爵人，尤宜慎之。裂地而封，不得其宜，则众庶不服，感动阴阳，其害疾自深。今圣体久不平，此臣嘉所内惧也。高安侯贤，佞幸之臣，陛下倾爵位以贵之，单货财以富之，捐至尊以宠之，主威已黜，府臧已竭，唯恐不足。财皆民力所为，孝文皇帝欲起露台，重百金之费，克己不作。今贤散公赋以施私惠，一家至受千金，往古以来贵臣未尝有此，流闻四方，皆同怨之。里谚曰："千人所指，无病而死。"臣常为之寒心。今太皇太后以永信太后遗诏，诏丞相御史益贤户，赐三侯国，臣嘉窃惑。山崩地动，日食于三朝，皆阴侵阳之戒也。前贤已再封，晏、商再易邑，业缘私横求，恩已过厚，求索自恣，不知厌足，甚伤尊尊之义，不可以示天下，为害痛矣！臣骄侵罔，阴阳失节，气感相动，害乃身体。陛下寝疾久不平，继嗣未立，宜思正万事，顺天人之心，以求福祐，奈何轻身肆意，不念高祖之勤苦垂立制度欲传之于无穷哉！《孝经》曰："天子有争臣七人，虽无道，不失其天下。"臣谨封上诏书，不敢露见，非爱死而不自法，恐天下闻之，故不敢自劾。愚戆数犯忌讳，唯陛下省察。②

哀帝大怒，派尚书责问王嘉："相等前坐在位不尽忠诚，外附诸侯，

① 班固. 汉书·卷86·王嘉传［M］. 北京：中华书局，1962：3499.
② 班固. 汉书·卷86·王嘉传［M］. 北京：中华书局，1962：3498.

操持两心，背人臣之义，今所称相等材美，足以相计除罪。君以道德，位在三公，以总方略一统万类分明善恶为职，知相等罪恶陈列，著闻天下，时辄以自劾，今又称誉相等，云为朝廷惜之。大臣举错，恣心自在，迷国罔上，近由君始，将谓远者何！对状。"① 王嘉不得已免冠谢罪。

光禄大夫孔光、左将军公孙禄、右将军王安、光禄勋马宫、光禄大夫龚胜迎合哀帝旨意，弹劾王嘉："嘉迷国罔上不道，请与廷尉杂治。"② 龚胜独以为"嘉备宰相，诸事并废，咎由嘉生；嘉坐荐相等，微薄，以应迷国罔上不道，恐不可以示天下"③。

哀帝采纳孔光的建议，派谒者拿着符节召丞相王嘉到廷尉诏狱。使者到丞相府宣明来意，王嘉的掾史将毒药进献给王嘉。主簿曰："将相不对理陈冤，相踵以为故事，君侯宜引决。"④ 王嘉将杯子扔在地上责备道："丞相幸得备位三公，奉职负国，当伏刑都市以示万众。丞相岂儿女子邪，何谓咀药而死！"⑤ 然后正装出行，拜了两拜后接受诏书，跟随使者到达廷尉处。廷尉收回了王嘉的丞相印绶以及新甫侯印绶，并将其捆绑到诏狱。

哀帝听说王嘉去了廷尉，派将军以下的官员与五个二千石官员共同审理他。狱吏责问王嘉，王嘉对曰："案事者思得实。窃见相等前治东平王狱，不以云为不当死，欲关公卿示重慎；置驿马传囚，势不得踰冬月，诚不见其外内顾望阿附为云验。复幸得蒙大赦，相等皆良善吏，臣窃为国惜贤，不私此三人。"⑥ 狱吏曰："苟如此，则君何以为罪？犹当有以负国，不空入狱矣。"⑦ 王嘉仰天长叹道："幸得充备宰相，不能进贤退不肖，以是负国，死有余责。"⑧ 狱吏问王嘉，贤人与不肖的人都是谁？王嘉曰：

---

① 班固．汉书·卷86·王嘉传［M］．北京：中华书局，1962：3500.
② 班固．汉书·卷86·王嘉传［M］．北京：中华书局，1962：3500.
③ 班固．汉书·卷86·王嘉传［M］．北京：中华书局，1962：3500—3501.
④ 班固．汉书·卷86·王嘉传［M］．北京：中华书局，1962：3501—3502.
⑤ 班固．汉书·卷86·王嘉传［M］．北京：中华书局，1962：3502.
⑥ 班固．汉书·卷86·王嘉传［M］．北京：中华书局，1962：3502.
⑦ 班固．汉书·卷86·王嘉传［M］．北京：中华书局，1962：3502.
⑧ 班固．汉书·卷86·王嘉传［M］．北京：中华书局，1962：3502.

"贤，故丞相孔光、故大司空何武，不能进；恶，高安侯董贤父子，佞邪乱朝，而不能退。罪当死，死无所恨。"① 王嘉在狱中关二十多天后，绝食吐血而死。

王嘉死后，侯国被废除。哀帝看到王嘉的供词后，进行了深刻的反思，又任命孔光为丞相，何武担任御史大夫。平帝元始四年（4 年），下诏封王嘉的儿子王崇为新甫侯，追谥王嘉为忠侯。

王嘉在成哀更替之际登上相位，深得哀帝赏识。哀帝在即位之初，驱逐王氏外戚，重用贤能之士，王嘉趁机向哀帝推荐了大量的贤士能吏。不料哀帝却重用丁、傅外戚，宠信董贤，致使朝政日益腐败。王嘉不顾个人安危，屡次上书劝谏哀帝亲近贤臣、远离奸佞。王嘉由于封还哀帝加封董贤的诏书而惹怒了哀帝，在狱中绝食而亡。班固评论道："何武之举，王嘉之争，师丹之议，考其祸福，乃效于后。当王莽之作，外内咸服，董贤之爱，疑于亲戚，武、嘉区区，以一蒉障江河，用没其身。丹与董宏更受赏罚，哀哉！故曰'依世则废道，违俗则危殆'，此古人所以难受爵位者也。"②

① 班固. 汉书·卷86·王嘉传［M］. 北京：中华书局，1962：3502.
② 班固. 汉书·卷86·王嘉传［M］. 北京：中华书局，1962：3510.

氾乡侯何武

何武（？—3），字君公，蜀郡郫县（今四川成都）人。神爵、五凤年间，多次出现祥瑞。益州刺史王襄派王褒到长安歌颂汉朝的德行，王褒作《中和》《乐职》《宣布》三诗。何武与成都杨覆众等人一同吟唱这些诗作。宣帝在宣室召见了何武等人，任命王褒为待诏，赐给何武等人绢帛。

何武到太学博士处学习《易经》。以射策甲科的资格担任郎官，与翟方进交好。光禄勋以四行举荐何武，升任鄠令，后因犯法免官归家。

何武虽然担任地方显职，但严格约束其家族。何武有五个兄弟，都担任郡中的官吏。何武的弟弟何显家有商人户籍，经常不向县里缴纳赋税，严重影响了县里的赋税收入。掌管市场赋税的求商逮捕斥责了何显家人，何显想要借其他事来惩治求商。何武怒斥何显："以吾家租赋繇役不为众先，奉公吏不亦宜乎！"① 何武举荐求商担任卒吏，州郡的官民都很佩服他。

太仆王音举荐何武为贤良方正，因对策符合圣意，被任为谏大夫，又升任扬州刺史。何武心胸宽广，不计私怨。九江太守戴圣（即研习《礼经》的小戴）治理地方多不遵行法令，以前的刺史因其是大儒而对其多加宽容。何武派从事查访到他的罪过，戴圣惧怕，自己辞官。戴圣担任博士后，经常在朝廷中诋毁何武。后来，戴圣儿子的宾客聚众为盗贼，被捕获

---

① 班固. 汉书·卷86·何武传［M］. 北京：中华书局，1962：3482.

之后关押于庐江。何武公平裁决，免除戴圣儿子的死刑。从此之后，何武每次到京师奏事，戴圣必到其门下谢恩。

何武担任刺史，推广政教，颇有政声。随时弹劾举奏有罪的二千石官吏，其余贤能与不贤能的官吏都一视同仁，从此州中清静。每次巡行郡县，都先到学官接见学生，考察他们的辩论与诵读。然后进入传舍，拿出记录询问官吏垦田数量、五谷的好坏。最后才会见郡守。

何武遵守法令，杜绝私请。何武担任郡吏时，得到太守何寿的厚待。后来，何寿担任大司农，他的侄子担任庐江长史。何武到长安奏事时，何寿的侄子恰巧也在长安。何寿举行酒宴招待何显以及好友杨覆众等人，饮酒正酣之时，让他的侄子面见何显，曰："此子杨州长史，材能驽下，未尝省见。"① 何武曰："刺史古之方伯，上所委任，一州表率也，职在进善退恶。吏治行有茂异，民有隐逸，乃当召见，不可有所私问。"②

何武担任五年刺史之后，升任丞相司直。丞相薛宣非常敬重他。后来，何武又外放为清河太守，几年之后，因郡中十分之四以上的地区遭受灾害而被免官。很久之后，在大司马曲阳侯王根的举荐下，何武先是被任命为谏大夫，后又调任兖州刺史，担任司隶校尉，后又调任京兆尹。两年后，因举荐的贤良方正犯罪而受到牵连，被贬为楚国内史，后又升任沛郡太守，又担任廷尉。绥和元年（前 8 年），御史大夫孔光被贬为廷尉，何武升任御史大夫。何武为改变丞相独大的政治格局，建议采纳周代的三公制度，将相权一分为三，三者秩次相等，最后集权于皇帝。何武曰："古者民朴事约，国之辅佐必得贤圣，然犹则天三光，备三公官，各有分职。今末俗文弊，政事烦多，宰相之材不能及古，而丞相独兼三公之事，所以久废而不治也。宜建三公官，定卿大夫之任，分职授政，以考功效。"③ 成帝赐曲阳侯王根大司马印绶，设置官属，任命御史大夫何武为大司空，封

① 班固. 汉书·卷 86·何武传 [M]. 北京：中华书局，1962：3483.
② 班固. 汉书·卷 86·何武传 [M]. 北京：中华书局，1962：3484.
③ 班固. 汉书·卷 83·朱博传 [M]. 北京：中华书局，1962：3404.

其为氾乡侯，其俸禄、秩次一如丞相，三公建制初具规模。哀帝即位之后，将南阳犨县的博望乡归入氾乡侯国，何武的封邑由此增加了一千户。

何武厚道仁爱，喜欢举荐士人。担任楚国内史期间，厚待龚胜、龚舍。在沛郡时，厚待唐林、唐尊二人。担任公卿之后，将四人推荐给朝廷。何武痛恨朋党，向儒者询问文法吏，向文法吏询问儒生，以相互检验。何武在任命官吏之前，先制定科目条例来防止请托。

何武不仅对于中央三公官制作出重大改革，亦顺应王国郡县化的趋势，对王国官职进行了改革。他与丞相翟方进共同上奏成帝："往者诸侯王断狱治政，内史典狱事，相总纲纪辅王，中尉备盗贼。今王不断狱与政，中尉官罢，职并内史，郡国守相委任，所以壹统信，安百姓也。今内史位卑而权重，威职相逾，不统尊者，难以为治。臣请相如太守，内史如都尉，以顺尊卑之序，平轻重之权。"① 成帝同意了他们的建议。

何武的后母在蜀郡，何武派属吏到蜀郡去迎接。恰逢成帝驾崩，属吏恐怕路有盗贼，就让何武的后母继续留在蜀郡。哀帝近臣便指责何武奉养后母不忠厚，哀帝下诏罢免何武。诏曰："君举错烦苛，不合众心，孝声不闻，恶名流行，无以率示四方。其上大司空印绶，罢归就国。"② 五年之后，哀帝宠臣高安侯董贤推荐何武，哀帝又任命他为御史大夫。一月之后，调任前将军。

新都侯王莽被哀帝贬回封国三年后，哀帝迫于王太后的压力，将王莽征还长安。王莽的堂弟成都侯王邑担任侍中，谎称王太后的旨意，替王莽求取特进给事中的职位。事情被发觉后，哀帝将王邑贬为西河属国都尉，削去千户封邑。后来，王莽私下里请求何武举荐王邑担任太常，何武没有举荐。几个月后，哀帝驾崩，王太后立即迎接王莽入宫，收回了大司马董贤的印绶，下诏公卿荐举可以胜任大司马的人。由于王莽是以前的大司马，又是王太后的侄子，以大司徒孔光为首的官员都举荐王莽。何武自知

① 班固.汉书·卷86·何武传 [M].北京：中华书局，1962：3485—3486.
② 班固.汉书·卷86·何武传 [M].北京：中华书局，1962：3486.

得罪于王莽，与左将军公孙禄密谋，于是何武举荐公孙禄担任大司马，而公孙禄举荐何武担任大司马。结果，王太后下诏任用王莽为大司马。王莽马上命人弹劾何武、公孙禄，二人皆被免官。

王莽做了宰衡后，暗地里诛杀不依附自己的官员。元始三年（3 年），吕宽案发，王莽指使大司空甄丰惩治吕宽的党羽，郡国豪强数百人被斩杀，何武亦被诬陷而自杀。天下人多为何武讼冤，王莽碍于舆论，令何武的儿子何况继承侯爵，谥其为剌侯。王莽代汉之后，何况被免为庶人。

氾乡侯何武明习《易经》，以经明行修、博学通达而著称于世。他心胸宽广，不计私怨。在郡县任职期间，推行教化，杜绝私请，关心民生。进入中央后，改革中央三公制度，将相权一分为三；另改革王国官制，促进王国郡县化。大司马师丹首先向哀帝提出了"限田限奴之议"，何武与丞相孔光详细制定了"限田限奴"的政策："诸侯王、列侯皆得名田国中。列侯在长安，公主名田县道，及关内侯、吏民名田皆毋过三十顷。诸侯王奴婢二百人，列侯、公主百人，关内侯、吏民三十人。期尽三年，犯者没入官。"① 由于丁、傅外戚的强烈反对，再加上哀帝缺乏坚持改革的决心，新政成为一纸空文。何武因与王莽争权，终遭诬陷而自杀。

---

① 班固. 汉书·卷24 上·食货志 [M]. 北京：中华书局，1962：1142—1143.

高乐侯师丹

　　师丹（？—5），字仲公，琅邪东武（今山东诸城）人。学习《诗经》，拜师于匡衡。后来被举孝廉担任郎。元帝末年，担任博士，后来被免官。建始年间，州刺史举荐他为茂材，又担任博士，外放为东平王太傅。经丞相翟方进、御史大夫孔光举荐，被任命为光禄大夫、丞相司直。几个月之后，担任光禄大夫给事中，后来又历任少府、光禄勋、侍中，受到成帝的器重。成帝末年，立定陶王刘欣为皇太子，任命师丹为太子太傅。哀帝即位之后，升任左将军，赐爵关内侯，掌管尚书。后来代替王莽为大司马，封高乐侯。一月之后，调任为大司空。

　　哀帝在封国的时候，常悒悒于王氏僭越强盛的状况，故即位后，任用丁、傅外戚，以剥夺王氏外戚的权力。师丹以阴阳灾异劝说哀帝克己以德，任用群贤："古者谅闇不言，听于冢宰，三年无改于父之道。前大行尸柩在堂，而官爵臣等以及亲属，赫然皆贵宠。封舅为阳安侯，皇后尊号未定，豫封父为孔乡侯。出侍中王邑、射声校尉王邯等。诏书比下，变动政事，卒暴无渐。臣纵不能明陈大义，复曾不能牢让爵位，相随空受封侯，增益陛下之过。间者郡国多地动，水出流杀人民，日月不明，五星失行，此皆举错失中，号令不定，法度失理，阴阳溷浊之应也。臣伏惟人情无子，年虽六七十，犹博取而广求。孝成皇帝深见天命，烛知至德，以壮年克己，立陛下为嗣。先帝暴弃天下而陛下继体，四海安宁，百姓不惧，此先帝圣德当合天人之功也。臣闻天威不违颜咫尺，愿陛下深思先帝所以建立陛下之意，且克己躬行以观群下之从化。天下者，陛下之家也，肺附何患不富贵，不宜仓卒。先帝不量臣愚，以为太傅，陛下以臣托师傅，故亡功德而备鼎足，封大国，加赐黄金，位为三公，职在左右，不能尽忠补过，而令庶人窃议，灾异数见，此臣之大罪也。臣不敢言乞骸骨归于海滨，恐嫌于伪。诚惭负重责，义不得不尽死。"①

哀帝即位初期，成帝的母亲被尊为太皇太后，成帝的赵皇后被尊为皇太后，而哀帝的祖母傅太后与母丁后仍以定陶作为封号。高昌侯董宏援引庄襄王生母夏氏与嫡母华阳夫人共为太后的先例，请求立定陶共王后为皇太后："秦庄襄王母本夏氏，而为华阳夫人所子，及即位后，俱称太后。宜立定陶共王后为皇太后。"② 当时师丹任左将军，与大司马王莽共同弹劾董宏曰："知皇太后至尊之号，天下一统，而称引亡秦以为比喻，违误圣朝，非所宜言，大不道。"③ 哀帝采纳了王莽、师丹的建议，免去董宏的爵位。在傅太后的威压下，强行追尊定陶共王为共皇帝，尊傅太后为共皇太后，丁后为共皇后。郎中令泠褒、黄门郎段犹等进一步要求在长安为定陶共王设立共皇庙。奏曰："定陶共皇太后、共皇后皆不宜复引定陶蕃国之名以冠大号，车马衣服宜皆称皇之意，置吏二千石以下各供厥职，又宜为共皇立庙京师。"④ 师丹认为，傅太后若与王太后享受相同的待遇，必会扰乱尊卑秩序，而在长安设立定陶共皇庙则违背了大宗、小宗的礼制。师丹曰："圣王制礼取法于天地。故尊卑之礼明则人伦之序正，人伦之序正则乾坤得其位而阴阳顺其节，人主与万民俱蒙祐福。尊卑者，所以正天地之位，不可乱也。今定陶共皇太后、共皇后以定陶共为号者，母从子妻从夫之义也。欲立官置吏，车服与太皇太后并，非所以明尊卑亡二上之义也。定陶共皇号谥已前定，义不得复改。《礼》：'父为士，子为天子，祭以天子，其尸服以士服。'子亡爵父之义，尊父母也。为人后者为之子，故为

---

① 班固．汉书·卷86·师丹传 [M]．北京：中华书局，1962：3503—3504.
② 班固．汉书·卷86·师丹传 [M]．北京：中华书局，1962：3505.
③ 班固．汉书·卷86·师丹传 [M]．北京：中华书局，1962：3505.
④ 班固．汉书·卷86·师丹传 [M]．北京：中华书局，1962：3505.

所后服斩衰三年，而降其父母期，明尊本祖而重正统也。孝成皇帝圣恩深远，故为共王立后，奉承祭祀，今共皇长为一国太祖，万世不毁，恩义已备。陛下既继体先帝，持重大宗，承宗庙天地社稷之祀，义不得复奉定陶共皇祭入其庙。今欲立庙于京师，而使臣下祭之，是无主也。又亲尽当毁，空去一国太祖不堕之祀，而就无主当毁不正之礼，非所以尊厚共皇也。"①

有人上书："古者以龟贝为货，今以钱易之，民以故贫，宜可改币。"② 哀帝询问师丹时，师丹认为可以更改币制。群臣认为五铢钱流通已久，龟贝货币一时难以恢复。师丹忘记前语，赞同群君的议论。师丹派属吏书写奏折，属吏私自留下草稿，丁、傅子弟听说之后，派人上书告发师丹泄露禁中秘密。"丹上封事行道人遍持其书"。③ 给事中博士申咸、炔钦上书为师丹鸣不平："丹经行无比，自近世大臣能若丹者少。发愤懑，奏封事，不及深思远虑，使主簿书，漏泄之过不在丹。以此贬黜，恐不厌众心。"④ 尚书顺承哀帝旨意弹劾申咸、炔钦："幸得以儒官选擢备腹心，上所折中定疑，知丹社稷重臣，议罪处罚，国之所慎，咸、钦初傅经义以为当治，事以暴列，乃复上书妄称誉丹，前后相违，不敬。"⑤ 哀帝贬申咸、炔钦官二级，发布了册免师丹的诏书。诏曰：

夫三公者，朕之腹心也，辅善相过，匡率百僚，和合天下者也。朕既不明，委政于公，间者阴阳不调，寒暑失常，变异娄臻，山崩地震，河决泉涌，流杀人民，百姓流连，无所归心，司空之职尤废焉。君在位出入三年，未闻忠言嘉谋，而反有朋党相进不公之名。乃者以挺力田议改币章示君，君内为朕建可改不疑；以君之言博考朝臣，君乃希众雷同，外以为不

① 班固. 汉书·卷86·师丹传 [M]. 北京：中华书局，1962：3505—3506.
② 班固. 汉书·卷86·师丹传 [M]. 北京：中华书局，1962：3506.
③ 班固. 汉书·卷86·师丹传 [M]. 北京：中华书局，1962：3506.
④ 班固. 汉书·卷86·师丹传 [M]. 北京：中华书局，1962：3507.
⑤ 班固. 汉书·卷86·师丹传 [M]. 北京：中华书局，1962：3507.

便，令观听者归非于朕。朕隐忍不宣，为君受怨。朕疾夫比周之徒，虚伪坏化，寝以成俗，故屡以书饬君，几君省过求己，而反不受，退有后言。及君奏封事，传于道路，布闻朝市，言事者以为大臣不忠，辜陷重辟，获虚采名，谤讥匈匈，流于四方。腹心如此，谓疏者何？殆谬于二人同心之利焉，将何以率示群下，附亲远方？朕惟君位尊任重，虑不周密，怀谖迷国，进退违命，反覆异言，甚为君耻之，非所以共承天地，永保国家之意。以君尝托傅位，未忍考于理，已诏有司赦君勿治。其上大司空高乐侯印绶，罢归。①

尚书令唐林上书曰："窃见免大司空丹策书，泰深痛切，君子作文，为贤者讳。丹经为世儒宗，德为国黄耇，亲傅圣躬，位在三公，所坐者微，海内未见其大过，事既已往，免爵大重，京师识者咸以为宜复丹邑爵，使奉朝请，四方所瞻卬也。惟陛下财览众心，有以尉复师傅之臣。"② 哀帝下诏赐师丹爵关内侯，食邑三百户。

哀帝采纳朱博的建议，尊祖母傅太后为皇太太后，与太皇太后王政君同尊，母亲丁后为帝太后，与皇太后赵飞燕同尊，又在长安为定陶共皇立庙，礼仪如同孝元皇帝。后来，丞相朱博、御史大夫赵玄再次弹劾师丹曰："前高昌侯宏首建尊号之议，而为丹所劾奏，免为庶人。时天下衰粗，委政于丹。丹不深惟褒广尊亲之义而妄称说，抑贬尊号，亏损孝道，不忠莫大焉。陛下圣仁，昭然定尊号，宏以忠孝复封高昌侯。丹恶逆暴著，虽蒙赦令，不宜有爵邑，请免为庶人。"③ 师丹遂被免爵回归乡里。

平帝即位之后，新都侯王莽重任大司马，命人挖掘傅太后、丁太后的坟墓，剥夺她们的印绶，毁坏了定陶共皇庙。泠褒、段犹等人都被迁徙到合浦郡，高昌侯董宏被贬为庶人。又赐师丹爵关内侯，食故邑。王太后认为师丹忠直有节，下诏大司徒、大司空："夫褒有德，赏元功，先圣之制，

① 班固.汉书·卷86·师丹传 [M]. 北京：中华书局，1962：3507—3508.
② 班固.汉书·卷86·师丹传 [M]. 北京：中华书局，1962：3509.
③ 班固.汉书·卷86·师丹传 [M]. 北京：中华书局，1962：3509.

百王不易之道也。故定陶太后造称僭号，甚悖义理。关内侯师丹端诚于国，不顾患难，执忠节，据圣法，分明尊卑之制，确然有柱石之固，临大节而不可夺，可谓社稷之臣矣。有司条奏邪臣建定称号者已放退，而丹功赏未加，殆缪乎先赏后罚之义，非所以章有德报厥功也。其以厚丘之中乡户二千一百封丹为义阳侯。"① 一月之后，师丹去世，谥号为节侯。他的儿子师业嗣侯。王莽失败之后，侯国断绝。

师丹廉洁正直，学问高深，精通《诗经》，得到成、哀二帝的赏识，由郎官升至大司马。在确定傅太后尊号以及设立定陶共皇庙事宜上，与哀帝及傅太后发生冲突。师丹为了缓解土地兼并的浪潮，率先提出了"限田限奴之议"："古之圣王莫不设井田，然后治乃可平。孝文皇帝承亡周乱秦兵革之后，天下空虚，故务劝农桑，帅以节俭，民始充实。未有并兼之害，故不为民田及奴婢为限。今累世承平，豪富吏民訾数巨万，而贫弱俞困。盖君子为政，贵因循而重改作，然所以有改者，将以救急也。亦未可详，宜略为限。"② 而后丞相孔光与大司空何武制定了详细的"限田限奴"政策，在哀帝的支持下施行了一段时间。由于贵族官僚、豪强地主的联合反对，哀帝又没有坚持改革的决心，"限田限奴"最终沦为一纸空文。在哀帝以及丁、傅外戚的打击下，师丹被免爵回乡。王莽主政后，虽然又恢复了侯爵，但已无力挽回汉帝国的颓势，他本人也抑郁而终。

---

① 班固. 汉书·卷86·师丹传［M］. 北京：中华书局，1962：3510.
② 班固. 汉书·卷24上·食货志［M］. 北京：中华书局，1962：1142.

红休侯刘歆

　　刘歆（？—23），沛县（今江苏沛县）人，祖上为刘邦的同父异母弟刘交。刘交"好书，多材艺。少时尝与鲁穆生、白生、申公俱受《诗》于浮丘伯"。① 西汉建立后，刘交被封为楚王，在封国内广泛笼络儒生，任命其同窗好友穆生、白生、申公为中大夫。刘交文化修养极高，著《元王诗》。其十一世孙刘德，善于黄老之术，被封为阳城侯。刘德的儿子刘向，字子政，自小聪明好学，十二岁荫任郎官。元帝时，担任散骑宗正给事中，党于萧望之、周堪，对抗许、史外戚和宦官弘恭、石显。后被免职。成帝即位后，刘向再次被启用，担任光禄大夫，并撰写《洪范五行传论》《列女传》《新序》《说苑》。刘向曾上书成帝裁制王氏外戚。书曰："物盛必有非常之变先见，为其人微象。孝昭帝时，冠石立于泰山，仆柳起于上林。而孝宣帝即位，今王氏先祖坟墓在济南者，其梓柱生枝叶，扶疏上出屋，根盉地中，虽立石起柳，无以过此之明也。事势不两大，王氏与刘氏亦且不并立，如下有泰山之安，则上有累卵之危。陛下为人子孙，守持宗庙，而令国祚移于外亲，降为皂隶，纵不为身，奈宗庙何！妇人内夫家，外父母家，此亦非皇太后之福也。孝宣皇帝不与舅平昌侯、乐昌侯权，所以安全之也。"② 然而成帝既无剪除王氏的魄力，又无中兴皇朝的能力，面

---

① 班固. 汉书·卷36·楚元王传［M］. 北京：中华书局，1962：1921.
② 班固. 汉书·卷36·楚元王传［M］. 北京：中华书局，1962：1961.

211

对刘向的上书，只能"常嗟叹之"。成帝数次想任用刘向为九卿，因王氏五侯的干预而未能实现，刘向终老于光禄大夫任上。

刘歆，字子骏，年少时通晓《诗》《书》，因擅做文章而被成帝召见，与王莽同任黄门郎。河平年间，受诏与父亲刘向主持宫廷校书，涉及六艺传记、诸子、诗赋、数术、方技。刘向死后，刘歆继承父职担任中垒校尉。哀帝即位后，大司马王莽推举刘歆担任侍中、太中大夫，升任骑都尉、奉车光禄大夫。后来王莽受丁、傅外戚的排挤而去职，刘歆继续负责五经的校订工作，完成了中国第一部目录学著作《七略》。"故有《辑略》，有《六艺略》，有《诸子略》，有《诗赋略》，有《兵书略》，有《术数略》，有《方技略》。今删其要，以备篇籍"。[①]

宣帝时，诏令刘向学习《穀梁春秋》，十几年后，刘向已颇为精通。刘歆校对宫廷典籍时，看到用古文书写的《春秋左氏传》非常喜欢。丞相史尹咸亦精通《左传》，刘歆跟从尹咸以及丞相翟方进学习《左传》大义。当时，《左传》多用古字古语，学者只是训诂而已，刘歆引用传文以解经，转相发明，使章句义理大备，独成一派。刘歆认为，左丘明的好恶与孔子相同，且亲见过孔子，而公羊、穀梁在孔门七十子之后，只是传承孔子的学说，传闻与亲见的详略不同，刘氏父子在经学上分道扬镳。刘歆上书哀帝，建议设立《左氏春秋》《毛诗》《逸礼》《古文尚书》博士。哀帝令刘歆与今文五经博士辩论，"遭冷遇"。刘歆作《移书太常博士》，回顾了古文经学艰难的发展历程，阐述了古文经学的重要价值，批判今文经博士们抱守残缺、排斥异己的态度。其文曰：

昔唐虞既衰，而三代迭兴，圣帝明王，累起相袭，其道甚著。周室既微而礼乐不正，道之难全也如此。是故孔子忧道之不行，历国应聘。自卫反鲁，然后乐正，《雅》《颂》乃得其所；修《易》，序《书》，制作《春秋》，以纪帝王之道。及夫子没而微言绝，七十子终而大义乖。重遭战国，

---

① 班固.汉书·卷30·艺文志［M］.北京：中华书局，1962：1701.

弃笾豆之礼，理军旅之陈，孔氏之道抑，而孙吴之术兴。陵夷至于暴秦，燔经书，杀儒士，设挟书之法，行是古之罪，道术由是遂灭。汉兴，去圣帝明王遐远，仲尼之道又绝，法度无所因袭。时独有一叔孙通略定礼仪，天下唯有《易》卜，未有它书。至孝惠之世，乃除挟书之律，然公卿大臣绛、灌之属咸介胄武夫，莫以为意。至孝文皇帝，始使掌故朝错从伏生受《尚书》。《尚书》初出于屋壁，朽折散绝，今其书见在，时师传读而已。《诗》始萌牙。天下众书往往颇出，皆诸子传说，犹广立于学官，为置博士。在汉朝之儒，唯贾生而已。至孝武皇帝，然后邹、鲁、梁、赵颇有《诗》《礼》《春秋》先师，皆起于建元之间。当此之时，一人不能独尽其经，或为《雅》，或为《颂》，相合而成。《泰誓》后得，博士集而读之。故诏书称曰："礼坏乐崩，书缺简脱，朕甚闵焉。"时汉兴已七八十年，离于全经，固已远矣。

及鲁恭王坏孔子宅，欲以为宫，而得古文于坏壁之中，《逸礼》有三十九，《书》十六篇。天汉之后，孔安国献之，遭巫蛊仓卒之难，未及施行。及《春秋》左氏丘明所修，皆古文旧书，多者二十余通，藏于秘府，伏而未发。孝成皇帝闵学残文缺，稍离其真，乃陈发秘藏，校理旧文，得此三事，以考学官所传，经或脱简，传或间编。传问民间，则有鲁国柏公、赵国贯公、胶东庸生之遗学与此同，抑而未施。此乃有识者之所惜闵，士君子之所嗟痛也。往者缀学之士不思废绝之阙，苟因陋就寡，分文析字，烦言碎辞，学者罢老且不能究其一艺。信口说而背传记，是末师而非往古，至于国家将有大事，若立辟雍封禅巡狩之仪，则幽冥而莫知其原。犹欲保残守缺，挟恐见破之私意，而无从善服义之公心，或怀妒嫉，不考情实，雷同相从，随声是非，抑此三学，以《尚书》为备，谓左氏为不传《春秋》，岂不哀哉！

今圣上德通神明，继统扬业，亦闵文学错乱，学士若兹，虽昭其情，犹依违谦让，乐与士君子同之。故下明诏，试《左氏》可立不，遣近臣奉指衔命，将以辅弱扶微，与二三君子比意同力，冀得废遗。今则不然，深闭固距，而不肯试，猥以不诵绝之，欲以杜塞余道，绝灭微学。夫可与乐成，难与虑始，此乃众庶之所为耳，非所望士君子也。且此数家之事，皆先帝所亲论，今上所考视，其古文旧书，皆有徵验，外内相应，岂苟而已哉！

夫礼失求之于野，古文不犹愈于野乎？往者博士《书》有欧阳，《春秋》公羊，《易》则施、孟，然孝宣皇帝犹复广立《谷梁春秋》，《梁丘易》，《大小夏侯尚书》，义虽相反，犹并置之。何则？与其过而废之也，宁过而立之。传曰："文武之道未坠于地，在人；贤者志其大者，不贤者志其小者。"今此数家之言所以兼包大小之义，岂可偏绝哉！若必专己守残，党同门，妒道真，违明诏，失圣意，以陷于文吏之议，甚为二三君子不取也。①

《移书太常博士》在学界和政坛引起了轩然大波，治今文经学的大儒们以及官僚们群起而攻之。光禄大夫龚胜以辞职相威胁，大司空师丹上奏刘歆改变旧的章程，诽谤先帝所立的博士。成为众矢之地的刘歆为求自保，请求外放为河内太守。由于刘歆是宗室，不宜掌管三河地区，便调任代理五原太守，后又调任涿郡。几年之后，因病辞官。哀帝驾崩后，王莽再次主政，推荐刘歆担任右曹太中大夫，升任中垒校尉、羲和、京兆尹，被封为红休侯。在王莽的支持下，古文经学被立为学官。刘歆建造明堂辟雍，考定历法和乐律，著《三统历谱》。

刘歆作为王莽的首席文化顾问，主持了多项文化工程。"是岁，莽奏起明堂、辟雍、灵台，为学者筑舍万区，作市、常满仓，制度甚盛。立《乐经》，益博士员，经各五人。徵天下通一艺教授十一人以上，及有逸《礼》、古《书》《毛诗》《周官》《尔雅》、天文、图谶、钟律、月令、兵法、《史篇》文字，通知其意者，皆诣公车。网罗天下异能之士，至者前后千数，皆令记说廷中，将令正乖谬，壹异说云"。② 刘歆又议定九锡之

① 班固. 汉书·卷36·楚元王传［M］. 北京：中华书局，1962：1968—1971.
② 班固. 汉书·卷99上·王莽传［M］. 北京：中华书局，1962：4069.

礼，主持了祫祭明堂大典。居摄三年（8年），王莽的母亲功显君逝世，王莽已是假皇帝，刘歆制定了一套特殊的服丧礼仪。

居摄三年（8年）底，王莽以哀章所献符瑞为契机，代汉自立，封刘歆为国师、嘉新公，又封刘歆的儿子刘叠为伊休侯，立刘歆之女刘愔为太子妃。刘歆身为刘氏皇族，内心并不认可王莽代汉自立，与王莽日渐离心。后来刘歆的两个儿子侍中东通灵将刘棻、右曹长水校尉刘泳与侍中骑都尉丁隆参与了甄丰谋反案而被杀。地皇二年（21年），太子王临与妻子刘愔因谋逆之罪被迫自杀。刘歆的二子一女都死于王莽之手，他本人作为一个没有兵权的国师公，唯有韬光养晦，隐忍不发。

地皇四年（23年）六月，王莽四十万主力尽丧昆阳，卫将军王涉、大司马董忠、国师公刘歆密谋起兵诛杀王莽。王涉的宾客西门君惠向王涉建言："星孛扫宫室，刘氏当复兴，国师公姓名是也。"① 王涉将此事告诉大司马董忠，二人到刘歆处劝说曰："新都哀侯小被病，功显君素耆酒，疑帝本非我家子也。董公主中军精兵，涉领宫卫，伊休侯主殿中，如同心合谋，共劫持帝，东降南阳天子，可以全宗族；不者，俱夷灭矣！"② 刘歆虽然同意与王涉、董忠谋划发兵，但又迷信天象，坚持"当待太白星出，乃可"。③ 司中大赘孙伋与陈邯趁机向王莽告发此事。王莽派人召集王涉、董忠、刘歆进入宫中。董忠正在检阅操练兵马，其护军王咸劝他杀入宫中，但是董忠不听。董忠被杀，刘歆、王涉自杀。

刘歆出身刘氏皇族，继承家学，年少成名。他跟随父亲刘向校订宫中的秘书，撰写了中国第一部目录学著作《七略》，完成了中国历史上第一次由政府组织的文献大整理工程。刘歆不仅精通今文经学，而且开启了古文经学由训诂到章句的转变。倘若刘歆潜心著述，必然成为博通古今的一代大家，亦能得以寿终。但是在"遗子黄金满籝，不如一经"④ 的社会氛

① 班固．汉书·卷99下·王莽传 [M]．北京：中华书局，1962：4184.
② 班固．汉书·卷99下·王莽传 [M]．北京：中华书局，1962：4184.
③ 班固．汉书·卷99下·王莽传 [M]．北京：中华书局，1962：4184.
④ 班固．汉书·卷73·韦贤传 [M]．北京：中华书局，1962：3107.

围中，经学成为利实禄之学。他的父亲刘向学识渊博，立志中兴刘氏，但在王氏外戚的打压下，只能抑郁终老。刘歆虽然继承其父遗志，但又汲汲于仕途，其人生定位出现了严重的偏差。哀帝时，刘歆试图将古文经列于学官，却遭到了今文经学家们和官僚们的攻击，外放做郡守达六年之久。平帝即位后，在王莽的支持下，《春秋左氏传》等古文经跻身于学官，刘歆被封红休侯，成为王莽集团的首席文化顾问，为其代汉自立提供经学依据，他也由此被封为国师。但刘歆毕竟是刘氏皇族，自己的二子一女被杀后，刘歆参与诛杀王莽的政变，但其犹豫的性格致使政变失败，他也饮恨自杀。

新都侯王莽

　　王莽（前45—前23），字巨君，祖籍济南郡东平陵（今山东章丘），后迁徙到魏郡元城（今河北大名）。田齐贵族后裔，孝元皇后王政君的侄子。王莽的相貌，《汉书·王莽传》的描述是："莽为人侈口蹙颐，露眼赤精，大声而嘶。长七尺五寸，好厚履高冠，以氂装衣，反膺高视，瞰临左右"。① 一位待诏认为："莽所谓鸱目虎吻豺狼之声者也，故能食人，亦当为人所食。"② 王政君家族共九个列侯，五个大司马，势力遍布朝野，是西汉实力最为雄厚的外戚集团，这为日后王莽代汉奠定了基础。

　　王莽的父亲王曼早死，没有封侯。王莽自幼贫穷孤独，生活俭朴，待人谦恭。他跟随沛郡陈参学习《礼经》，勤奋不懈。他侍奉母亲和寡嫂，抚养孤弱的侄子，小心翼翼地侍奉掌权的伯父、叔父们。阳朔年间，王莽的伯父大将军王凤病重，王莽亲自尝药，一月之内没有解衣休息。王凤在弥留之际，将他托付给王太后及成帝。王莽自此进入政治舞台，后来升任射声校尉。

　　王莽的叔叔成都侯王商上书，愿意分割自己的封国以封王莽为侯，上谷都尉阳并、长乐少府戴崇、胡骑校尉箕闳、中郎陈汤、侍中金涉等当世名士都赞扬王莽，成帝因此看重王莽。永始元年（前16年），成帝以南阳

---

① 班固. 汉书·卷99中·王莽传 ［M］. 北京：中华书局，1962：4124.
② 班固. 汉书·卷99中·王莽传 ［M］. 北京：中华书局，1962：4124.

新野都乡封王莽为新都侯，食一千五百户。王莽虽然爵至列侯，但态度越来越谦恭。身在高位的人都举荐他，士人都宣扬他的节操，他的名声超过了他的伯父们、叔父们。

王莽的哥哥王永曾经担任诸曹，早死，有儿子王光，王莽送王光到太学博士那里学习。王莽休假外出，驾车载着羊和酒去慰劳经师，赏赐遍及王光的同学。王光的年纪小于王莽的儿子王宇，王莽命他们同一天娶妻。婚礼上，王莽多次步入后堂侍奉母亲饮药。

王太后姐姐的儿子淳于长以才能被任命为九卿，且官位在王莽之前，成为与王莽竞争大司马之位的重要对手。王莽暗中搜求他的罪过，通过大司马曲阳侯王根向成帝禀报，淳于长因罪被杀，王莽却获得了忠直的名声。绥和元年（前8年），大司马王根提出辞职，推荐王莽代替自己。担任大司马之后，王莽更加克己自律，聘请贤良名士担任掾史，将封国的收入全部赏给士人。他的母亲病了，列侯、公卿大臣们派遣夫人们问候，王莽的妻子只穿一件齐膝盖的短裙迎接宾客。满堂大惊。

哀帝即位后，尊王太后为太皇太后。面对咄咄逼人的丁、傅外戚，王莽上书辞职，哀帝派遣尚书令下诏给王莽："先帝委政于君而弃群臣，朕得奉宗庙，诚嘉与君同心合意。今君移病求退，以著朕之不能奉顺先帝之意，朕甚悲伤焉。已诏尚书待君奏事。"① 又派遣丞相孔光、大司空何武、左将军师丹、卫尉傅喜告诉王太后："皇帝闻太后诏，甚悲。大司马即不起，皇帝即不敢听政。"② 王太后又令王莽治理政事。

当时哀帝的祖母定陶傅太后、母亲丁姬还健在，高昌侯董宏上书言："《春秋》之义，母以子贵，丁姬宜上尊号。"③ 王莽与师丹共同弹劾董宏。哀帝在未央宫设置酒宴，内者令将傅太后的座位设置在了王太后旁边，王莽检查时，斥责内者令："定陶太后藩妾，何以得与至尊并？"④ 王莽调整

---

① 班固. 汉书·卷99上·王莽传［M］. 北京：中华书局，1962：4041—4042.
② 班固. 汉书·卷99上·王莽传［M］. 北京：中华书局，1962：4042.
③ 班固. 汉书·卷99上·王莽传［M］. 北京：中华书局，1962：4042.
④ 班固. 汉书·卷99上·王莽传［M］. 北京：中华书局，1962：4042.

了座位的次序。傅太后大怒，王莽不得已辞职，哀帝赐给他五百斤黄金以及安车驷马。公卿大臣们都在哀帝面前称赞王莽，哀帝每十天赏赐一餐。下诏曰："新都侯莽忧劳国家，执义坚固，朕庶几与为治。太皇太后诏莽就第，朕甚闵焉。其以黄邮聚户三百五十益封，位特进，给事中，朝朔望见礼如三公，车驾乘绿车从。"① 两年后，傅太后、丁姬都称尊号，丞相朱博奏曰："莽前不广尊尊之义，抑贬尊号，亏损孝道，当伏显戮，幸蒙赦令，不宜有爵土，请免为庶人。"② 哀帝考虑到王莽的声望，只命他回到自己的封国。

王莽回到新都侯国之后，极力改善与封国官吏的关系。南阳太守举荐门下掾孔休担任代理新都侯国相，王莽谦礼结交。后来王莽病了，孔休去问候他，王莽为表感谢，送给他一柄镶嵌有宝玉的宝剑。孔休不肯接受，王莽说："诚见君面有瘢，美玉可以灭瘢，欲献其玞耳。"③ 取下剑鼻，孔休仍辞让不受。王莽曰："君嫌其贾邪?"④ 于是将剑鼻打碎，包起来送给孔休，孔休不得已接受。

王莽在封国极为谨慎，闭门谢客，他的次子王获杀死了奴婢，王莽令次子自杀谢罪。王莽在新都侯国三年间，有数百名官吏上书为他申冤。元寿元年（前2年），出现了日食，贤良周护、宋崇等在对策中歌颂王莽的功德，哀帝于是召回王莽。

哀帝驾崩，没有儿子继位，傅太后、丁太后都已去世，王太后收取玺绶，派使者召王莽，并下诏尚书，由王莽掌管发兵符节、百官奏事，中黄门、期门兵。王莽趁机收回了董贤的大司马印绶。诏曰："大司马高安侯董贤年少，不合众心，收印绶。"⑤ 董贤自杀后，王太后任命王莽为大司马。王莽任命安阳侯王舜为车骑将军，迎接年仅九岁的中山王为帝。王太

① 班固. 汉书·卷99上·王莽传 [M]. 北京：中华书局，1962：4042.
② 班固. 汉书·卷99上·王莽传 [M]. 北京：中华书局，1962：4042.
③ 班固. 汉书·卷99上·王莽传 [M]. 北京：中华书局，1962：4043.
④ 班固. 汉书·卷99上·王莽传 [M]. 北京：中华书局，1962：4043.
⑤ 班固. 汉书·卷99上·王莽传 [M]. 北京：中华书局，1962：4044.

后临朝称制，王莽实则掌握政权。王莽又废掉了成帝赵皇后、孝哀傅皇后。

王莽重用较为软弱的大司徒孔光，并任用孔光的女婿甄邯为侍中奉车都尉。凡是哀帝的外戚、重臣，王莽都罗织罪名予以罢免。于是，前将军何武、后将军公孙禄都因罪免官，丁、傅外戚及董贤皆被免去官爵。王莽又令孔光上奏红阳侯王立的罪过："前知定陵侯淳于长犯大逆罪，多受其赂，为言误朝；后白以官婢杨寄私子为皇子，众言曰吕氏、少帝复出，纷纷为天下所疑，难以示来世，成襁保之功。请遣立就国。"① 王太后不得已派遣王立回到封国。

顺从王莽的人很快得到了提拔，反对王莽的人则被诛杀，王莽很快形成了自己的势力集团，王舜、王邑、甄丰、甄邯、平晏、刘歆、孙建、甄寻、刘棻、崔发、陈崇等都得到了王莽的重用。王莽想要做什么事情，其党羽便会秉持他的旨意上奏，王莽则坚决辞让，对上迷惑太后，向百姓显示自己的诚信。

王莽为获得更高的封号，示意益州刺史令塞外的少数民族进献白雉鸡。元始元年（1年）正月，王莽上奏，王太后下诏，将白雉鸡献给宗庙。群臣上奏王太后曰："委任大司马莽定策定宗庙。故大司马霍光有安宗庙之功，益封三万户，畴其爵邑，比萧相国。莽宜如光故事。"② 王太后应群臣之请，封王莽为安汉公。

王莽谦让一番后，接受了安汉公的封号，并退还了赏赐。为了获得刘氏皇族以及功臣子孙的支持，"建言宜立诸侯王后及高祖以来功臣子孙，大者封侯，或赐爵关内侯食邑，然后及诸在位，各有第序"。③

王莽又通过公卿的上奏，获得了二千石官吏的人事任免权以及察举权。史载："往者，吏以功次迁至二千石，及州部所举茂材异等吏，率多

① 班固.汉书·卷99上·王莽传［M］.北京：中华书局，1962：4045.
② 班固.汉书·卷99上·王莽传［M］.北京：中华书局，1962：4046.
③ 班固.汉书·卷99上·王莽传［M］.北京：中华书局，1962：4048.

不称，宜皆见安汉公。又太后不宜亲省小事。"① 王太后于是下诏曰："皇帝幼年，朕且统政，比加元服。今众事烦碎，朕春秋高，精气不堪，殆非所以安躬体而育养皇帝者也。故选忠贤，立四辅，群下劝职，永以康宁。孔子曰：'巍巍乎，舜禹之有天下而不与焉！'自今以来，非封爵乃以闻。他事，安汉公、四辅平决。州牧、二千石及茂材吏初除奏事者，辄引入至近署对安汉公，考故官，问新职，以知其称否。"② 此时王莽手中的权力已经等同于皇帝了。

王莽为了获得百姓的支持，上书王太后，愿意拿出一百万钱，献出田地三十顷，交给大司农分给贫民。每当有水旱灾害发生时，王莽马上吃素食。王太后派使者下诏王莽曰："闻公菜食，忧民深矣。今秋幸孰，公勤于职，以时食肉，爱身为国。"③

王莽考虑到四方的少数民族政权还没有归顺，为了营造天下太平的假象，于是派遣使者拿着黄金、布帛，贿赂匈奴单于，使匈奴单于派使者上书："闻中国讥二名，故名囊知牙斯今更名知，慕从圣制。"④ 又派遣王昭君的女儿须卜居次侍奉王太后。

王莽为了进一步稳固权位，上书将女儿许配给平帝做皇后。书曰："皇帝即位三年，长秋宫未建，掖廷媵未充。乃者，国家之难，本从亡嗣，配取不正。请考论《五经》，定取礼，正十二女之义，以广继嗣。博采二王后及周公孔子世列侯在长安者適子女。"⑤ 有关官员上奏了一张名单，多是王氏女子。王莽恐怕她们与自己的女儿竞争，采取以退为进的策略，上书道："身亡德，子材下，不宜与众女并采。"⑥ 太后只好下诏曰："王氏女，朕之外家，其勿采。"⑦ 王莽讽喻群下，于是庶民、诸生、郎吏每天到

① 班固. 汉书·卷99上·王莽传 [M]. 北京：中华书局，1962：4049.
② 班固. 汉书·卷99上·王莽传 [M]. 北京：中华书局，1962：4049.
③ 班固. 汉书·卷99上·王莽传 [M]. 北京：中华书局，1962：4050.
④ 班固. 汉书·卷99上·王莽传 [M]. 北京：中华书局，1962：4051.
⑤ 班固. 汉书·卷99上·王莽传 [M]. 北京：中华书局，1962：4051.
⑥ 班固. 汉书·卷99上·王莽传 [M]. 北京：中华书局，1962：4051.
⑦ 班固. 汉书·卷99上·王莽传 [M]. 北京：中华书局，1962：4051.

官门前上书的就有一千多人，公卿大臣们都说："明诏圣德巍巍如彼，安汉公盛勋堂堂若此，今当立后，独奈何废公女？天下安所归命！愿得公女为天下母。"① 王莽又虚伪地派遣长史以下的官吏分头阻止公卿大臣、诸生们上书。王太后迫于压力，只得选择王莽的女儿。信乡侯佟上书，天子娶其女，应当先以百里建立安汉公国。书曰："《春秋》，天子将娶于纪，则褒纪子称侯，安汉公国未称古制。"② 官员们皆曰："古者天子封后父百里，尊而不臣，以重宗庙，孝之至也。佟言应礼，可许。请以新野田二万五千六百顷益封莽，满百里。"③ 王莽虚伪地加以拒绝。相关官员上奏曰："故事，聘皇后黄金二万斤，为钱二万万。"④ 王莽仅接受四千万，将其中的三千三百万分给了十一户陪嫁的人家。王太后又下诏增加二千三百万，一共三千万。王莽又将其中的一千万分给了九族中的贫苦人家，以笼络人心。

王莽想获得宰衡的封号，暗讽群臣，上书的吏民达八千多人，都说："伊尹为阿衡，周公为太宰，周公享七子之封，有过上公之赏。宜如陈崇言。"⑤ 有关官员商议后提出："还前所益二县及黄邮聚、新野田，采伊尹、周公称号，加公为宰衡，位上公。掾史秩六百石。三公言事，称'敢言之'。群吏毋得与公同名。出从期门二十人，羽林三十人，前后大车十乘。赐公太夫人号曰功显君，食邑二千户，黄金印赤韨。封公子男二人，安为褒新侯，临为赏都侯。加后聘三千七百万，合为一万万，以明大礼。"⑥ 王太后亲自在前殿封拜王莽为宰衡。宰衡享有极高的权位与仪仗，"从大车前后各十乘，直事尚书郎、侍御史、谒者、中黄门、期门羽林。宰衡常持节，所止，谒者代持之。宰衡掾史秩六百石，三公称'敢言

---

① 班固. 汉书·卷99上·王莽传［M］. 北京：中华书局，1962：4052.
② 班固. 汉书·卷99上·王莽传［M］. 北京：中华书局，1962：4052.
③ 班固. 汉书·卷99上·王莽传［M］. 北京：中华书局，1962：4052.
④ 班固. 汉书·卷99上·王莽传［M］. 北京：中华书局，1962：4052.
⑤ 班固. 汉书·卷99上·王莽传［M］. 北京：中华书局，1962：4066.
⑥ 班固. 汉书·卷99上·王莽传［M］. 北京：中华书局，1962：4066—4067.

之'"。①

王莽为笼络儒生，上奏建造儒家经典中的明堂、辟雍、灵台，扩建太学，修建市场、常满仓，颇有规模。设立《乐经》博士，又增加博士名额。征召天下精通一门经学，并且教授十一个门生以上，以及藏有逸《礼》、古《书》《毛诗》《周官》《尔雅》、天文、图谶、钟律、月令、兵法、《史篇》等书并通晓其中内容的人，由地方官备车马送到长安。群臣奏言："昔周公奉继体之嗣，据上公之尊，然犹七年制度乃定。夫明堂、辟雍，堕废千载莫能兴，今安汉公起于第家，辅翼陛下，四年于兹，功德烂然。公以八月载生魄庚子奉使，朝用书临赋营筑，越若翊辛丑，诸生、庶民大和会，十万众并集，平作二旬，大功毕成。唐虞发举，成周造业，诚亡以加。宰衡位宜在诸侯王上，赐以束帛加璧，大国乘车、安车各一，骊马二驷。"② 王太后同意。

王莽还通过赏赐拉拢刘氏皇族，元始五年（5年）正月，祫祭明堂。征集诸侯王二十八人，列侯一百二十人，宗室子弟九百多人助祭于明堂。祭祀完毕，封孝宣曾孙刘信等三十六人为列侯，其余的人都被益封、赐爵，并且赏赐了大量的金帛。

王莽想被加封九锡。群臣便稽考古文，议定九锡之礼："（王莽）受绿韨衮冕衣裳，瑒瑓瑒瑓，句履，鸾路乘马，龙旂九旒，皮弁素积，戎路乘马，彤弓矢、卢弓矢，左建朱钺，右建金戚，甲胄一具，秬鬯二卣，圭瓒二，九命青玉圭二，朱户纳陛。署宗官、祝官、卜官、史官，虎贲三百人，家令丞各一人，宗、祝、卜、史官皆置啬夫，佐安汉公。在中府外第，虎贲为门卫，当出入者傅籍。自四辅、三公有事府第，皆用传。以楚王邸为安汉公第，大缮治，通周卫。祖祢庙及寝皆为朱户纳陛。"③

北面的匈奴、南方的黄支在王莽的贿赂下都表示归顺，只有西方还未

① 班固．汉书·卷99上·王莽传［M］．北京：中华书局，1962：4068．
② 班固．汉书·卷99上·王莽传［M］．北京：中华书局，1962：4069．
③ 班固．汉书·卷99上·王莽传［M］．北京：中华书局，1962：4075．

明确表态，于是派遣中郎将平宪拿着黄金招降塞外的羌人。王莽上奏曰："太后秉统数年，恩泽洋溢，和气四塞，绝域殊俗，靡不慕义。越裳氏重译献白雉，黄支自三万里贡生犀，东夷王度大海奉国珍，匈奴单于顺制作，去二名，今西域良愿等复举地为臣妾，昔唐尧横被四表，亦亡以加之。今谨案已有东海、南海、北海郡，未有西海郡，请受良愿等所献地为西海郡。臣又闻圣王序天文，定地理，因山川民俗以制州界。汉家地广二帝三王，凡十三州，州名及界多不应经。《尧典》十有二州，后定为九州。汉家廓地辽远，州牧行部，远者三万余里，不可为九。谨以经义正十二州名分界，以应正始。"①

元始五年（5 年）十二月，平帝驾崩，大赦天下。王莽征召通晓礼仪的宗伯凤等人商定，天下六百石以上的官吏都服丧三年。鉴于元帝的后代已经断绝，而宣帝的曾孙中还有五个诸侯王四十八个列侯，而这些人均已成人，王莽便宣称："兄弟不得相为后。"② 于是选择了宣帝玄孙中年龄最小的广戚侯刘显的儿子刘子婴。

为了代汉自立，王莽借助"符命"之说进行舆论造势。前辉光谢嚣上奏武功长孟通在浚通水井的时候发现了一块白石，石上有红色文字，"告安汉公莽为皇帝"。③ 王莽派大臣上奏王太后，王太后曰："此诬罔天下，不可施行！"④ 太保王舜劝说王太后："事已如此，无可奈何，沮之力不能止。又莽非敢有它，但欲称摄以重其权，填服天下耳。"⑤ 王舜等共同请求王太后下诏封王莽为摄皇帝。诏曰："盖闻天生众民，不能相治，为之立君以统理之。君年幼稚，必有寄托而居摄焉，然后能奉天施而成地化，群生茂育。《书》不云乎？'天工，人其代之。'朕以孝平皇帝幼年，且统国政，几加元服，委政而属之。今短命而崩，呜呼哀哉！已使有司徵孝宣皇

---

① 班固. 汉书·卷99上·王莽传 [M]. 北京：中华书局，1962：4077.
② 班固. 汉书·卷99上·王莽传 [M]. 北京：中华书局，1962：4078.
③ 班固. 汉书·卷99上·王莽传 [M]. 北京：中华书局，1962：4079.
④ 班固. 汉书·卷99上·王莽传 [M]. 北京：中华书局，1962：4079.
⑤ 班固. 汉书·卷99上·王莽传 [M]. 北京：中华书局，1962：4079.

帝玄孙二十三人，差度宜者，以嗣孝平皇帝之后。玄孙年在襁褓，不得至德君子，孰能安之？安汉公莽辅政三世，比遭际会，安光汉室，遂同殊风，至于制作，与周公异世同符。今前辉光谢嚣、武功长通上言丹石之符，朕深思厥意，云'为皇帝'者，乃摄行皇帝之事也。夫有法成易，非圣人者亡法。其令安汉公居摄践祚，如周公故事，以武功县为安汉公采地，名曰汉光邑。具礼仪奏。"① 次年，改年号居摄。

居摄元年（6 年）正月，摄皇帝王莽开始践行皇帝的职责，在南郊祭祀上帝，到东郊迎接春天，在明堂举行大射礼，设宴招待三老、五更。设置柱下史五人，职如御史。

同年四月，安众侯刘崇与安众侯国相张绍不满于王莽专权，率领百余人进攻宛城，后因兵败被杀。九月，东郡太守翟义在都试时，聚集兵马，拥立严乡侯刘信为天子，向诸郡国发布檄文曰："莽'毒杀平帝，摄天子位，欲绝汉室，今共行天罚诛莽。'"② 郡国响应，兵马达十几万之多。王莽终日惶恐不安，早晚抱着孺子婴到郊庙祈祷，派遣谏大夫桓谭晓谕诸郡国将反政孺子婴。与此同时，槐里男子赵明、霍鸿等起兵，与翟义内外呼应，谋划趁长安兵力空虚，奇袭长安。

针对严峻的政治军事形势，王莽决定先集中全力消灭翟义主力。于是"乃拜其党亲轻车将军成武侯孙建为奋武将军，光禄勋成都侯王邑为虎牙将军，明义侯王骏为强弩将军，春王城门校尉王况为震威将军，宗伯忠孝侯刘宏为奋冲将军，中少府建威侯王昌为中坚将军，中郎将震羌侯窦兄为奋威将军，凡七人，自择除关西人为校尉军吏，将关东甲卒，发奔命以击义焉。复以太仆武让为积弩将军屯函谷关，将作大匠蒙乡侯逯并为横野将军屯武关，羲和红休侯刘歆为扬武将军屯宛，太保后丞丞阳侯甄邯为大将军屯霸上，常乡侯王恽为车骑将军屯平乐馆，骑都尉王晏为建威将军屯城

① 班固. 汉书·卷99上·王莽传 [M]. 北京：中华书局，1962：4079.
② 班固. 汉书·卷99上·王莽传 [M]. 北京：中华书局，1962：4087.

北，城门校尉赵恢为城门将军，皆勒兵自备"。① 王邑率领大军很快击败了翟义的军队，回师长安，与长安守军共灭赵明、霍鸿的军队。

　　击灭翟义之后，王莽加紧了代汉的步伐。广饶侯刘京、车骑将军千人扈云、大保属臧鸿在王莽的授意下制作符命。刘京说齐郡出现了一眼新井，扈云说巴郡出现了一头石牛，臧鸿说扶风雍县出现了一块仙石。王莽上奏王太后曰："陛下至圣，遭家不造，遇汉十二世三七之阨，承天威命，诏臣莽居摄，受孺子之托，任天下之寄。臣莽兢兢业业，惧于不称。宗室广饶侯刘京上书言：'七月中，齐郡临淄县昌兴亭长辛当一暮数梦，曰：吾，天公使也。天公使我告亭长曰：摄皇帝当为真。即不信我，此亭中当有新井。亭长晨起视亭中，诚有新井，入地且百尺。'十一月壬子，直建冬至，巴郡石牛，戊午，雍石文，皆到于未央宫之前殿。臣与太保安阳侯舜等视，天风起，尘冥，风止，得铜符帛图于石前，文曰：'天告帝符，献者封侯。承天命，用神令。'骑都尉崔发等眂说。"②

　　梓潼人哀章在长安求学，见王莽摄政代行皇权，为求富贵，就制造了一只铜柜，并做了两封标签，一封题为"天帝行玺金匮图"，③ 另一封题为"赤帝行玺某传予黄帝金策书"。④ 所谓某，就是高皇帝刘邦的名字。哀章听闻了新井、石牛的事情，便在黄昏时拿着铜柜到高庙，交给仆射。王莽到高庙接受铜柜。哀章的铜柜为王莽代汉提供了直接的依据。王莽头戴王冠，拜谒王太后，下诏书正式代汉自立，建立新朝。诏曰："予以不德，托于皇初祖考黄帝之后，皇始祖考虞帝之苗裔，而太皇太后之末属。皇天上帝隆显大佑，成命统序，符契图文，金匮策书，神明诏告，属予以天下兆民。赤帝汉氏高皇帝之灵，承天命，传国金策之书，予甚祇畏，敢不钦受！以戊辰直定，御王冠，即真天子位，定有天下之号曰新。其改正朔，易服色，变牺牲，殊徽帜，异器制。以十二月朔癸酉为建国元年正月

　　①　班固. 汉书·卷84·翟方进传［M］. 北京：中华书局，1962：3427.
　　②　班固. 汉书·卷99上·王莽传［M］. 北京：中华书局，1962：4093—4094.
　　③　班固. 汉书·卷99上·王莽传［M］. 北京：中华书局，1962：4095.
　　④　班固. 汉书·卷99上·王莽传［M］. 北京：中华书局，1962：4095.

之朔，以鸡鸣为时。服色配德上黄，牺牲应正用白，使节之旄幡皆纯黄，其署曰'新使五威节'，以承皇天上帝威命也。"①

始建国元年（8 年）正月朔日，王莽率领公侯卿士给王太后奉上新制作的印绶，又封孺子婴为定安公，设立定安公国。西汉时期尖锐的阶级矛盾，则为王莽代汉自立提供了契机。自宣帝之后，皇权开始衰落，各种社会矛盾逐步尖锐，土地兼并愈演愈烈。皇帝赏赐了贵族、官僚大量的土地。如成帝将长安重地平陵肥牛亭赏赐给了丞相张禹，哀帝一次性赏赐董贤两千顷土地。贵族、官僚又利用权势强买、霸占土地，红阳侯王立霸占垦草田数百顷，张禹贱买了四百顷膏腴田地，匡衡侵吞临淮郡土地四百顷。土地兼并造成了大量的农民因破产而沦为奴婢，左将军史丹拥有数百名僮奴，王氏五侯各自拥有千名奴婢。土地兼并与农民的奴婢化，严重影响了国家的赋税收入，加剧了阶级矛盾。外戚专权，大树党羽，排斥异己，奢靡享受。成帝甚至在诏书中痛陈："方今世俗奢僭罔极，靡有厌足。公卿列侯亲属近臣，四方所则，未闻修身遵礼，同心忧国者也。或乃奢侈逸豫，务广第宅，治园池，多畜奴婢，被服绮縠，设钟鼓，备女乐，车服嫁娶葬埋过制。吏民慕效，寖以成俗，而欲望百姓俭节，家给人足，岂不难哉！"② 西汉末年，自然灾害（水、旱、虫、地震、饥荒）频发，元帝时期发生了八次自然灾害，成帝时发生了十次自然灾害。哀帝时的谏议大夫鲍宣指出，"民有七亡而无一得"③ "民有七死而无一生"。④ 百姓们陷入绝境，被迫揭竿而起，阳朔三年（前22 年），爆发了颍川铁官徒申屠圣起义；鸿嘉三年（前18 年），爆发了广汉郡郑躬起义；永始三年（前14 年），爆发了山阳铁官徒苏令起义、尉氏樊并起义。加之儒学逐步谶纬化，"当更受命于天"的思想甚嚣尘上。哀帝继位时，接受方士夏贺良的建议，

---

① 班固. 汉书·卷99 上·王莽传 [M]. 北京：中华书局，1962：4095—4096.
② 班固. 汉书·卷10·成帝纪 [M]. 北京：中华书局，1962：324—325.
③ 班固. 汉书·卷72·鲍宣传 [M]. 北京：中华书局，1962：3088.
④ 班固. 汉书·卷72·鲍宣传 [M]. 北京：中华书局，1962：3088.

改元易号，"以建平二年为太初元年，号曰陈圣刘太平皇帝"。① 上演了一幕"再受命"的闹剧。

王莽建立新朝之后，土地兼并与农民奴婢化等社会问题并未解决。史载："强者规田以千数，弱者曾无立锥之居。又置奴婢之市，与牛马同兰，制于民臣，颛断其命。奸虐之人因缘为利，至略卖人妻子，逆天心，悖人伦，缪于'天地之性人为贵'之义。《书》曰'予则奴戮女'，唯不用命者，然后被此辜矣。汉氏减轻田租，三十而税一，常有更赋，罢癃咸出，而豪民侵陵，分田劫假。厥名三十税一，实什税五也。父子夫妇终年耕芸，所得不足以自存。故富者犬马余菽粟，骄而为邪；贫者不厌糟糠，穷而为奸。俱陷于辜，刑用不错"②。为了解决这些社会问题，王莽推出了"新政"。

始建国元年（9 年），王莽针对土地兼并与农民奴婢化的问题，推行王田与私属制度，确立土地国有化，杜绝土地与奴婢的买卖。"今更名天下田曰'王田'，奴婢曰'私属'，皆不得卖买。其男口不盈八，而田过一井者，分余田予九族邻里乡党。故无田，今当受田者，如制度。敢有非井田圣制，无法惑众者，投诸四裔，以御魑魅，如皇始祖考虞帝故事"。③ 王莽的这项改革措施使大量的贵族、官僚、豪强地主因买卖田宅、奴婢而获罪，"坐卖买田宅奴婢，铸钱，自诸侯卿大夫至于庶民，抵罪者不可胜数"。④ 平民百姓却并没有因此获得土地。可见，王田私属制度不仅没有遏制土地兼并的浪潮，反而招致了上至王侯贵族、下至庶民百姓的怨恨。中郎区博劝谏王莽："井田虽圣王法，其废久矣。周道既衰，而民不从。秦知顺民之心，可以获大利也，故灭庐井而置阡陌，遂王诸夏，讫今海内未厌其敝。今欲违民心，追复千载绝迹，虽尧舜复起，而无百年之渐，弗能

① 班固. 汉书·卷 75·李寻传［M］. 北京：中华书局，1962：3193.
② 班固. 汉书·卷 99 中·王莽传［M］. 北京：中华书局，1962：4110—4111.
③ 班固. 汉书·卷 99 中·王莽传［M］. 北京：中华书局，1962：4111.
④ 班固. 汉书·卷 99 中·王莽传［M］. 北京：中华书局，1962：4112.

行也。天下初定，万民新附，诚未可施行。"① 王莽不得已取消王田私属制度，曰："诸名食王田，皆得卖之，勿拘以法。犯私买卖庶人者，且一切勿治。"②

居摄二年（7年），王莽改铸货币："更造货：错刀，一直五千；契刀，一直五百；大钱，一直五十，与五铢钱并行。民多盗铸者。禁列侯以下不得挟黄金，输御府受直，然卒不与直。"③ 一枚错刀价值五千枚五铢钱；一枚契刀价值五百枚五铢钱；一枚大钱价值五十枚五铢钱，与五铢钱通行，并禁止列侯以下的官民携带黄金。王莽的币制改革违背了称量货币流通规律，以小换大，以轻换重，将大量的财富聚集于王莽集团手中。始建国元年（9年），王莽废除了五铢钱、错刀、契刀，推广"宝货"。以金、银、龟、贝、铜作为货币材质，制造钱货六类、银货二类、龟宝四类、贝货五类、布货十类、黄金一类，共二十八类货币。史载：

莽即真，以为书"劉"字有金刀，乃罢错刀、契刀及五铢钱，而更作金、银、龟、贝、钱、布之品，名曰"宝货"。

小钱径六分，重一铢，文曰"小钱直一"。次七分，三铢，曰"幺钱一十"。次八分，五铢，曰"幼钱二十"。次九分，七铢，曰"中钱三十"。次一寸，九铢，曰"壮钱四十"。因前"大钱五十"，是为钱货六品，直各如其文。

黄金重一斤，直钱万。朱提银重八两为一流，直一千五百八十。它银一流直千。是为银货二品。

元龟岠冉长尺二寸，直二千一百六十，为大贝十朋。公龟九寸，直五百，为壮贝十朋。侯龟七寸以上，直三百，为幺贝十朋。子龟五寸以上，直百，为小贝十朋。是为龟宝四品。

大贝四寸八分以上，二枚为一朋，直二百一十六。壮贝三寸六分以

① 班固. 汉书·卷99中·王莽传［M］. 北京：中华书局，1962：4129—4130.
② 班固. 汉书·卷99中·王莽传［M］. 北京：中华书局，1962：4130.
③ 班固. 汉书·卷99上·王莽传［M］. 北京：中华书局，1962：4087.

上，二枚为一朋，直五十。幺贝二寸四分以上，二枚为一朋，直三十。小贝寸二分以上，二枚为一朋，直十。不盈寸二分，漏度不得为朋，率枚直钱三。是为贝货五品。

　　大布、次布、弟布、壮布、中布、差布、厚布、幼布、幺布、小布。小布长寸五分，重十五铢，文曰"小布一百"。自小布以上，各相长一分，相重一铢，文各为其布名，直各加一百。上至大布，长二寸四分，重一两，而直千钱矣。是为布货十品。

　　凡宝货五物，六名，二十八品。①

　　同时流通如此多的货币，在中国货币史上也是绝无仅有的。由于新币在市场难以流通，一年之后就被迫废除。天凤元年（14 年），王莽又废除大钱、小钱，铸造货泉、货布。史载："复申下金银龟贝之货，颇增减其贾直。而罢大小钱，改作货布，长二寸五分，广一寸，首长八分有奇，广八分，其圜好径二分半，足枝长八分，间广二分，其文右曰'货'，左曰'布'，重二十五铢，直货泉二十五。货泉径一寸，重五铢，文右曰'货'，左曰'泉'，枚直一，与货布二品并行。"② 王莽的币制改革导致货币市场陷于混乱，民众怨声载道，暗中使用五铢钱。始建国元年（9 年），王莽下诏曰："诸挟五铢钱，言大钱当罢者，比非井田制，投四裔。"③ 农民和商人纷纷失业，社会经济陷入瘫痪。地皇二年（21 年），王莽又下诏曰："民犯铸钱，伍人相坐，没入为官奴婢。其男子槛车，儿女子步，以铁琐琅当其颈，传诣钟官，以十万数。到者易其夫妇，愁苦死者什六七。"④ 市场萧条，民众流浪，国家经济秩序崩溃，阶级矛盾空前尖锐，而王莽集团却攫得了大量的财富。王莽覆灭前夕，他直接控制的黄金达六十多万斤，

---

①　班固. 汉书·卷 24 下·食货志 [M]. 北京：中华书局，1962：1177—1179.
②　班固. 汉书·卷 24 下·食货志 [M]. 北京：中华书局，1962：1184.
③　班固. 汉书·卷 99 中·王莽传 [M]. 北京：中华书局，1962：4112.
④　班固. 汉书·卷 99 下·王莽传 [M]. 北京：中华书局，1962：4167.

"时省中黄金万斤者为一匮，尚有六十匮"。①

　　始建国四年（12 年）六月，王莽推行五等爵制，在明堂授诸侯茅土。下诏曰："予以不德，袭于圣祖，为万国主。思安黎元，在于建侯，分州正域，以美风俗。追监前代，爰纲爰纪。惟在《尧典》，十有二州，卫有五服。《诗》国十五，祕遍九州。《殷颂》有'奄有九有'之言。《禹贡》之九州无并、幽，《周礼·司马》则无徐、梁。帝王相改，各有云为。或昭其事，或大其本，厥义著明，其务一矣。昔周二后受命，故有东都、西都之居。予之受命，盖亦如之。其以洛阳为新室东都，常安为新室西都。邦畿连体，各有采任。州从《禹贡》为九，爵从周氏有五。诸侯之员千有八百，附城之数亦如之，以俟有功。诸公一同，有众万户，土方百里。侯伯一国，众户五千，土方七十里。子男一则，众户二千有五百，土方五十里。附城大者食邑九成，众户九百，土方三十里。自九以下，降杀以两，至于一成。五差备具，合当一则。今已受茅土者，公十四人，侯九十三人，伯二十一人，子百七十一人，男四百九十七人，凡七百九十六人。附城千五百一十一人。九族之女为任者，八十三人。及汉氏女孙中山承礼君、遵德君、修义君更以为任。十有一公，九卿，十二大夫，二十四元士。定诸国邑采之处，使侍中讲礼大夫孔秉等与州部众郡晓知地理图籍者，共校治于寿成朱鸟堂。予数与群公祭酒上卿亲听视，咸已通矣。夫褒德赏功，所以显仁贤也；九族和睦，所以褒亲亲也。予永惟匪解，思稽前人，将章黜陟，以明好恶，安元元焉。"② 王莽并非真心封爵，便假托疆界没有划分清楚，先授给茅土，每月先给数千钱。有的诸侯生活困难，受雇替别人做工。

　　王莽还下诏改革中央官制。诏曰："置大司马司允，大司徒司直，大司空司若，位皆孤卿。更名大司农曰羲和，后更为纳言，大理曰作士，太常曰秩宗，大鸿胪曰典乐，少府曰共工，水衡都尉曰予虞，与三公司卿凡

　　①　班固. 汉书·卷 99 下·王莽传［M］. 北京：中华书局，1962：4188.
　　②　班固. 汉书·卷 99 中·王莽传［M］. 北京：中华书局，1962：4128—4129.

九卿，分属三公。每一卿置大夫三人，一大夫置元士三人，凡二十七大夫，八十一元士，分主中都官诸职。更名光禄勋曰司中，太仆曰太御，卫尉曰太卫，执金吾曰奋武，中尉曰军正，又置大赘官，主乘舆服御物，后又典兵秩，位皆上卿，号曰六监。改郡太守曰大尹，都尉曰太尉，县令长曰宰，御史曰执法，公车司马曰王路四门，长乐宫曰常乐室，未央宫曰寿成室，前殿曰王路堂，长安曰常安。更名秩百石曰庶士，三百石曰下士，四百石曰中士，五百石曰命士，六百石曰元士，千石曰下大夫，比二千石曰中大夫，二千石曰上大夫，中二千石曰卿。车服黻冕，各有差品。又置司恭、司徒、司明、司聪、司中大夫及诵诗工、彻膳宰，以司过。"[1]

王莽又根据《周官》《王制》，肆意更改地方官制、地名、行政区划。汉代的太守有三种称呼，即卒正、连率、大尹；汉都尉被称为属令、属长。王莽将长安城外的地区划分为六个乡，每乡设置乡帅一人。将三辅地区划分为六尉郡，将河东、河内、弘农、河南、颍川、南阳划分为六队郡，设置大夫。将河南大尹改名为保忠信卿。以亭命名的郡县有三百六十个，对应符命中的文字。一年之内，郡县名称数次变更，一个郡甚至五次改名。王莽每次下诏书，总要提到原来的名称。史载："制诏陈留大尹、太尉：其以益岁以南付新平。新平，故淮阳。以雍丘以东付陈定。陈定，故梁郡。以封丘以东付治亭。治亭，故东郡。以陈留以西付祈隧。祈隧，故荥阳。陈留已无复有郡矣。大尹、太尉，皆诣行在所。"[2] 甚至连新朝的名号也多次变更，有"新""薪""新家""新成""薪世""黄室"等。

在工商业方面，王莽推行五均赊贷、六筦政策。始建国二年（10 年），王莽下诏，在长安东市、西市，洛阳、邯郸、临淄、宛、成都设立五均市，长官为五均司市师，下设交易丞五人，钱府丞一人。五均市以每季度中月的商品价格作为标准价格（称之为"市平"），商品价格一旦超过"市平"，政府便按照平价出售货物；商品价格低于市平，则任其自由交

---

① 班固. 汉书·卷99 中·王莽传［M］. 北京：中华书局，1962：4103—4104.

② 班固. 汉书·卷99 中·王莽传［M］. 北京：中华书局，1962：4137.

易。五均市的设立有利于政府控制商品价格，打击富商大贾的囤积居奇行为，对于稳定社会经济秩序有积极的意义。五均市还经营赊贷。赊，即借给百姓的日常性消费，不收取利息，到期归还本金。"民欲祭祀丧纪而无用者，钱府以所入工商之贡但赊之，祭祀无过旬日，丧纪毋过三月"。① 贷，即给予百姓的经营性贷款，利息为每年十分之一。"民或乏绝，欲贷以治产业者，均授之，除其费，计所得受息，毋过岁什一"。② 同年初，设六筦之令，由政府专卖酒、盐、铁器，铸钱，向开采名山大泽中的各类资源者收税，加上五均赊贷。

五均赊贷、六筦政策，是王莽对于武帝时期的国家经营工商业政策的继承与发展。王莽试图通过垄断国家的工商业大利，削弱打击贵族、官僚、豪强的经济实力，并辅以王田、私属制，来解决土地兼并及农民奴婢化的危机。史载，"今开赊贷，张五均，设诸斡者，所以齐众庶，抑并兼也"。③ "这本是平抑物价、防止小民破产沦落的善政，但腐败的吏治又将之变成苛性了"。④ 王莽任用洛阳大商人张长叔、薛子仲，临淄大商人姓伟等执掌五均赊贷六筦，他们利用特权，囤积居奇，"乘传求利，交错天下。因与郡县通奸，多张空簿，府藏不实，百姓愈病"。⑤ 天凤四年（17 年），王莽设羲和命士，暴力推行五均赊贷、六筦，"每一筦为设科条防禁，犯者罪至死"。⑥ 百姓怨声载道。地皇三年（22 年），王莽才废除了五均赊贷、六筦之法。史载："莽知天下溃畔，事穷计迫，乃议遣风俗大夫司国宪等分行天下，除井田奴婢山泽六筦之禁，即位以来诏令不便于民者皆收还之。"⑦ 但早已于事无补。

在推出五均赊贷六筦之法的同时，王莽又依据《周官》税民之制，将

---

① 班固．汉书·卷 24 下·食货志［M］．北京：中华书局，1962：1181.
② 班固．汉书·卷 24 下·食货志［M］．北京：中华书局，1962：1181.
③ 班固．汉书·卷 24 下·食货志［M］．北京：中华书局，1962：1180.
④ 周全华．再论王莽改制［J］．上饶师专学报，1990，（2）：80.
⑤ 班固．汉书·卷 24 下·食货志［M］．北京：中华书局，1962：1183.
⑥ 班固．汉书·卷 24 下·食货志［M］．北京：中华书局，1962：1183.
⑦ 班固．汉书·卷 99 下·王莽传［M］．北京：中华书局，1962：4179.

征税的范围扩大，由原来的农业推广到了农、工、商、医、卜、祝、方技。史载："凡田不耕为不殖，出三夫之税；城郭中宅不树艺者为不毛，出三夫之布；民浮游无事，出夫布一匹。其不能出布者，冗作，县官衣食之。诸取众物鸟兽鱼鳖百虫于山林水泽及畜牧者，嫔妇桑蚕织纴纺绩补缝，工匠医巫卜祝及它方技商贩贾人坐肆列里区谒舍，皆各自占所为于其所之县官，除其本，计其利，十一分之，而以其一为贡。敢不自占，自占不以实者，尽没入所采取，而作县官一岁。"① 征税范围的扩大，进一步加剧了阶级矛盾。

王莽还奉行民族歧视政策。自宣帝以来，汉帝国对周边的少数民族政权一直采取怀柔羁縻政策，边疆安定。王莽称帝后，派五威将贬南方的句町王为侯；将西域的王改为侯。到匈奴王庭，授给匈奴单于印，印文改为"新匈奴单于章"。单于索要旧单于印，五威将陈饶打碎了旧单于印。单于大怒，乘机发兵，攻击边郡。随后，句町、西域诸国也与王莽决裂，发兵袭扰汉郡。

针对匈奴的袭扰，王莽将匈奴单于改为降服单于，并利用匈奴内部的矛盾，下诏封立十五单于。诏曰："降奴服于知威侮五行，背畔四条，侵犯西域，延及边垂，为元元害，罪当夷灭。命遣立国将军孙建等凡十二将，十道并出，共行皇天之威，罚于知之身。惟知先祖故呼韩邪单于稽侯狦累世忠孝，保塞守徼，不忍以一知之罪，灭稽侯狦之世。今分匈奴国土人民以为十五，立稽侯狦子孙十五人为单于。遣中郎将蔺苞、戴级驰之塞下，召拜当为单于者。诸匈奴人当坐虏知之法者，皆赦除之。"② 王莽还派遣五威将军苗䜣、虎贲将军王况出五原郡，厌难将军陈钦、震狄将军王巡率军出云中郡，振武将军王嘉、平狄将军王萌率军出代郡，相威将军李棽、镇远将军李翁率军出西河郡，诛貉将军阳俊、讨秽将军严尤率军出渔阳郡，奋武将军王骏、定胡将军王晏率军出张掖郡。六路大军共三十万人

<hr>

① 班固. 汉书·卷24下·食货志 [M]. 北京：中华书局，1962：1180—1181.
② 班固. 汉书·卷99中·王莽传 [M]. 北京：中华书局，1962：4121.

沿北方边境线大举北征。兵器、粮草、衣服以及徭役的征发，东至大海，南至江淮，全国骚动。王莽要求六路大军均到达边境后再同时出击，致使大军长期停留于边郡。此时北部边郡又发生了饥荒，边郡百姓生活在水深火热之中。王莽又下诏"一切税天下吏民，訾三十取一，缣帛皆输长安"，① 进一步激化了阶级矛盾。

天凤四年（17 年），爆发了临淮瓜田仪起义，琅邪吕母亦举兵反莽，攻破海曲县，引兵入海，众至万人。天凤五年（18 年），樊崇在琅邪莒县聚众起义，军至数万，数次击败郡国兵马。新市人王匡、王凤在南方绿林山中聚众起义，众至万人。

王莽面对内忧外困的局面，采纳了望气者的建议，在长安城南大兴徭役，耗费百亿，建造九庙。史载："九庙：一曰黄帝太初祖庙，二曰帝虞始祖昭庙，三曰陈胡王统祖穆庙，四曰齐敬王世祖昭庙，五曰济北愍王王祖穆庙，凡五庙不堕云；六曰济南伯王尊祢昭庙，七曰元城孺王尊祢穆庙，八曰阳平顷王戚祢昭庙，九曰新都显王戚祢穆庙。殿皆重屋。太初祖庙东西南北各四十丈，高十七丈，余庙半之。为铜薄栌，饰以金银琱文，穷极百工之巧。带高增下，功费数百巨万，卒徒死者万数。"②

王莽还建造豪华的登仙华盖。史载："或言皇帝时建华盖以登仙，莽乃造华盖九重，高八丈一尺，金瑵羽葆，载以秘机四轮车，驾六马，力士三百人黄衣帻，车上人击鼓，挽者皆呼'登仙'。莽出，令在前。百官窃言'此似輀车，非仙物也。'"③

地皇三年（22 年），王莽派遣太师王匡、更始将军廉丹率领十万大军东进，试图一举解决赤眉军问题。大军一路骚扰百姓，军纪败坏，东方百姓常道："宁逢赤眉，不逢太师！太师尚可，更始杀我！"④ 王匡、廉丹先是攻灭了无盐索卢恢部，又攻击在梁郡的赤眉董宪部。成昌一战，王匡大

① 班固. 汉书·卷 99 下·王莽传［M］. 北京：中华书局，1962：4155.
② 班固. 汉书·卷 99 下·王莽传［M］. 北京：中华书局，1962：4162.
③ 班固. 汉书·卷 99 下·王莽传［M］. 北京：中华书局，1962：4169.
④ 班固. 汉书·卷 99 下·王莽传［M］. 北京：中华书局，1962：4175.

败逃走，廉丹战死，王莽自此失去了对于关东的控制。

同年，南方绿林山中疾疫流行，起义军不得已分为两支，一支是由王常、成丹率领的下江兵，一支是由王匡、王凤率领的新市兵。后来，平林人陈牧、廖湛率领平林兵加入新市兵。南阳人刘縯、刘秀兄弟率领舂陵兵加入到了绿林军。他们相互呼应，多次击败新莽军队，并攻下军事重镇宛城。23 年，王常、朱鲔等共立刘玄为帝，改年为更始元年，与王莽抗衡。

四月，刘秀与王常等率兵攻击颍川郡，攻下昆阳、郾、定陵三城。王莽惊恐，遣大司空王邑与大司徒王寻聚集四十二万兵马，扑向昆阳和宛城一线。王莽授予二人封爵之权以及临机专断之权，并征用通晓六十三家兵法的士人，以备顾问。

六月，王邑、王寻从洛阳出发，取道颍川，包围了昆阳。严尤提出直取宛城的策略，但王邑坚持先攻打昆阳。王邑曰："百万之师，所过当灭，今屠此城，喋血而进，前歌后舞，顾不快邪！"① 将昆阳包围了十几层。严尤又劝谏曰："《兵法》'归师勿遏，围城为之阙'，可如兵法，使得逸出，以怖宛下。"② 王邑又不听。刘秀抓住漏洞，突围出城，征发了发郾、定陵数千兵马驰援昆阳，直击王寻、王邑所在的大营。王寻、王邑亲自率领一万人与刘秀决战，命各部不得擅自攻击。二人作战失利，各部不敢擅自救援。王寻被刘秀斩杀后，昆阳城内的数千兵马从城内杀出，莽军大乱，王邑率领数千骑兵逃走。王莽自此失去了对南方的控制权，只能守在长安被动防御了。

王莽濒临末日，却愈发荒淫，立杜陵史氏女为皇后，彩礼三万斤黄金，车马、奴婢、杂帛、珍宝无数。设置和嫔、美御、和人三人，爵位比于三公；嫔九人，位同于卿；美人二十七人，位同于大夫；御人八十一人，位同元士。一共百二十人。

军事上的失败，导致了王莽集团的分裂。卫将军王涉、大司马董忠与

---

① 班固. 汉书·卷 99 下·王莽传 [M]. 北京：中华书局，1962：4183.
② 班固. 汉书·卷 99 下·王莽传 [M]. 北京：中华书局，1962：4183.

国师公刘歆密谋杀莽。刘歆曰:"当待太白星出,乃可。"① 董忠又与起武侯孙伋密谋。孙伋与其妻弟陈邯向王莽告发此事。王莽将董忠召入宫中斩杀之,并诛灭董忠家族。刘歆、王涉听到消息之后,自杀。王莽念及二人都是股肱旧臣,隐瞒了他们谋反的事情。

更始元年(23年)七月,析县人邓晔、于匡在南乡起兵。邓晔、于匡劝析宰投降,吞并其兵马,然后邓晔自称辅汉左将军,于匡自称右将军,攻至武关。武关都尉朱萌投降。二人又率军斩杀右队大夫宋纲,攻下湖县。崔发进言:"《周礼》及《春秋左氏》,国有大灾,则哭以厌之。故《易》称'先号咷而后笑'。宜呼嗟告天以求救。"② 于是王莽率群臣到南郊,仰天长叹曰:"皇天既命授臣莽,何不殄灭众贼? 即令臣莽非是,愿下雷霆诛臣莽!"③ 除撰写一篇策文以告天外,又召集五千儒生百姓早晚哭泣,能背诵策文以及哭泣悲哀的人可被任命为郎官。

王莽任命了九位将军(九人都用虎作为名号,号称"九虎"),率领负责长安防卫的数万精兵防守长安外围阵地,将他们的妻子儿女纳入宫中作为人质。当时宫中藏有大量的黄金,长乐御府、中御府及都内、平准还藏有大量的钱币、珠宝、绢帛,但王莽极为吝啬,只赐给九虎部队的士兵每人四千钱。于匡率领数千强弩兵、邓晔率领二万兵马,绕过防线奇袭"九虎"后侧。九虎被击败后,散兵退守京师仓,长安外围阵地悉被攻占。

邓晔开武关关门迎接更始军队,更始丞相司直李松率领二千人到达湖县,与邓晔等人会合,共同进攻京师仓,受挫。邓晔任命弘农掾王宪为校尉,率领数百人渡过渭水,进入左冯翊境内。李松派遣偏将军韩臣从小路到新丰,击败了王莽的波水将军窦融。韩臣攻至长门宫。王宪到达频阳。大姓栎阳申砀、下邽王大等率众随宪。粜县严春、茂陵董喜、蓝田王孟、槐里汝臣、盩厔王扶、阳陵严本、杜陵屠门少等人,都自称汉将,臣属

---

① 班固. 汉书·卷99下·王莽传[M]. 北京:中华书局,1962:4184.
② 班固. 汉书·卷99下·王莽传[M]. 北京:中华书局,1962:4187.
③ 班固. 汉书·卷99下·王莽传[M]. 北京:中华书局,1962:4187—4188.

更始。

王莽赦免城中监狱里的囚徒，授予其兵器，以猪血盟誓："有不为新室者，社鬼记之！"① 更始将军史谌率领他们过渭桥时，士兵们都逃跑了。王莽又征发越族骑兵驻守城门，每门驻守六百人。

十月戊申朔，义军攻入宣平城门，进入长安。王邑、王林、王巡等带兵守卫北阙。长安少年朱弟、张鱼等率众起义，火烧宫门，攻入宫中。王莽到宣室前殿避火。他腰挂玉玺，手持虞帝匕首，疯狂喊道："天生德于予，汉兵其如予何！"②

天刚亮，群臣搀扶着王莽从白虎门出，和新公王揖驾车将王莽送至渐台。公卿大夫、侍中、黄门郎从官一千多人跟随他。更始大军重重包围了渐台，莽军用弓弩射杀，更始军稍稍退却。弩箭射尽后，双方短兵相接。王邑父子、王巡等战死，王莽逃入宫室。更始军攻入渐台，王揖、赵博、苗䜣、唐尊、王盛、王参等都被杀死。商人杜吴杀死王莽，取下他的天子绶带。校尉东海公宾斩下王莽的头颅。随后申屠建等人以飞骑将王莽的头颅送到宛城，更始帝命人将王莽的头颅悬挂到宛市。

王莽目睹西汉政权的衰败腐朽，年少时便有矫正时弊之志。他笃信儒学，敬老扶幼，折节向学，厉行俭约，严于律己，对于净化当时的社会风气起到了一定的表率作用。获得成帝的信任后，三十八岁便成为大司马。王莽辅政之后，实施了一系列的政策，对于缓和当时的各种社会矛盾确实起到了重要的作用。他数次献钱献田，建造民舍，赈济贫民，赢得了百姓的拥护。他增加博士弟子名额，扩建太学，重用儒士，修建辟雍、明堂，获得了士子的拥护。他大封宗室贵族、功臣后代，又获得了他们的支持。他因应时局，施展权术，排斥异己，由安汉公而为宰衡，由摄皇帝而为真皇帝。

王莽称帝后，为缓和阶级矛盾，颁布"新政"，实行王田私属制度、

① 班固. 汉书·卷99下·王莽传 [M]. 北京：中华书局，1962：4190.
② 班固. 汉书·卷99下·王莽传 [M]. 北京：中华书局，1962：4190.

五均赊贷六筦、币制改革、官制改革。王莽推行的"新政"由于本身的缺陷以及缺乏制度支撑，尤其是没有清明的吏治作为保障，最终以失败告终，反而使得社会危机进一步加深，阶级矛盾更加尖锐。王莽在对外关系上推行民族歧视政策，破坏了与匈奴、西域、西南夷、高句丽的关系，边境战事不断，恶化了新朝的外部环境，加剧了国内的阶级矛盾，最终导致身死国灭。王莽性格具有两面性的特点。王莽年轻时曾经买过一个侍妾，被族人知道后，担心自己的清名受损，便对外宣称："后将军朱子元无子，莽闻此儿种宜子，为买之。"① 当天就把侍妾送给了后将军朱博。在西汉末年的动荡时局中，王莽及其党羽运用两面手段，纵横捭阖，一步一步代汉自立。王莽称帝之后，依然运用两面手段。如推行五等爵制，大封贵族官僚，上演授茅土的闹剧，但分封仅仅停留在纸面上。种种两面手段使王莽及新朝在吏民心中逐渐失去了公信力，一个失去公信力的王朝必然走向衰亡。王莽及其改制的失败，标志着复古思潮的失败。

---

① 班固. 汉书·卷99上·王莽传［M］. 北京：中华书局，1962：4040.

后　记

在这部书出版之际，首先要献给已故的恩师安作璋先生。转眼间先生去世已经两年了，每当回忆起我在先生门下的点点滴滴，便潸然泪下。先生是我的硕士研究生导师，是我的学术启蒙老师。自进入先生门下，先生因材施教，教授我做学问的"点金术"。

坚持马克思主义与中国历史学实际相结合的治史原则。先生结合自身治学历程，对"史家四长说"这一中国优秀史学理论遗产进行了继承与发展，赋予其新的内涵。他强调，历史研究必须有正确的理论作指导，这便是"史识"。这个正确的理论就是马克思主义唯物史观，即历史唯物主义和辩证唯物主义。

正确处理专与博的关系。先生认为治史贵乎博大精深，没有渊博的历史知识，要达到精深的地步是不可能的。所谓渊博，也并不是无所不通，无所不晓，就其所学专业来说，不仅要精通，凡是与本专业有关的知识，也都应该通晓。专与博是辩证的、统一的，正确处理好二者的关系，是治史者必须遵循的一条途径。

调查研究，了解行情。先生认为一旦研究范围领域确定了，就要对这个范围领域内研究的过去、现状及未来发展趋向都应该有所了解，包括国内外学术界的研究情况，这就叫了解行情。

博采众家之长。先生认为，治史如学书、学画，要博采众家之长，方能成一家之言。博采众家之长，不仅是吸收已有研究成果，更为重要的是，借鉴别人的治史方法，取他人之长，加以融会贯通。这样才能有所提高，有所创新。

善于选择结合点和突破点。这一点对于史学研究创新至关重要。先生极力否定秦汉史没有研究空间的说法，他认为这个领域还是一片没有完全垦辟出来的荒原，仍大有用武之地。如秦汉社会性质、阶级关系、经济史、政治制度史、民族关系史、思想文化史、历史人物、中外关系史、考古与文物、文献整理与研究等问题，都是值得注意的课题。关键是选择一些结合点和突破点。安先生所做的秦汉山东地方史研究，是秦汉史研究的一个结合点和突破点。

始终坚持业精于勤与持之以恒的治史态度。先生提出，勤奋出成果，这是个真理。这既是他多年辛勤耕耘于史学园地的经验之谈，也是中国史学发展的重要动力之一。他多次在不同场合指出，凡是真正做学问的人，都主张三勤，即眼勤、脑勤、手勤，也就是勤于读书、勤于思考、勤于写作。没有面壁十年的精神，是做不好学问的。但这不是说把所有的精力全放在做学问上，生活上的诸多事情还是要做的。在这种情况下，安先生提出，要处理好"整"与"零"的关系。所谓"整"，就是专业方向或研究课题的整体规划，一旦确定下来，就不要轻易改动，切忌见异思迁，否则事倍功半，甚至一事无成。所谓"零"，就是不要贪图"一口吃个胖子"，一个整体规划绝不是一下子就能解决得了的，应把它分解为若干具体的小问题，一个一个地加以研究，这叫"化整为零"。所有的小课题基本得到解决后，再归纳综合，从而形成一个较为完整的体系，这叫"化零为整"。

始终坚持古为今用的治史宗旨。先生十分注重史学的经世致用功能，这一点可以说贯穿于其研究的始终。在先生看来，研究齐鲁文化对于当前我国进行的社会主义经济建设和精神文明建设，都具有十分重要的学术意义和现实意义。对秦汉官制、官吏法的探讨等史学研究，同样呈现出先生对现实的终极关怀。

在硕士三年的学习生活中，我每周都要见先生三四次，与先生谈谈我的读书心得、论文写作中遇到的一些问题以及秦汉史的最新学术动态。先生时刻关心着我的学习，从未让我参与他的课题。我的硕士毕业论文可以说是三易其稿，交给先生的稿子里，总是充斥着先生用红笔所做的修改意见，大到文章观点，小到标点符号，令我十分感动。

2014年博士毕业后，我实现了多年的夙愿，终于成为山东师范大学历史文化学院的一位专职教师，并担任了先生的学术秘书。先生时刻关心着我的教学、科研与生活。每当我在学习与生活中处于困境，先生总是以司马迁的一句话来勉励我，使我在困境中愈挫愈奋，"孔子厄陈蔡，作《春秋》；屈原放逐，著《离骚》；左丘失明，厥有国语；孙子膑脚，而论《兵法》"。先生始终是我人生的明灯，是我的榜样与楷模。每当夜间疲倦想偷懒时，脑海中便浮现出头发花白的先生伏案写作的场景，于是继续读书、写作。

2011年，我考入南开大学历史学院攻读博士学位，刘敏老师不弃我愚钝，将我收于门下。在刘老师的悉心指导下，我以两汉列侯作为研究主题，最终完成了博士学位论文《两汉列侯问题研究》。本书即是我博士学位论文的延伸。

该书还献给我已去世的父亲。父亲读书不多，一生坎坷，艰难创业，却见识广博，深知读书的重要性，坚定地支持我攻读硕士、博士学位。每当我在学习与工作中取得些许成绩，父亲便倍感欣慰。父亲在弥留之际，依然嘱托我刻苦努力，砥砺前行。在未来漫长的学习与工作生涯中，我定不负亡考重托，努力工作学习，争取做出更多的成绩。

最后，还要感谢我的母亲、妻子。我的妻子赵卓然，在完成繁重的教学与科研任务之余，还承担了大量的家务，使我能够倾注全力从事研究工作。

本书是我研究秦汉历史人物的尝试之作，由于主客观的原因，书中存在一些不足之处，希望读者指正赐教！

秦铁柱

2020年9月5日于山东师范大学

历史文化学院古代史教研室